MI AMIGA ANNE FRANK

MI AMIGA ANNE FRANK

HANNAH PICK-GOSLAR
Con la colaboración de DINA KRAFT

MI AMIGA
ANNE FRANK

Traducción de
Rocío Gómez de los Riscos

PLAZA JANÉS

Papel certificado por el Forest Stewardship Council®

Título original: *My Friend Anne Frank*
Primera edición: septiembre de 2023

© 2023, Hannah Pick-Goslar
Publicado por primera vez con el título *My Friend Anne Frank* en 2023 por Rider, un sello de Ebury,
una división del grupo editorial Penguin Random House.
© 2023, Penguin Random House Grupo Editorial, S. A. U.
Travessera de Gràcia, 47-49. 08021 Barcelona
© 2023, Rocío Gómez de los Riscos, por la traducción

Printed in Spain – Impreso en España

ISBN: 978-84-01-03217-2
Depósito legal: B-12102-2023

Compuesto en Comptex & Ass., S. L.

Impreso en Rotoprint by Domingo, S.L.
Castellar del Vallés (Barcelona)

L032172

Índice

Prólogo

Jerusalén, primavera de 2022

Gracias a Dios todavía veo el sendero que hay delante de mi puerta, enmarcado por buganvillas fucsias, palmeras y macetas de barro con alegrías de la casa rosas y blancas. Me da cierta paz saber si alguien se acerca a mi puerta o si está paseando sin más. Desde este sillón del salón de mi casa que da al jardín, donde últimamente me paso casi todo el día, veo por un gran ventanal a familiares y amigos recorrer dicho sendero.

Doy gracias sobre todo cuando veo que llega Tali, que viene todas las tardes a las cuatro y cuarto en punto. Es mi nieta más pequeña y ha sido madre joven. Vive a cinco minutos andando de mi casa. Cuando se casó, insistió en quedarse en el barrio. Dice que quiere vivir cerca de mí. Yo le digo que no hace falta, aunque ni yo misma me lo creo. Por suerte, Tali lo sabe mejor que yo.

Entre nosotras usamos una especie de lenguaje no verbal. Me cuesta explicar el porqué, pero siento que nos entendemos. Su padre murió en un accidente de coche una tarde lluviosa cuando ella era casi un bebé. Desde entonces yo ejercí como una especie de segundo progenitor para ayudar a mi hija Ruthie, su madre, que ese fatídico día se convirtió en viuda y madre soltera de ocho hijos.

«¡Espera!», le dice Tali a su hija mayor, Neta, que tiene el pelo de su madre, de color miel oscuro. Es una niña guapísima y llena de vida, camino de cumplir cuatro años. Ya va corriendo por el sendero con Tali a la zaga, que aferra con firmeza la silla de paseo. Dentro está su hijo Shaked, el más pequeño, que nació en plena pandemia de covid. Tali siguió viniendo a diario incluso durante el confinamiento, pero hablábamos a distancia: yo en el balcón y ella abajo, en el jardín, rodeando a Neta con un brazo y con Shaked en el portabebés.

Suena el timbre. Neta entra volando, en pleno esplendor preescolar, y se presenta ante mí y el mundo entero. «*Savta!*», grita con alegría; es el término hebreo para «abuela». Al margen de lo que pase ese día, ya sean malas noticias en el mundo o cualquier otro malestar, cuando la veo me invade una sensación de calidez y esbozo una sonrisa. Me enseña un dibujo con muchos corazones, globos y alguna que otra pegatina de Mickey Mouse. Entonces le digo que ambos nacimos en 1928 y tenemos la misma edad, noventa y tres años, y ella abre mucho los ojos. Luego se sienta a mis pies y, mientras esparce las cartas de su juego de parejas, yo retrocedo mentalmente casi noventa años.

Cuando llegué a Ámsterdam con mis padres yo era algo mayor que Neta. Salimos huyendo de Berlín nada más subir Hitler al poder, después de que despidieran a mi padre, que fue miembro del Gobierno prusiano durante la República de Weimar. Nos establecimos en un piso de dos habitaciones en una zona residencial, con vistas a zonas ajardinadas y plazas despejadas.

Al poco de nuestra llegada, fui un día a un colmado del barrio con mi madre, que me llevaba de la mano. Allí se fijó en una mujer que hablaba en alemán con su hija, que tenía los ojos oscuros y era más o menos de mi edad. Ambas madres estuvieron charlando un ratito entre sonrisas, pues era un alivio confraternizar en tierra ajena. Yo era tímida y me aferraba a la pierna de mi madre; no estaba acostumbrada a frecuentar a otros niños, pero esa chica que me miraba me generaba curiosidad.

Acabó convirtiéndose en mi primera amiga. En mi compañera de juegos y de escuela, y en mi vecina. Nuestras familias hicieron buenas migas a medida que afrontaban la vida como refugiados en esa nueva ciudad; ambas temían el avance inexorable de la guerra, la ocupación y sus consecuencias para nosotros. Aquella niña tan llena de vida acabaría siendo la víctima más famosa del Holocausto. Un símbolo, en más de un sentido, de las muchas esperanzas y promesas que se desvanecieron por culpa del odio y las masacres. Hablar de su historia, de nuestra historia, acabó siendo una forma de seguir unida a ella y mantener viva nuestra amistad incluso años después de su partida. Pero desde que nos conocimos hasta que desapareció de repente de mi vida, poco antes de que yo cumpliera catorce años, pasando por su reaparición fugaz en circunstancias de lo más extrañas y trágicas, ella fue simple y llanamente mi amiga Anne Frank.

1

Berlín

En uno de mis primeros recuerdos estoy sentada en el parqué mientras unos hombres protegen nuestro sofá de terciopelo azul con mantas antes de cubrirlo con papel de estraza. Después lo atan con una cuerda; envuelto de aquella manera parece un regalo de cumpleaños enorme. Para mi asombro, después lo levantan, no sin cierta dificultad, y lo sacan por la puerta principal del piso; justo donde siempre ha estado el mueble queda un vacío grande lleno de polvo. Me pregunto dónde vamos a sentarnos a partir de ahora.

En otra habitación están embalando la mesa y las sillas de comedor mientras en otra quitan los cuadros de las paredes, sumando así nuevos vacíos aún más evidentes donde antes estaban nuestras cosas. Hasta el busto de bronce de Otto Braun acabó en una caja de madera; era el primer ministro prusiano, líder del Partido Socialdemócrata, y si lo había entendido bien, un hombre importante, así como amigo y jefe de mi padre.

Mi madre, la más pragmática de mis progenitores, se afanaba en organizar nuestros bienes más preciados. Mi padre, por su parte, miraba sin pestañear sus queridos libros, colocados en las baldas que cubrían la pared revestida de madera del salón. Ya había guardado con esmero unos cuantos en cajas, pero quedaban muchísimos tanto en las baldas como apilados a sus pies.

«Ya sabes que no puedes llevártelos todos», le dijo mi madre en voz baja, con ternura.

Nos estábamos preparando para abandonar nuestra casa de Berlín, ubicada en el 21A de Den Zelten, delante del enorme Tiergarten, un parque cuya verja de entrada estaba rodeada de rosas amarillas bien hermosas; allí me llevaban mis padres a jugar y, a veces, a ver a los elefantes del zoo. También nosotros debíamos irnos de nuestro país, pero yo tenía solo cuatro años y aquello escapaba a mi entendimiento. Creo que era consciente del desfile de botas, el revuelo y las banderas rojas y negras que ya eran habituales en Berlín. Y supongo que me di cuenta de que mi padre, que normalmente estaba muy ocupado y se iba a la oficina muy temprano por las mañanas, ahora se pasaba todo el día en casa. Pero solo conservo recuerdos sueltos de nuestro hogar berlinés: el rechinar de mis zapatos al recorrer los senderos de guijarros del Tiergarten; la vibración que se propagaba por el piso cuando repicaban las campanas de la iglesia que había en la calle de enfrente, construida en memoria del káiser Guillermo; y el sonido suave del piano de cola cuando mi madre se sentaba a tocar.

Ese piso estaba en una calle arbolada y fue mi primera casa, pero ya no existe. Lo bombardearon los aliados unos años después. No obstante, recuerdo que era amplio y elegante, con techos altos, tupidas alfombras persas y mesas y sillas de madera *art déco*. Mi madre, que se llamaba Ruth (o Rutchen, como decían en la familia), tenía buen ojo para las cosas bonitas y la casa estaba llena de arte y porcelana fina. Contaba con la ayuda de una cocinera y una muchacha para las tareas domésticas y gozábamos de una vida cómoda y relativamente privilegiada.

Llegó a ejercer de maestra de educación primaria, pero, por desgracia, al ser una mujer de clase media-alta casada con un funcionario público, tuvo que dejarlo, como dictaban los cánones de la época. Le encantaba trabajar con críos y dar clase, pero no estaba bien visto que una mujer cuyo marido podía mantenerla aceptase un empleo de soltera. Se tiraba al suelo a jugar conmigo y se reía con mis historias y mis preguntas sobre la vida, que ella respondía con paciencia sin omitir detalle. Me gustaba observarla mientras se ponía alguno de sus vestidos de seda o de terciopelo hechos a medida antes de una de las muchas salidas nocturnas a conciertos, cabarets, recepciones y hasta bailes de gala a los que invitaban a mi padre por ser un alto cargo del Gobierno.

Durante los años que fui hija única, mis padres me tuvieron en palmitas. Yo creo que eran un matrimonio feliz, a pesar de ser muy distintos. Mi madre tenía doce años menos que mi padre y era alegre, extrovertida, ingeniosa y sabía leer a la gente; mi padre, más serio y propenso a la abstracción, e incluso a la melancolía, también tenía carisma y magnetismo. Era un líder nato que inspiraba a la gente y conectaba con ella. Aunque de carácter pesimista (él, cómo no, prefería el término «realista»), en contraposición a mi madre, más pragmática y optimista, no dejaba de ser una persona cariñosa y en el barrio era conocido porque le gustaba ayudar a los demás. Resultaba muy buen comunicador, tanto por escrito como verbalmente, y gracias a eso llegó muy lejos en la profesión que eligió, la política. Siempre respondía a mis preguntas con paciencia y me hacía sentir la persona más importante del mundo.

Cuando estalló la Gran Guerra, Hans (así se llamaba mi padre) acababa de terminar la carrera de Economía y había empezado a trabajar como periodista de economía y negocios. En 1915, con veinticinco años, lo llamaron a filas. Fue soldado raso en el ejército alemán y estuvo en el frente oriental combatiendo contra los rusos. Por suerte, un año después lo trasladaron a Lituania, al cuartel general alemán de dicho frente, en Kaunas. Con el tiempo se alegró mucho de haber sobrevivido y, sobre todo, de haber salido ileso, porque en aquella época que pasó entre trincheras llenas de barro escarchado y muerte combatiendo contra los rusos pereció mucha gente.

En Lituania ocurrieron dos cosas que cambiaron el rumbo de su vida. Lo primero, para alivio de mi padre, fue que el general Erich Ludendorff lo apartó de sus funciones en primera línea para aprovechar sus dotes periodísticas en el esfuerzo bélico; el general era ni más ni menos que un famoso héroe de guerra de la época, conocido como el «cerebro» del ejército alemán. Ludendorff le encomendó la tarea de editar un periódico lituano, a pesar de que mi padre no sabía nada de dicho país ni hablaba el idioma. Años después dijo en broma: «Probablemente fuera el único periodista del mundo que no podía leer el periódico que editaba». Los soldados alemanes que hablaban lituano traducían lo que él escribía.

A medida que la guerra avanzaba, las proezas de Ludendorff como estratega militar acabaron en desastre al obstaculizar y posteriormente rechazar de manera rotunda todo intento de alcanzar la paz. Su ambicioso esfuerzo por conseguir la victoria en la fase final de la guerra fue contraproducente. Mientras la Alemania de la posguerra se tambaleaba bajo el peso del resentimiento y la vergüenza del Tratado de Versalles, con el que se puso fin a la contienda y por el que Alemania tuvo que pagar un alto precio (cesión de territorios, reparaciones que jamás podría abonar e hiperinflación y hambruna), Ludendorff nunca reconoció sus propios errores. En su lugar, alimentó la teoría de «la puñalada por la espalda», con la que se culpaba a los judíos de la derrota de Alemania alegando que ellos habían conspirado internamente durante la guerra. Cautivado por las teorías conspirativas, fue de las primeras personas de la élite alemana en respaldar a Adolf Hitler. Argumentaba que, para que Alemania se recuperase, hacía falta otra guerra mundial, pero esta vez masiva, para forjar un imperio alemán nuevo que sobrepasara los límites de la imaginación. Las acciones de Ludendorff favorecieron a Hitler, lo que supuso una catástrofe para mi familia y toda la comunidad judía de Europa. No obstante, es posible que le salvara la vida a mi padre cuando lo apartó del campo de batalla.

La segunda cosa que le cambió la vida y que tuvo un gran impacto en él y, por extensión, en toda la familia fue que, mientras estaba de servicio en Europa del Este, se topó con el judaísmo, que lo dejó embelesado. Mi padre era hijo de un banquero totalmente integrado en el entorno donde se crio, sin apenas contacto con la tradición judía. En su familia ponían el árbol de Navidad en Nochebuena y lo llenaban de velas. Había tratado con judíos devotos en su país de origen, Alemania, y seguro que algunos eran de Europa del Este; pero, como la mayoría de los judíos alemanes laicos, es probable que tuviera una percepción negativa de ellos, en consonancia con los prejuicios de la época: gente simple, ruidosa y sin modales. Por aquel entonces, muchos judíos de Europa occidental empezaron a rechazar toda idiosincrasia de la vida ritual judía y a casarse con no judíos a toda prisa; hubo incluso quien optó por bautizarse para salir adelante en lo profesional y evitar ser objeto de intimidación y violencia. Así que era muy raro que una persona laica como mi padre se adhiriese al judaísmo ortodoxo. Sin embargo, cuando estuvo destinado en Bialystok, se quedó prendado de la afabilidad y la cercanía de las comunidades jasídicas y de su cultura. Se codeó con rabinos, estudió hebreo y conoció a familias extensas, acogedoras y devotas, y gracias a eso su visión de la religión cambió para siempre. Aprendió a rezar, entonaba cantos espirituales, asistía a los servicios de Shabat y luego se quedaba a comer en algún hogar modesto y muy unido, fascinado por las melodías y la vida espiritual que se respiraba. Así que decidió hacerse practicante.

En 1919, tras volver a Alemania, mi padre se unió al Partido Socialdemócrata, que tuvo un papel clave en la creación de la República de Weimar, con la que se aspiraba a sembrar la semilla de una nueva cultura democrática, y participó en las negociaciones sobre la formación de un nuevo gobierno en Prusia. Acabó siendo jefe del Gabinete de Prensa y viceministro. Sus compañeros lo apreciaban y decían de él que era una persona con una energía excepcional, amplios conocimientos y una memoria prodigiosa y muy oportuna que venía muy bien durante los enfrentamientos políticos. Llevaba su nacionalidad alemana con orgullo y era uno de los funcionarios públicos judíos de más alto rango, probablemente el único practicante. Cuando lo convocaban en sábado a una reunión en el ministerio, que estaba cerca del Reichstag, el Parlamento alemán, iba caminando para guardar el Shabat. En su ornamentado despacho de techo alto leía todos los días una página del Talmud, una recopilación de exposiciones rabínicas sobre la ley judía a lo largo de los siglos. Los domingos se pasaba por allí para leer sus cartas y empezar con la correspondencia de la semana siguiente. A veces me llevaba con él; recuerdo que íbamos andando de la mano.

Mi padre tenía un asiento en primera fila desde el que observaba el funcionamiento interno del Gobierno y del país y se puso hecho una furia cuando, en enero de 1933, el presidente Paul von Hindenburg, otrora general y héroe de guerra, cedió ante los consejeros que decían que nombrar canciller a Hitler ayudaría a apaciguar su ego; que ya se encargarían las mentes más serenas de gobernar entre bambalinas. «¡Están ciegos!», gritó mi padre. Cuando los nazis llegaron al poder, lo suspendieron «indefinidamente». Nunca pusieron sobre el papel cuál había sido su ofensa, pero era conocido por hablar en programas de radio y en prensa de lo importante que era salvaguardar la democracia. Supongo que el hecho de ser judío también lo puso en el blanco de un despido precoz al principio del ascenso de Hitler hacia el Gobierno alemán. Hubo otros funcionarios y empleados públicos judíos que fueron cesados. Detuvieron a muchos compañeros suyos del Partido Socialdemócrata, ilegalizado por los nazis, así como a todo opositor político. Enviaron a algunos a Dachau, cerca de Múnich, a casi quinientos kilómetros de distancia.

En abril de 1933 se adoptaron leyes por las que los judíos y cualquier persona contraria al Partido Nazi quedaba excluida del Gobierno y de las funciones públicas. Hubo quien intentó demandar. En los juicios lucían con orgullo su germanidad, su lealtad ferviente y el amor por su país, y muchos se defendieron alegando su labor constante para con el Estado y, en algunos casos, incluso sus medallas de la Cruz de Hierro, que habían ganado luchando en el frente alemán durante la Primera Guerra Mundial. Muchos de los cien mil hombres judíos que estuvieron allí fueron de manera voluntaria, creyendo que una declaración tan fundamental como es dedicar tu vida a la patria les concedería de forma plena y definitiva la aceptación y la integración. Pero eran protestas aisladas, alegatos destinados al fracaso en un mundo donde el sentido común ya había empezado a extinguirse.

Claro que yo era demasiado pequeña para entender los cambios tan espantosos que acontecieron en el país durante mis primeros años de vida. Y sé que mis padres intentaron protegerme del miedo. Pero yo me daba cuenta de que estaban preocupados; me volví insegura y me negaba a dormir sola. La mayoría de las veces, el eco de esos cambios llegaba a través de la radio, normalmente acompañado del silbido de mi madre para indicarle a mi padre que bajara el volumen e impedir así que yo la oyera. Pero durante 1933, nuestro último año en Berlín, el fragor de la agitación política se colaba por la ventana de mi habitación y a mis padres cada vez les costaba más llevar una vida normal.

Primero llegó la cacofonía de trombones, clarinetes y el desfile de botas de los hombres de las SS, que recorrían todo Berlín con antorchas para celebrar que habían nombrado canciller a Hitler, y cantaban que eran soldados de una «nueva era» y que llevaban en la sangre su compromiso para con «la lucha racial». A la luz de las llamas, la calle parecía un río brillante que iluminaba las banderas ondulantes rojas con la cruz gamada negra sobre fondo blanco.

Unas semanas después, en febrero de 1933, nos despertaron las sirenas y los camiones de bomberos. Había humo y el cielo resplandecía. El Reichstag, a escasos cinco minutos andando de nuestra casa, estaba en llamas. Fui corriendo en busca de mis padres, pero mi madre nos despachó a mí y a mis preguntas mandándome de vuelta a la cama. No quiero ni pensar en la expresión de mi padre ni en su profundo pesar mientras intentaba asimilar lo que simbolizaba aquella democracia en llamas.

Hubo más incendios en mayo. Con la excusa de «purificar Alemania», estudiantes y profesores se reunían para decidir qué libros eran «antialemanes» con el fin de confiscarlos de todas las bibliotecas y quemarlos. Los metían en camiones o en coches, y también la gente joven se llenaba los brazos y los llevaba a una plaza que había entre la ópera y la universidad, donde alimentaban el fuego con ellos. El olor a humo que desprendían todos esos volúmenes llegaba hasta mi casa.

Familias judías de toda Alemania se hacían las mismas preguntas que mis padres: «¿Qué hacemos?, ¿cómo vamos a ganarnos la vida?, ¿se impondrá la cordura con el tiempo o es mejor mar-

charse?, ¿adónde vamos?». En un país donde a los manifestan-
tes los castigaban mandándolos a campos de concentración, los
disidentes no judíos, escritores y artistas incluidos, se enfrenta-
ban a dilemas similares y fueron de los primeros en huir.

Para mis padres fue muy doloroso aceptar la certeza cada
vez más patente de que al final tendríamos que marcharnos.
Mi madre estaba especialmente desolada por la perspectiva de
tener que irse de un país que adoraba. Le encantaba la vida
cultural e intelectual tan animada que había en Berlín, con sus
salas de conciertos, sus museos de arte y sus debates literarios
e ideológicos. Me puso de segundo nombre Elisabeth en homenaje a Goethe, su dios y también el de los alemanes. Mis
padres eran fruto del intelectualismo y el liberalismo de la
Alemania de entreguerras, moldeados por ciento cincuenta
años de progresiva aceptación social de los judíos. En nuestro
hogar, la filosofía y la literatura alemanas iban de la mano de la
tradición judía; entre los libros que mi padre metió en cajas a
regañadientes, algunos de los cuales no volvería a ver jamás,
había volúmenes tanto de política y literatura alemanas como
de pensamiento judío. Algunos incluso eran de cosecha propia.

Pero le daba miedo que su anterior cargo en el Gobierno,
sus advertencias y sus críticas a los nazis en la radio y la prensa
lo pusieran en el punto de mira y acabara enfrentándose a una
detención. Se preciaba de hacer evaluaciones sensatas y realis-
tas y simplemente no veía que nuestra familia judía tuviera
futuro allí, teniendo en cuenta la hostilidad y la violencia latentes. Mi familia consideraba Alemania su hogar desde hacía
mil años. Entre mis antepasados había rabinos, filósofos, periodistas, economistas, profesores, abogados, banqueros y
maestros. Pero yo, que llegué al mundo en 1928, acabaría
siendo la última que nació allí. Ya no era un lugar seguro para
nosotros.

Mis parientes, al igual que muchas familias judías repartidas por Alemania, empezaron a dispersarse por distintos países. Mi madre era la mediana de tres hermanos que tenían buena relación y vivían consagrados a sus padres. Los Klee estaban muy unidos, por lo que les costaba mucho tomar decisiones. Sus padres, al igual que mi abuela paterna, querían quedarse en Alemania; no se veían empezando de nuevo en el extranjero. Pero mi tío Hans, el hermano de mi madre, abogado como su padre, tras meditarlo mucho, al final se decantó por Suiza, ya que allí podría seguir ejerciendo la abogacía en alemán. A la hermana de ambos, mi tía Eugenie, la despidieron del Instituto de Investigación del Cáncer de Berlín a pesar de ser una destacada experta en ingeniería de tejidos. Ella y su marido, Simon Rawidowicz, se afanaron en buscarse sendos cargos académicos en el extranjero; primero fueron en barco a Leeds, en Inglaterra; luego a Chicago y al final se establecieron en Boston.

Nosotros tres acabamos yéndonos a Inglaterra. Mi padre había conseguido un trabajo en Londres, en la empresa Unilever. Así que vaciamos el piso de Berlín y solo quedó el eco de nuestra voz retumbando en las estancias vacuas. La mañana del día que nos fuimos, mientras en la cabeza de mis padres resonaban los boicots, los golpes que los camisas pardas asestaban a la gente en la calle, las marchas y las consignas nazis, yo pensaba sobre todo en mi querido Tiergarten. Mientras dejaba el parque atrás, unos niños jugaban a perseguirse. Haciendo equilibrios con las maletas y los baúles, nos dirigimos a la estación para coger un tren rumbo a Hamburgo, la primera etapa del trayecto hacia Inglaterra.

Llegamos sanos y salvos a Londres bajo un cielo nublado y plomizo. Aquella metrópolis de ocho millones de habitantes, el doble que Berlín, levantada con piedra caliza y ladrillo, nos abrumó; allí no teníamos apenas contactos y menos aún familia. Por suerte, mis padres hablaban inglés, aunque mi madre se desenvolvía mejor: era una políglota prodigiosa que también sabía francés, griego y latín. Londres era la capital del Imperio británico, así que por primera vez pude ver gente de todo el mundo, y me quedaba embobada mirando los barcos de Asia, el Caribe y África que navegaban por el imponente río Támesis.

A mi padre, economista de formación, le habían ofrecido un buen puesto en la compañía Unilever. Sin embargo, nuestra estancia en Inglaterra acabó siendo breve. Al poco de llegar a Londres fue a tomar posesión de su nuevo cargo y se enteró de que el puesto requería trabajar los sábados.

«Cuando estaba en el Gobierno alemán me respetaban el Shabat, pero en Inglaterra resulta que no», despotricó, atónito, ante mi madre.

Cuando les dijo a los empleadores que no estaba dispuesto a saltarse la prohibición de trabajar en Shabat, le rescindieron el contrato.

Para mi padre, ser un judío devoto iba más allá de ser muy religioso. Significaba que estaba obligado a cumplir las *mitzvot*, término hebreo para «mandamientos», y guardar el Shabat era uno de los principios fundamentales. Gracias a la observación de estos preceptos y ritos encontró su propósito, una puerta de entrada hacia una vida buena y plena. No iba a renunciar a los valores del judaísmo, por muy inoportunos que fueran a veces y por mucho que le doliera.

Aquella decisión fue catastrófica y tuvo repercusiones que jamás nos habríamos imaginado. Aunque Inglaterra era y seguiría siendo un sitio seguro, en Europa el peligro aumentaba a medida que los nazis proseguían con su ascenso al poder. Pero, a pesar de todo su saber y sus conocimientos sobre la política de la época, ni en sus peores pesadillas habría soñado mi padre con lo que estaba por venir. Nadie podría haber previsto el horror que se avecinaba a corto plazo. Así que tuvimos que mudarnos de nuevo y esta vez buscamos refugio en Ámsterdam.

2

Ámsterdam

La mayoría de los niños de cinco años no saben qué significa la palabra «neutral», pero yo sí lo sabía.

En 1934 cada vez se hablaba más de otra guerra, pero los Países Bajos, al igual que Suiza, fueron neutrales durante la Primera Guerra Mundial. Y eso tranquilizaba a la gente, porque, pasara lo que pasase, los países neutrales no participaban en guerras y, claro está, quedaban al margen de invasiones. Los holandeses eran conocidos por su imparcialidad y su liberalismo, y en su país el antisemitismo no tenía ese arraigo que se veía en muchas partes de Europa. Nosotros íbamos a estar justo al otro lado de la frontera con Alemania, tan cerca que mi madre y yo podríamos ir a visitar a mis abuelos y demás familiares y amigos que seguían allí (mi padre, no obstante, consideraba que para él incluso una mera visita conllevaba demasiado riesgo). Diría que todo eso influyó para que eligieran Holanda como lugar donde establecer nuestro nuevo hogar. En Ámsterdam pasaríamos desapercibidos mientras esperábamos a que la locura se extinguiera por sí sola. Mi madre en concreto albergaba la esperanza de que ese exilio fuera provisional y que acabaríamos volviendo a casa a la larga.

Así que, el 20 de diciembre de 1933, el Ayuntamiento de Ámsterdam dejó constancia de la llegada de mi padre estampando nuestro apellido, Goslar, en un formulario de inscripción con letra cursiva bien grande, inclinada y elegante. Debajo iba su nombre completo, la fecha de llegada y la dirección del hotel donde se alojó durante las primeras semanas, mientras intentaba ubicarse y establecerse en aquel país nuevo; nosotras nos quedamos en Berlín con mis abuelos. Tres meses después, un funcionario añadió el nombre de soltera de mi madre (Ruth Judith Klee), el mío y la fecha de nuestra llegada: 19 de marzo de 1934. Un mero papel y a la vez un instrumento burocrático, pero a nosotros nos cambiaría la vida.

Al bajarnos del tren en Ámsterdam, mi madre y yo vimos tulipanes, que ya estaban empezando a florecer. Nuestros zapatos repiqueteaban sobre la calle empedrada mientras intentábamos esquivar a ciclistas apresurados. Como llevaba varias semanas sin ver a mi padre, estaba pletórica porque por fin nos habíamos reunido. Me sentía segura yendo de la mano de mis padres. Pero me solté y avancé un poco, absorta fugazmente con la luz dorada que se propagaba por el agua del canal y magnificaba el reflejo de las barcazas que navegaban por la superficie. Entonces mi madre me tiró del brazo de repente porque me había acercado demasiado al agua. Por un momento tuve miedo y la sensación de calma se esfumó.

«Ahora vivimos en la Jerusalén de Occidente», afirmó mi padre, haciendo acopio de entusiasmo, mientras dábamos nuestro primer paseo en familia por la ciudad.

Él confiaba en que esa «Jerusalén» fuera una solución provisional antes de llegar a la definitiva, a casi cinco mil kilómetros de allí hacia el este: el Levante. Por entonces el sionismo era un movimiento que abogaba por establecer una patria judía en lo que en tiempos de la Biblia era la Tierra de Israel, donde ya había habido un Estado judío dos mil años antes. Para sus defensores era una forma de poner fin a varios siglos de exilio y conflicto en la diáspora: un lugar seguro para el resurgimiento del judaísmo. Pero había tensiones latentes entre árabes y judíos, y los británicos, que controlaban lo que entonces se denominaba Mandato Británico de Palestina, cada vez ponían más trabas a la inmigración judía. Para conseguir el visado necesitabas tiempo, suerte y dinero. A mi padre le dijeron que el mero trámite de solicitarlo implicaba declarar que poseía una suma importante de capital, la cual no tenía.

Aunque mi abuelo materno, Alfred Klee, era una autoridad del movimiento sionista alemán (igual que mi padre), mi madre no compartía el sueño de su marido de emigrar a Oriente Próximo. Cuando tenía veinte años, hizo un viaje con sus padres, su hermano y su hermana por el Mandato Británico de Palestina y allí fue testigo de la precariedad en la que vivían los pioneros judíos en los primeros kibutz y asentamientos. No era una vida fácil y concluyó enseguida que no era para ella.

«Yo no sé trabajar a destajo», dijo medio en broma.

Después de unos meses de incertidumbre empezamos a sentirnos algo más seguros entre los edificios y los puentes de ladrillo y piedra que convergían en el zigzag de calles y canales de Ámsterdam. Y la atmósfera en el Rivierenbuurt, término holandés para «distrito fluvial», que además era nuestro nuevo barrio, en el sur de la ciudad, se hizo aún más acogedora y segura. Estaba enclavado entre el río Amstel y dos canales principales, y la mayoría de las calles, incluida la nuestra, tenían nombres de ríos holandeses.

Llegamos al piso nuevo, al final de las escaleras del número 31 de la plaza de Merwedeplein. Mi padre abrió de par en par los ventanales del salón, que daba a la plaza. «¡Bienvenidas a casa!», proclamó. Era mucho más pequeña que la de Berlín: ni techos altos ni balcones amplios ni habitaciones de sobra. Tampoco había cocinera ni una muchacha que ayudara a mi madre con las tareas domésticas. Para ella, mujer de un alto funcionario del Gobierno prusiano que siempre había contado con servicio en casa, aquello era toda una novedad.

Me asomé al mirador y vi una extensión triangular de arena delimitada por setos bajos y macizos de flores; había niños de diferentes edades jugando y montando en bicicleta. Los bloques de alrededor eran del mismo ladrillo de color marrón claro que el nuestro, aunque cuando llegamos aún había varios en construcción y se veían camiones cargados de cemento, yeso y tejas aparcados en las esquinas; me quedé asombrada cuando vi a los obreros en lo alto de los andamios yendo de un lado a otro por los tablones. Había un edificio de doce plantas que dominaba el barrio entero. «¡Tenemos el edificio más alto de Holanda!», proclamaban los vecinos. Al final nos acostumbramos a llamarlo «el rascacielos», como hacía todo el mundo.

Cuando llegamos a principios de 1934, éramos la décima familia judía de Alemania que se mudaba a esa calle, pero a su vez éramos el germen de la marea de judíos desesperados que vinieron después buscando refugio. La línea 8 del tranvía, que comunicaba nuestro barrio con la judería del centro de Ámsterdam, acabaría conociéndose como «la línea Jerusalén», y al tranvía 24, que unía Beethovenbuurt, otra zona donde se establecieron muchos refugiados alemanes, con el centro lo llamaron «el expreso de Berlín». Además había inmigrantes judíos de origen ruso, belga y checoslovaco. La crisis económica mundial también había hecho mella en los Países Bajos y varios pisos seguían deshabitados dos años después de que los terminaran. Así que nuestro arrendador estaba muy contento por la llegada de refugiados judíos de Alemania ansiosos por encontrar una vivienda y con medios para pagar el alquiler relativamente alto de esos «pisos de lujo», según rezaba el anuncio, pues contaban con comodidades modernas tales como agua caliente y calefacción central.

Mi madre dedicó los primeros días a deshacer cajas e intentar transformar el piso en un hogar. Allí estaban de nuevo la colcha de cama verde oscuro que usaban mis padres en Berlín y el sillón tapizado a juego. En el salón colgó un grabado de Van Gogh de una barca de pesca roja y negra varada en la arena, bañada por las olas del mar Mediterráneo. Dijo que así la estancia parecía más amplia. Ahora, en retrospectiva, me pregunto si se sentiría identificada con esa barca, arrastrada hasta un lugar que no había elegido y deambulando en el intermedio invisible entre el mar y la orilla.

El comedor y el salón se comunicaban a través de unas puertas francesas de vidrio. El conjunto de comedor de madera de nogal nunca llegó de Alemania, pero el mobiliario de jardín, cosa que no teníamos, sí. Así que comíamos sentados a una mesa de mimbre con sillas a juego vestidas con cojines blancos con florecitas rojas. Mi madre compraba flores todas las semanas y las ponía en un jarrón blanco de cerámica, uno de los muchos detalles de buen gusto con los que nos adornaba la vida. Yo me enamoré de mi habitación nueva. Me fascinaba la cama abatible; después de levantarme por las mañanas, se plegaba y quedaba pegada a la pared entre dos estanterías empotradas.

Mi padre, que quería que nos instaláramos lo antes posible, hablaba con entusiasmo de la librería que había a la vuelta de la esquina y de los cafés y las tiendas que estaban cerca de allí. Pero vivíamos en las afueras, en una zona arbolada tranquila, así que no había ni calles elegantes con hileras de árboles y tiendas refinadas, ni grandes almacenes, ni plazas con cafés a rebosar de gente como los que teníamos a la puerta de casa en Berlín. Mi madre nunca dejó de sentir nostalgia por la ciudad que la vio nacer. Ni siquiera el primer día de nuestro nuevo comienzo en Ámsterdam, reunidos por fin los tres después de varios meses separados, aunque procuró que no se le notara. Ella tenía treinta y dos años, y mi padre, cuarenta y cuatro. Adoraba su vida en Berlín y no le ilusionaba la idea de volver a empezar. A mi padre tampoco, pero estaba tan sombrío por la situación en Alemania que creo que para él era más fácil no reparar en la nostalgia de mi madre por lo que hasta hacía poco ambos habían considerado su amada patria. Me pregunto hasta qué punto me imbuí de la angustia de mis padres desplazados.

La primera traba fue aprender holandés. Mi madre, tan amante de los idiomas, lo despreciaba porque ser gutural y decía que, más que un idioma, era «un problema de garganta». En parte se parecía al alemán, pero las palabras se disponían de forma distinta y a raíz de eso surgían significados totalmente diferentes, a veces incluso cómicos. Al principio mis padres se quedaban desconcertados cuando leían ciertos carteles que significaban una cosa en holandés y otra en alemán; por ejemplo, un letrero en la entrada de una casa que informaba a las visitas: la palabra holandesa *bellen* significa «llamar al timbre», mientras que en alemán significa «ladrar como un perro». De primeras nos sentimos insultados, ¿pensaban que ladrábamos?

Y la mayoría de los holandeses tenían un letrero junto a la puerta para disuadir a los vendedores ambulantes: AAN DE DEUR WORDT NIET GEKOCHT, que significa «No compramos nada en la puerta». Sin embargo, para el ojo alemán esto quiere decir: «Estamos cocinando en la puerta». Estas cosas originaron malentendidos muy graciosos durante nuestros primeros días en Ámsterdam. Pero, por desgracia, era lo único que sabía de holandés antes de empezar la escuela.

Mi madre hacía por orientarse en el barrio y averiguaba en qué tienda tenían tal o cual producto o artículo para limpiar y organizar nuestra casa. Para una persona acostumbrada a tener servicio doméstico, eso ya representaba un reto, pero encima era nueva en la ciudad y aún no hablaba el idioma. Fue ampliando su repertorio culinario poco a poco y devino en una cocinera capaz, pero no lo llevaba en la sangre.

Un día me llevó por la mañana a hacer la compra. Me encantaba salir con ella a la aventura, cogidas de la mano, y descubrir cosas de nuestro nuevo entorno. En un pasillo de una tienda del barrio oímos a alguien hablando alemán y volvimos la cabeza para ver quién era: una mujer dirigiéndose a su hija pequeña. Las madres entablaron conversación y se notó por el tono que resultaba un alivio para ellas haber encontrado a alguien con quien confraternizar en aquel lugar ajeno.

La niña morena con el pelo a lo paje y yo nos miramos tímidamente. Ninguna dijo nada. Yo me cohibía delante de otros niños, así que reculé, me medio escondí detrás de mi madre y le agarré la falda. Pero seguimos mirándonos en silencio, con cierto consuelo.

3

Nuevas amistades

En el mejor de los casos, yo era tímida sin más, pero mi primer día de guardería en la 6.ª escuela Montessori de Niersstraat estaba muerta de miedo. Salí de casa llorando y, aunque por lo general era una niña obediente, me aferré como pude a la manija de la puerta y supliqué que me dejaran quedarme en casa. Mi única compañía durante meses habían sido mi madre y otros adultos. Y apenas hablaba holandés.

«Ya está bien, Hanneli —me dijo mi madre muy seria, llamándome por el nombre que usaba casi toda mi familia, mientras me separaba los dedos de la puerta—. Los comienzos siempre son difíciles. Venga, vamos, ya verás como todo va a ir bien».

Siguió animándome mientras recorríamos nuestra calle de camino a un edificio de ladrillo de tres plantas con toda la fachada llena de ventanas estrechas, desde el suelo hasta el tejado. Entendí que mi madre iba a dejarme allí y sentí retortijones en la tripa. Me puse a lloriquear, pero ella me cortó con una mirada que decía que no iba a tolerar más berrinches. Abrió el portón de madera de la escuela y, una vez dentro, le apreté la mano más fuerte y fui arrastrando los pies por el pasillo de baldosas, a pesar de que eso implicaba rayarme los zapatos de charol nuevos.

Entramos en un aula donde había muchos niños que parecían ocupadísimos. Algunos se encontraban en su pupitre, jugando con bloques de madera, y otros estaban trazando letras o sentados en una esterilla practicando caligrafía. Me fijé en una niña con el pelo oscuro y brillante, casi negro. Como me daba la espalda, no le veía la cara. Estaba tocando unas campanas plateadas. Justo entonces se dio la vuelta y me miró. Nos reconocimos enseguida. ¡Era la niña del colmado de la esquina! Nos abalanzamos una hacia la otra y nos abrazamos como unas hermanas que hace mucho tiempo que no se ven; tuvimos una conexión tan fuerte que las frases en alemán no paraban de fluir. Los retortijones y la angustia desaparecieron y sonreí.

«Me llamo Annelies, pero llámame Anne», dijo ella.

Al ser ambas pequeñas y no saber holandés, nos alegró encontrarnos allí; ni siquiera me di cuenta de que mi madre, aliviada, había salido de allí de puntillas sin despedirse. Anne también era nueva en clase. Había llegado hacía poco con su familia de Frankfurt, otra ciudad grande de Alemania. Nuestros padres eran gente de mentalidad abierta que había concluido que lo mejor para nosotras era el moderno método Montessori, que garantizaba que los críos tuvieran libertad para guiarse por su propia curiosidad. El aprendizaje no se basaba en calificaciones, sino en la evolución del alumno, que elegía por sí mismo las cosas que le interesaban.

Anne me deslumbró enseguida; era mi primera amiga, aunque no tardé en darme cuenta de que éramos muy diferentes. Yo tenía el hábito de encorvarme, ladear la cabeza y pensar lo que quería decir antes de hablar. No estaba acostumbrada a relacionarme con otros niños y me sentía intimidada con mucha facilidad. Anne era alta y larguirucha para su edad. Tenía la piel de color oliva pálido y yo le sacaba más o menos una cabeza; era una niña menuda, rayana en la fragilidad, y tenía unos ojos grandes, oscuros y brillantes que parecía que se reían cuando ella lo hacía. Pero esa menudencia escondía mucha personalidad. Se le daba de maravilla dar ideas de juegos y ser la líder. Se mostraba segura de sí misma, incluso con los mayores. Les preguntaba de todo a los adultos; de hecho, siempre estaba haciendo preguntas. Era increíble que se le ocurrieran tantas. Cuando nos conocimos, tenía el pelo a lo paje con la raya a un lado. Yo también lo llevaba corto, como la mayoría de las niñas de nuestra edad por entonces, pero yo era castaña y lo tenía un poco ondulado. A veces mi madre me lo sujetaba a un lado con un lazo grande, pero yo siempre procuraba que el pelo me tapara las orejas. No me gustaban nada porque me parecían muy grandes.

Anne y yo nos emocionamos cuando descubrimos que además vivíamos en edificios colindantes. Ambos bloques tenían las mismas escaleras de cemento en la entrada. Salía corriendo de casa y tardaba menos de un minuto en llegar a la de Anne, que vivía una planta más arriba que nosotros. Tocaba el timbre de latón, ella abría la puerta y luego bajábamos la empinada escalera cubierta de moqueta dando botes y agarrándonos a la barandilla de color crema, que llevaba a un vestíbulo empapelado con un estampado azul claro.

Al poco ya hacíamos juntas el recorrido de diez minutos hasta la escuela, a veces con la hermana mayor de Anne, Margot, que nos sacaba tres años. Era listísima y muy amable, y de naturaleza más seria que Anne. A pesar de ser más pequeña que ella, nunca era condescendiente conmigo. «Qué maravilla tener una hermana», pensaba yo. Margot estudiaba en Jekkerskool, una escuela más tradicional que estaba en Dintelstraat, a unas manzanas de la nuestra.

Gracias a los pacientes maestros y a nuestro empeño desesperado por encajar, Anne y yo aprendíamos todos los días palabras y frases nuevas en holandés. Empezamos a hablarlo con fluidez enseguida (y a burlarnos de nuestros padres por su mala pronunciación), pero yo seguía teniendo un ligero deje alemán. A la larga acabamos sintiéndonos holandesas. Nuestras amigas procedían de distintos sitios: algunas eran autóctonas y entre ellas también había judías; y otras eran refugiadas, igual que nosotras. Pero no le dábamos muchas vueltas a nuestras diferencias ni reparábamos en ellas. Los recuerdos que teníamos de Alemania estaban difusos y nos volcamos en nuestro nuevo país, ansiosas por integrarnos.

A Anne y a mí se nos ocurrió una forma de comunicarnos de una casa a la otra en cualquier momento. Era tan fácil como sacar la cabeza por la ventana delantera y llamarnos, yo desde la segunda planta y ella desde la tercera.

«¡Aaan-na!», gritaba yo por las mañanas con voz cantarina desde mi ventana antes de irnos a la escuela (Anne se pronuncia «Anna»). Cuando quedábamos para jugar en la calle o ir a casa de alguien, nos llamábamos silbando el himno nacional holandés. Anne a veces se limitaba a tararear la melodía, pues le costaba silbar. Después del intercambio de silbidos, nos veíamos en la acera de abajo y hacíamos el recorrido de diez minutos hasta la escuela, enfrascadas en una charla sin fin.

«Hanneli, ¿conoces la película de Popeye?», me preguntaba, por ejemplo, y luego procedía a relatármela entera porque la había visto con su familia ese fin de semana. Me contaba que su madre estaba preocupada por alguna dolencia (era habitual que no saliera de casa por estar enferma) o que ella estaba emocionada por la visita inminente de una de sus abuelas. Anne era la que más hablaba de las dos y yo la que escuchaba, pero a veces ocurría al revés.

Nos gustaban las fiestas de pijamas y ella siempre se traía una maletita cuando se quedaba en mi casa. Recuerdo verla sentada en mi cama, cepillándose el pelo mientras hablábamos de las ganas que teníamos de viajar, a pesar de que éramos muy pequeñas todavía y nuestros viajes se limitaban sobre todo a los tres metros que había entre nuestras respectivas casas y al trayecto hasta la escuela.

Como yo era hija única, echaba en falta tener hermanos, así que admiraba a Margot. Me parecía muy guapa, con esos ojos tan grandes y luminosos que tenía y esa piel perfecta. Más adelante tuvo que ponerse gafas y a mí hasta me pareció más sofisticada. Transmitía amabilidad y sosiego y disfrutaba ayudando a la gente. Me habría gustado tener una hermana mayor así. Se le daba bien aprender y era disciplinada, tranquila y más introvertida que Anne, que resultaba más animada y habladora. También era atlética y llegó a practicar remo y natación, y se le daba muy bien. Yo, como hija única, observaba con mucho interés a Margot en su papel de mediadora de su familia. Era muy muy obediente y nunca contestaba mal a sus padres. «Anne, tranquila, cálmate», le decía con persuasión a mi amiga cuando esta se alteraba. Margot era la favorita de su madre (y Anne, la de su padre), y quería mantener la paz y la tranquilidad en casa pues sabía que su madre lo apreciaba.

En cuanto conocí a Anne supe que le encantaba ser el centro de atención. Rebosaba vida e irradiaba luz. Pero siendo yo una niña reservada, admiraba la gracia y el aplomo más sosegados de Margot. Quería ser como ella: inteligente, guapa y bondadosa. También era muy protectora con Anne. Yo me decía que, si alguna vez llegaba a ser hermana mayor, sería como Margot.

Anne era muy segura de sí misma, mucho más que yo. A veces reñíamos (nada serio, las típicas desavenencias infantiles de las que luego ni nos acordábamos), pero a ratos me agotaban sus opiniones y su energía, pues estaba acostumbrada a la tranquilidad de mi casa y a estar siempre con adultos. Cuando jugábamos, solía impacientarse, sobre todo si iba perdiendo. Era muy espabilada, pero mucho menos obediente que yo. «Dios lo sabe todo, pero Anne sabe más», decía mi madre

de broma cuando al llegar a casa le contaba algún episodio de
«sabelotodismo» de Anne.

Un día, de camino a la escuela, al doblar una esquina vimos sillas y mesas suspendidas en el aire. Nos quedamos mirando boquiabiertas cómo bajaban desde las ventanas del piso
de una chica que se llamaba Juliane. Su familia también era
judía alemana y vivían en Merwedeplein. Nuestros padres nos
explicaron que en Holanda las mudanzas se hacían usando
cuerdas para levantar los muebles y meterlos por las ventanas,
porque las casas, que eran muy estrechas, se sustentaban sobre
pilotes, ya que todo lo que estuviera al mismo nivel del mar
corría el riesgo de inundarse. A nosotras nos entretenía muchísimo. La familia de Juliane se iba a mudar a Nueva York.
«Vosotros también deberíais iros a Estados Unidos», le instó la
madre de Juliane a la de Anne, Edith.

A medida que nuestra amistad fue creciendo, lo mismo pasó
con el vínculo entre nuestras respectivas familias. Ellos venían
a menudo a cenar a casa para celebrar el Shabat y demás festividades judías, como la Pascua, y nosotros pasábamos la víspera de Año Nuevo en casa de los Frank; los mayores charlaban
hasta entrada la noche, mientras que las pequeñas intentábamos aguantar despiertas el máximo posible. Pasar Año Nuevo
en su casa se convirtió en una tradición, con fiesta de pijamas
incluida. Me encantaba estar en aquella casa, el apartamento
2 del número 37 de Merwedeplein. Tenía un toque más elegante, con esas cortinas de terciopelo verde y las alfombras
persas de color óxido y rojo, y siempre flotaba en el ambiente un aroma dulce que salía de la cocina. A la señora Frank, la
madre de Anne, se le daba de maravilla la repostería. Esa casa
olía a vainilla y a libros.

La mujer, con su cabellera morena recogida en un moño

de señora mayor, si bien era amable, con los niños se mostraba un poco más reservada. Se llevaba genial con mi madre y ambas estaban encantadas de que Anne y yo estuviéramos tan unidas, «como hermanas». Las dos tenían doce años menos que sus respectivos maridos y añoraban muchísimo Alemania y a sus seres queridos. Me consta que la señora Frank, al igual que mi madre, lamentaba haber perdido la relativa tranquilidad de su vida anterior, y más teniendo en cuenta que ahora su marido trabajaba muchas horas.

No es fácil ser refugiado, y menos aún para las madres, que se encargan de mantener a flote el hogar y a los más pequeños, y mi madre y la señora Frank se ayudaban mutuamente y se daban apoyo moral. Se quejaban de la carga que suponía hacer todas las compras, limpiar y cocinar sin la ayuda doméstica a la que estaban acostumbradas en su país. Todo era novedoso y desconcertante. No entendían las tareas de la escuela que les mandaban a sus hijas; les costaba seguir las pistas culturales y hablaban holandés con un acento alemán muy marcado. Sus poros rezumaban esa afición tan alemana por el orden y los modales y querían que, al igual que ellas, adorásemos a Beethoven, a Bach y la poesía alemana. Percibía cierta tristeza en las madres que nos rodeaban: la mía, la señora Frank y también la señora Ledermann, la madre de nuestra buena amiga Sanne. Era una nostalgia que casi se olía.

Los Ledermann huyeron de Berlín con sus dos hijas más o menos cuando nosotros. Al principio el padre se opuso a la idea. Tenía un bufete de abogados muy próspero en Berlín que representaba a empresas importantes, pero es complicado ejercer sin saber el idioma local ni conocer las leyes específicas del país en cuestión. La familia era reacia a renunciar a sus salidas de fin de semana a museos, restaurantes refinados y conciertos, pero Ilse Ledermann, holandesa de nacimiento y con familia en los Países Bajos, presionó a su marido, Franz, para dar el paso. Ella tenía un cuñado reportero que trabajaba en un periódico nacional. En 1923 lo mandaron a cubrir el juicio de Hitler, a quien habían acusado de traición y condenado en Múnich. Se le quedaron grabadas en la memoria las payasadas de Hitler en la sala, sus acaloradas diatribas y, lo más importante, la inacción de los jueces, que ni siquiera intentaron acallarlo. Para él fue evidente que Hitler tenía el poder y que llevaría a término sus amenazas contra los judíos. Se refirió a él como «un peligro imparable». Los instó a marcharse de Alemania, al igual que los demás parientes holandeses de la señora Ledermann. El marido, alemán a mucha honra, siguió rehusando la idea y no cedió hasta que fue prácticamente imposible ejercer la abogacía por culpa del boicot nazi.

La familia se mudó a un piso a la vuelta de la esquina de Merwedeplein, en una calle paralela que se llamaba Noorder Amstellaan. La señora Ledermann tuvo que acostumbrarse a vivir sin niñeras para sus dos hijas, cocinera y sirvientas. Como tocaba el piano, en su amplio piso de Berlín tenía dos de cola, pero vendieron ambos antes de mudarse a Ámsterdam. Su marido también era músico y los domingos daban conciertos de música clásica en el salón de su casa.

Él y mi padre decidieron montar un organismo de socorro para refugiados en nuestra casa y mi madre era la secretaria. Se sentaban a una mesa uno enfrente del otro y empezaba el vaivén de documentos. Mi madre escribía la correspondencia y su máquina de escribir negra estaba en nuestro salón, pero los días de Shabat se guardaba. La mayoría de la gente a la que asistían eran refugiados judíos de Alemania que querían establecerse en Ámsterdam. Los ayudaban a gestionar sus asuntos económicos y legales, como el intercambio de bienes inmuebles que poseían en un país por propiedades en otro. Mi padre aportaba sus conocimientos empresariales y económicos, y el señor Ledermann, su formación jurídica. Este último volvió a la universidad para estudiar Derecho y se sacó el título holandés en tres años, lo cual fue motivo de orgullo y asombro para todos. Su familia le organizó una fiesta de graduación maravillosa.

Mi padre no se atrevía a cobrar mucho por sus servicios, pues todo el mundo padecía la tensión financiera de aquellos tiempos turbulentos, así que ni él ni el señor Ledermann ganaban demasiado. Pero por entonces era la única fuente de ingresos de mi padre. Me habría gustado tener bicicleta o patines de hielo, como Anne y mis demás amigas, pero a mis padres no les sobraba dinero para lujos, pues eso eran, dadas las circunstancias. Ganarse la vida en otro país era una lucha para nuestras respectivas familias, pero cualquier desigualdad con nuestras amistades holandesas quedaba atenuada gracias al carácter ahorrador de los autóctonos. Evitaban ser ostentosos y preferían no hablar de dinero.

Los judíos nativos con los que nos topamos se sentían holandeses y no tenían muy claro cómo tratarnos a «nosotros». Así las cosas, si bien les horrorizaba la violencia política y la persecución que vivían las familias judías que, como la mía, habían huido a los Países Bajos, tenían miedo de alterar el frágil equilibrio de tolerancia que habían encontrado en la sociedad holandesa, sobre todo los judíos más acaudalados y arraigados, muchos de ellos sefardíes. También había cierto resentimiento entre algunos judíos holandeses, en especial los de clase trabajadora (muchos con raíces en Europa del Este), pues pensaban que los judíos alemanes los menospreciaban por ser menos cultos e instruidos. Y cuando empezaron a llegar refugiados en masa, algunos temieron que estos, con su estilo más descarado y directo, rompiesen el equilibrio que se habían labrado en la sociedad holandesa, más discreta y modesta. Aunque en los Países Bajos no había tantos antecedentes culturales de antisemitismo como en otras partes de Europa, se palpaba cierto trasfondo antisemita. Así que el conjunto de los judíos holandeses hizo poco por asimilar la afluencia de judíos alemanes, y por eso eran esenciales los servicios que ofrecían mi padre y el señor Ledermann. Ayudaron a muchos miembros de nuestra comunidad, y esa ayuda sería recordada en el futuro.

Mientras que mi padre y el señor Ledermann eran serios y estaban ocupados con el trabajo y los acontecimientos que se producían en Alemania, el señor Frank estaba hecho de otra pasta. Hombre de apariencia distinguida, medía alrededor de un metro ochenta y tenía un bigote canoso, y unos ojos chispeantes que Anne había heredado, era el típico padre que a la hora de dormir se sentaba y les contaba un cuento a sus hijos. Todos lo adorábamos, y a nosotros nos resultaba novedoso, ya que se trataba de un padre totalmente accesible que no te mandaba por ahí cuando quería leer el periódico o atender asuntos más mundanos. La señora Frank perdía la paciencia a veces, sobre todo con Anne, que requería mucha atención, pero el padre disfrutaba con su curiosidad infinita y parecía que de verdad le gustaba escuchar a los críos. Y a veces nos tomaba el pelo. Nos enseñó a Anne y a mí una canción absurda y nos dijo que era chino, cosa que nos creímos durante años.

Jo di wi di wo di wi di waya, katschkaja,
Katscho, di wi di wo di,
Wi di witsch witsch witsch bum!

Le suplicábamos todo el rato que nos la cantara. La canción se convirtió en una broma privada que incluso seguía haciéndonos gracia de mayores. Otro de nuestros pasatiempos favoritos, no sé por qué, era observarlo cuando se servía una cerveza en un vaso alto. Nos quedábamos mirando cómo subía la espuma hasta el borde, a la espera de que rebosara, pero eso nunca pasaba.

Cuando éramos pequeñas, las empresas del señor Frank, Opekta y Pectacon (la primera era de mermeladas en conserva y la segunda de especias), estaban en el canal Singel, aunque luego se mudaron a un sitio más grande en el canal Prinsengracht. En ocasiones, Anne y yo íbamos allí en tranvía con su padre y, mientras él hacía horas extra, nosotras jugábamos a explorar el laberinto de oficinas y recovecos del edificio, que tenía cuatro plantas y era del siglo XVII. Era toda una aventura. Había molinos de especias y un almacén, y en el ambiente flotaba el penetrante aroma de las especias metidas en cajas. Nos sentábamos en sendos escritorios en la planta de arriba y jugábamos con los teléfonos y el intercomunicador. Y a veces, cuando no había mayores a la vista, lanzábamos agua desde la ventana con un vaso y cogíamos desprevenido a algún que otro transeúnte. Nuestras bromas nos parecían divertidísimas y nos reíamos mucho.

El señor Frank además era paciente conmigo. Incluso se atrevió a enseñarme a montar en bicicleta a mí, que era una niña sin coordinación, nerviosa, con dificultad para recordar pasos de baile y mala en los deportes. En Ámsterdam todo el mundo se movía así y, aunque yo aún no tenía bicicleta, me moría de ganas por aprender. Así que decidí enfrentarme a mis miedos. Anne me prestó la suya y el señor Frank se ofreció a ayudarme.

«Venga, vamos, que tú puedes», me decía para tranquilizarme, sujetando la bicicleta por detrás y corriendo a mi lado por la acera delante de Merwedeplein. Los niños del barrio me miraban y me animaban.

Y cuando lo intentaba otra vez, Anne me decía: «¡Vega, Hanneli, que tú puedes!». Pero era en vano. Me daba pánico hacerme daño y lo pasaba fatal cuando el señor Frank me soltaba. Al final me di por vencida. Él intentó consolarme mientras yo lloraba de frustración, pero me sentía muy mal porque pensaba que nos había fallado a los dos.

Mi abuela, Ida Goslar, murió en agosto de 1935 en Berlín. Mi padre era su único hijo. Se quedó devastado, pero le preocupaba tanto que las autoridades nazis lo detuvieran por disidente político que nos envió a mi madre y a mí en su nombre. A mí me gustó volver a algunos de mis lugares favoritos, como el Tiergarten, aunque ya se me habían empezado a olvidar, absorta en mi nueva vida y en mis amigas de Ámsterdam.

Un día pasamos por delante de una piscina pública de nuestro antiguo barrio y vi un cartel en la entrada que me dejó desconcertada. Yo estaba aprendiendo a leer, pero fui capaz de discernir las palabras poco a poco: JUDEN ZUTTRIT VERBOTEN. «No se admiten judíos». ¿No se admiten judíos dónde? ¿En la piscina? No lo entendía, ni siquiera cuando mi madre intentó explicármelo. No tenía ningún sentido.

Solo un mes después, los nazis impusieron las leyes de Núremberg, por las que se despojaba a los judíos de sus derechos como ciudadanos y de la propia ciudadanía para «preservar la pureza de la nación alemana». Eso quería decir que los judíos alemanes eran oficialmente apátridas, algo cuyo impacto comprendí a la larga. También quería decir que si mi abuela hubiera muerto un mes después, no habríamos podido asistir a su funeral. Las leyes establecían quién era judío y quién era ario. Discriminar a los judíos pasaba a ser legal. Despidieron a profesores de universidad, prohibieron a los actores subirse a un escenario, los periodistas y los autores judíos se las veían y se las deseaban para encontrar editores o periódicos que aceptaran su trabajo, los matrimonios mixtos eran ilegales y a los comerciantes judíos los expulsaron del negocio. Nuestros amigos y parientes tuvieron que buscarse la vida.

Para mi madre fue muy duro presenciar tanta desesperación ya antes de que anunciaran las leyes antijudías. Su nostalgia por la vida en Alemania quedó empañada; era todo bastante más desalentador de lo que cabría imaginar.

Fue un alivio volver a Ámsterdam, a nuestro hogar.

Rivierenbuurt era una burbuja acogedora de amigos, escuela y hermandad. Y en el núcleo de esa burbuja estaba Merwedeplein, un lugar bullicioso creado por nosotros donde contábamos en alto hacia atrás cuando jugábamos al legendario escondite y chillábamos de alegría cada vez que encontrábamos a alguien. Anne y yo teníamos otras amigas en el barrio y montábamos juntas en patinete y jugábamos a la rayuela y a empujar un aro con un palo. Y mientras el aro daba vueltas sin parar, nosotras corríamos al lado entre risas e intentábamos seguirle el ritmo. Nos concentrábamos en ese momento como haría cualquier niño: el aro no podía dejar de girar. Nos sentíamos invencibles. Libres. Pensábamos que ese mundo acogedor, recogido y seguro nunca dejaría de girar. Que jamás se acabaría.

4

Llegadas

—¡Opa! ¿Qué haces aquí? —chillé.

No me lo podía creer. Al volver de la sinagoga con mis padres, vimos a lo lejos a un hombre sentado en los escalones de nuestro bloque. Llevaba un bombín y un abrigo de lana entallado y tenía una maletita a los pies. Cuando me percaté de que era mi abuelo, Alfred Klee, miré a mis padres, que parecían tan sorprendidos como yo. Vivía en Berlín y nadie se esperaba su visita.

Salí corriendo y salté a sus brazos.

—Tengo entendido que hoy es el cumpleaños de alguien —dijo con un brillo en los ojos, escondidos tras los quevedos.

Era 12 de noviembre de 1938, sábado, y ese día yo cumplía diez años. Pero aunque me dijera eso, la razón de que estuviera sentado en aquellos escalones era otra. Tres días antes había ido a Hamburgo porque lo habían invitado a dar una conferencia sobre sionismo. El ambiente en Alemania estaba tenso. Un judío polaco de diecisiete años había disparado contra el embajador alemán en Francia para llamar la atención sobre la grave situación de su gente en Alemania. El 9 de noviembre, el día que iba a viajar mi abuelo, el embajador murió y los nazis usaron el incidente como pretexto para agredir a los judíos en aras de proteger el honor de la nación.

En el centro de Hamburgo, mi abuelo vio grupos de camisas pardas, los paramilitares del Partido Nazi, asaltando comercios judíos, rompiendo los escaparates, tirando la mercancía contra la acera y pegando a los residentes judíos. Hordas de personas gritaban y coreaban mientras lanzaban piedras a las vidrieras de las sinagogas y les prendían fuego. Varios judíos intentaron rescatar los rollos de la Torá para evitar que ardieran. Entre el 9 y el 10 de noviembre se vivieron situaciones similares de caos y destrucción en toda Alemania. La sinagoga a la que solíamos ir en Berlín quedó reducida a cenizas, igual que otras mil que quemaron en todo el país. Las autoridades ordenaron a los bomberos que no extinguieran los incendios de las sinagogas en llamas a no ser que peligraran los edificios colindantes. Al principio lo denominaron «pogromo», el mismo término que se usaba para aludir a los ataques contra los judíos rusos durante la época de los zares. Pero poco después se conocería como *Kristallnacht*, la «noche de los cristales rotos».

La mañana del 10 de noviembre, mi abuelo llamó a su hijo, mi tío Hans, para preguntarle si era peligroso volver a Berlín. Mi tío le respondió crípticamente: «Tienes una nieta que cumple años dentro de dos días». Él entendió enseguida el mensaje: «Vete a Ámsterdam». Y por eso acabó en la puerta de nuestra casa, con la misma maletita que se había llevado a Hamburgo para pasar allí la noche; de sopetón, se había convertido en refugiado, pero mi abuela seguía en Berlín.

Mi abuelo tenía el pelo plateado y bigote. Siempre vestía trajes a medida y se colocaba con esmero los quevedos sobre la nariz para leer. Era un abogado muy respetado y conocido por representar a judíos en casos de difamación por motivos de raza. En uno de los más famosos ganó el juicio por difamación contra el conde Von Reventlow, que promocionó *Los protocolos de los sabios de Sion*, un texto infame que daba a entender que los judíos tenían un plan secreto para gobernar el mundo. Al igual que le había pasado al resto de los abogados judíos alemanes, a mi abuelo lo habían excluido oficialmente de la profesión hacía solo dos meses. De joven fue uno de los primeros discípulos y asesores de Theodor Herzl, el fundador del sionismo. Y este aclamado héroe, considerado un visionario en nuestro círculo, le regaló un sonajero de plata cuando nació mi tía. Mi abuelo, que tenía el don de la oratoria, fue presidente de la principal organización sionista de Alemania y participó de forma activa en otras causas judías. Más tarde se enteró de que, mientras él iba camino de Ámsterdam, la Gestapo había ido a buscarlo a su despacho.

Esa noche el presidente Roosevelt condenó los ataques en la radio: «La opinión pública de Estados Unidos está consternada por las noticias sobre los recientes acontecimientos en Alemania. Cualquier noticia de esta índole, provenga de donde provenga, generaría en la ciudadanía estadounidense una respuesta de calado similar. A mí mismo me cuesta creer que ocurran cosas así en una civilización del siglo xx».

Mis amigas alemanas y yo oíamos a nuestros padres hablar de la *Kristallnacht*; aún estaban temblando por aquel golpe tan duro, habían perdido su último resquicio de esperanza en que Alemania despertara del estupor y fuera de nuevo ese lugar decente y culto al que ellos se sentían tan vinculados. Nos enteramos de que habían muerto unos cien judíos, asesinados o posteriormente por culpa de las heridas infligidas por la turba. Estábamos todos muy preocupados por los familiares y los amigos que seguían allí.

Un día frío y húmedo, no mucho después de la *Kristallnacht*, Anne y yo hicimos el trayecto de la escuela a casa con Iet Swillens, una amiga holandesa. Estábamos enfrascadas en nuestro habitual cotilleo, riéndonos. Al entrar en el piso de Iet, Anne bajó la voz de repente y nos dijo:

—A mi tío Walter le ha pasado una cosa horrible.

—¿El qué, el qué? —le preguntamos a gritos.

Y fue soltando retazos de la historia. Lo habían detenido. La madre de Anne no sabía dónde lo tenían.

Más tarde nos enteramos de que a Walter Holländer lo habían mandado dos semanas a un campo de concentración a unos quince kilómetros de Berlín, donde trataban a los judíos apresados como delincuentes y los hacían trabajar hasta la extenuación. Lo habían atrapado en una redada orquestada por la Gestapo en la que detuvieron a más de treinta mil judíos «adinerados» de todo el país. Lo dejaron en libertad unas semanas después gracias a la intensa labor y el aval financiero de su hermano, Julius. Los dos tíos de Anne consiguieron salir de Alemania con un visado de Estados Unidos y establecerse en una ciudad industrial de las afueras de Boston, donde subsistieron trabajando en fábricas por un salario muy bajo.

El ambiente tan agradable que encontró mi familia en 1934 estaba empezando a mutar por el veloz aumento de los refugiados judíos. Fue una alegría y un alivio que mi abuela se reencontrara con mi abuelo; luego se mudaron a un piso cercano. A su vez, la madre de la señora Frank, Rosa Holländer, llegó de Aquisgrán, en Alemania, y se quedó a vivir en casa de Anne. El barrio rebosaba de gente recién llegada. En los bloques de Merwedeplein había más de cien judíos, la mayoría refugiados alemanes. Aparte de nosotros y los Frank, estaban los Hamburger, los Jacob, los Heilbrun y los Lowenstein, entre otros.

Nosotros nos mudamos a un piso un poco más grande que estaba a la vuelta de la esquina, en el número 16 de Zuider Amstellaan. Una de las habitaciones era para Irma, una chica a la que mis padres ayudaron a emigrar a los Países Bajos. Era una refugiada judía alemana con discapacidad intelectual que necesitaba un hogar y trabajo, así que ellos la acogieron como sirvienta. Salvarle la vida a esas personas que venían de Alemania se consideraba una *mitzvá*, una buena acción. Era de naturaleza bondadosa, aunque un desastre como sirvienta, pero mi madre hacía lo que estaba en su mano para ayudarla y orientarla.

Mis padres y mis abuelos estaban muy preocupados por los amigos y los familiares que seguían en Alemania; contaban cosas estremecedoras sobre sus intentos de encontrar refugio dondequiera que los acogieran. Cualquier país valía, por lejos que estuviera: China, Nueva Zelanda, Argentina... Cada vez resultaba más difícil conseguir un visado, sobre todo para Estados Unidos. Los Países Bajos eran seguros para los judíos, pero sus restrictivas políticas migratorias lo convertían en un lugar de paso para muchos, en vez de un sitio donde quedarse. Así pues, tener pasaporte, y por lo tanto la ciudadanía de cualquier otro país, era un recurso muy útil para quienes escapaban de Alemania. Después de la guerra me enteré de que cincuenta mil judíos alemanes solicitaron entrar en los Países Bajos, de los cuales solo obtuvieron permiso siete mil, y la mayoría con estatus de refugiado temporal, por lo que se sobreentendía que debían encontrar otro país donde establecerse.

Mis padres y los otros padres llegados de Alemania sintieron la creciente ansiedad por el deterioro de la situación allí, y nosotras nos dábamos cuenta. Pero no dejábamos de ser niñas, y la escuela, las fiestas de cumpleaños, las amistades y las riñas ocupaban un lugar muchísimo más importante en nuestro mundo que dictadores y pogromos. Y así prosiguió mi vida, relativamente a salvo. Anne y yo formábamos un trío sólido con la hija pequeña de los Ledermann, Sanne (diminutivo de Susanne), que era de nuestra edad. Hasta rimaban los nombres: Anne, Hannah y Sanne. Esta rezumaba dulzura y era sensible y sensata. Le gustaba escribir poesía, tenía facciones finas y delicadas y sonreía con facilidad y ampliamente. Cuando la conocimos, llevaba el pelo castaño ondulado cortado a lo paje, igual que Anne y yo.

Hacíamos gimnasia en el salón de los Frank o en el de los Ledermann, que despejábamos arrimando los muebles a la pared. Nos encantaba el Monopoly y podíamos tirarnos horas, si no días, jugando hasta que alguna ganara. Pero Anne a veces se impacientaba y no era capaz de llegar al final de los juegos. Era un poco inquieta y a Sanne en concreto le resultaba frustrante. Anne no podía evitarlo, su mente siempre iba por delante. Nos gustaban los mismos libros, entre ellos los de mitología griega y romana. Coleccionábamos cromos de las familias reales europeas, por ejemplo, de la princesa británica Isabel, que solo nos sacaba un año, o de la princesa Juliana de Holanda. Admirábamos a la familia real holandesa; nos quedábamos embelesadas con su ropa y especulábamos sobre quién se casaría con quién entre la realeza. También nos gustaba recopilar postales de famosos de Hollywood. Y nos encantaba ir al cine, sobre todo a ver las películas de Shirley Temple o Popeye el Marino. A veces nos llevaba mi padre, lo cual me sorprendía un poco, porque por lo general era muy serio; decía que lo hacía «para mejorar su inglés».

Sanne idolatraba a su hermana mayor, Barbara, que nos sacaba tres años. Tenía la misma edad que Margot, el pelo de color miel y rizado y los ojos azules. Era alegre y soñadora y quería ser bailarina de ballet. Las dos mayores iban a la escuela juntas y se hicieron buenas amigas a pesar de ser muy diferentes: Barbara deseaba divertirse y era bastante despreocupada, mientras que Margot se aplicaba más en los estudios. Por eso Barbara le atribuía el mérito de que ella hubiera salido adelante en la escuela, porque Margot la ayudaba con sesiones de estudio.

Las tres anhelábamos que las mayores nos hicieran caso y ellas cedían de vez en cuando. Anne en concreto le preguntaba a Barbara qué libros leía, en qué estaba pensando o qué juegos le gustaban. Creo que la admiraba porque era más «femenina» que Margot; siempre le había llamado la atención todo lo femenino, incluso de pequeña.

En la escuela, Anne seguía siendo pura energía sin fin y reclamaba atención de formas muy creativas, por ejemplo haciendo uno de sus números: sacarse el hombro de su cavidad. Pero había momentos en que no quería esa atención: cuando escribía. Durante el recreo anotaba anécdotas y pensamientos en una libreta que se guardaba para ella. No quería que nadie viera lo que escribía, ni siquiera yo, y se apretaba la libreta contra el pecho en cuanto alguien se acercaba. Para los mayores, Anne era entre graciosa y exasperante. A veces hacíamos el trayecto a la escuela con nuestro maestro, el señor Van Gelder, y, para deleite de él, ella le contaba historias absurdas que, según decía, se inventaba con su padre.

Las festividades judías servían de anclaje ante la creciente ola de miedo y angustia. A diferencia de nosotros, los Frank y los Ledermann no eran practicantes, pero aun así nos acompañaban en las comidas festivas. Creo que les gustó conocer las tradiciones navideñas, y quizá el ciclo del año y las viejas costumbres los reconfortaron. Eran tiempos modernos, sí, pero seguíamos el calendario hebreo, que en su origen se basaba en los ciclos lunares. Todo día festivo implicaba determinados alimentos y tradiciones. En Rosh Hashaná, el Año Nuevo judío, comíamos gajos de manzana con miel para tener un comienzo de año dulce, y en Shavuot, la típica tarta de queso, ya que era costumbre tomar lácteos para conmemorar la fiesta de la cosecha. Detrás de nuestro bloque había un jardín alargado y en otoño montábamos un refugio improvisado con motivo del Sucot, que dura una semana. Durante esos días festivos hay que comer allí para no olvidar que en el pasado éramos un pueblo errante en el desierto del Sinaí. Mi padre nos decía que mirásemos a través de las ramas del techo de la *sucá* para ver las estrellas: «¿Veis? Esto sirve para que no olvidemos que, por muy difícil y aterradora que sea la vida a veces, si los hijos de Israel encontraron su camino en el desierto con ayuda de Dios, nosotros también lo conseguiremos».

Todos los años organizábamos una fiesta para Purim, la versión judía del carnaval, y nos disfrazábamos y celebrábamos el rescate *in extremis* de los judíos de la antigua Persia por parte de su propia reina, ya que fueron objeto de una conspiración para aniquilarlos; aquella historia seguramente les resultara familiar a los mayores. Una vez, antes de que empezara la fiesta, mi padre les gastó una broma al señor y la señora Frank. Se puso un bigotito negro, se peinó el pelo hacia un lado y tocó el timbre. Yo lo vi todo desde el fondo de la escalera; cuando abrieron la puerta, por un momento se quedaron desconcertados y un poco preocupados al ver a aquel hombre que se parecía a Hitler mirándolos con ojos amenazantes. «¿Hans?», aventuraron antes de echarnos todos a reír.

Como familia judía practicante, nuestra vida giraba en torno al Shabat, y el resto de la semana giraba en torno a ese día. La oscuridad y la aparición de tres estrellas eran el preludio de este día de descanso y ritos, que empieza el viernes cuando se pone el sol y acaba al caer la noche del sábado. *Shabat* es un término hebreo que significa «cesar»; nuestra familia, como tantas otras, se refugiaba en él de las exigencias de la vida cotidiana. Después de crear el mundo, Dios descansó el séptimo día. Nosotros hacemos lo mismo para tener la noción de que somos más que nuestro mero yo trabajador: lo divino también habita en nosotros.

Claro que prepararse para estar veinticuatro horas sin hacer nada también consumía mucho tiempo; que se lo digan a mi madre. La cena del viernes y la comida del día siguiente tenían que estar listas antes de que se hiciera de noche, y había que limpiar la casa con antelación porque no usábamos la electricidad.

En Holanda el sol se pone pronto en invierno y a las cuatro y media ya es de noche. Por eso, cuando llegaba de la escuela los viernes de diciembre y de enero, lo normal era que, nada más dejar la mochila, mi madre me recibiera diciendo: «¡Nos queda una hora de luz!». Si la cena se organizaba en nuestra casa, lo cual pasaba con frecuencia, eso significaba que había que aprovechar el tiempo. Azuzadas por la cuenta atrás, con la casa oliendo a sopa de pollo hirviendo a fuego lento en el fogón, enseguida me ponía con mi tarea, que era ayudar a preparar la mesa con la mantelería fina que habíamos conseguido llevarnos de Berlín. El mantel de lino blanco y bordado a mano de mi madre, que era parte de su ajuar, estaba en la alacena. Yo lo sacaba y cubría la mesa de jardín con mi madre, que venía desde la cocina para ayudarme a alisarlo bien sobre la superficie irregular de mimbre mientras se lamentaba por enésima vez de no tener nuestra mesa de comedor de verdad, que nunca llegó de Berlín. Luego iban los platos y los cuencos de porcelana de cada servicio. Y, por último, las flores de Shabat en el centro.

Mi siguiente tarea era colocar la cubertería buena, que se guardaba en una caja de madera forrada de terciopelo. Las cucharas, los cuchillos y los tenedores tenían grabada una «G» gótica, de Goslar. Me gustaba sentir su peso frío en las manos cuando cogía los que necesitábamos para nosotros más los adicionales para los invitados. Los colocaba corriendo en la mesa y luego mi madre y yo nos asomábamos a la plaza de Merwedeplein para ver el cielo teñido de color mandarina mientras se ponía el sol; luego me situaba delante de los robustos candelabros de plata y rezaba en hebreo:

Bendito eres Tú, Señor, nuestro Dios, Rey del universo,
Quien nos santificó con Sus preceptos y nos ordenó encender
las velas del sagrado Shabat.

Los primeros pasos que se oían acercándose a la puerta eran
los de mi padre, que volvía del rezo vespertino en la sinagoga. Se
quitaba el abrigo y el sombrero, me sonreía y, como todos los
viernes por la tarde, decía: «*Shabat Shalom*, Hanneli». Luego ponía
las manos sobre mi cabeza gacha y me bendecía con la oración
que los padres judíos dedicaban a sus hijos cada Shabat generación tras generación. La de ellas empieza rememorando a las madres del pasado, y la de ellos, a los padres. Y así entonaba el mío:

Que seas como Sara, Rebeca, Raquel y Lea.
Que Dios te bendiga y te guarde.
Que Dios te muestre el favor y te sea amable.
Que Dios te muestre bondad y te conceda paz.

Los Frank eran asiduos a la cena del Shabat. El padre, totalmente laico, no sabía hebreo, pero como venían tanto a nuestra casa escuchaba las oraciones en la mesa y acabó memori-
zándolas y uniéndose. No era un hombre muy religioso, pero
la madre, que provenía de un hogar judío más tradicional, con
dieta *kosher* y visitas a la sinagoga, apreciaba el ritual y la familiaridad de las cenas del Shabat.

Lo habitual era que los siguientes pasos que se oyeran al
otro lado de la puerta fueran los de Anne, que entraba la primera como un torbellino, toda energía y alegría. «¡Hanneli!»,
exclamaba como si no nos hubiésemos visto ese día en la escuela y lleváramos semanas sin vernos. Me daba un abrazo
fuerte y luego aparecían sus padres y Margot; el señor Frank,
con una sonrisa de oreja a oreja, le estrechaba la mano a mis
padres y le daba un ramo de flores a mi madre.

Anne y yo siempre nos sentábamos juntas a la mesa, donde descansaban los candelabros de plata relucientes, el cáliz de plata con vino y la jalá típica (una trenza de pan de huevo) tapada con un paño de satén blanco; charlábamos entre risas y nos levantábamos a la vez cuando mi padre recitaba el Kidush, la bendición del vino. Después de bendecir la jalá que compraba en una panadería *kosher*, mi madre, como si lo tuviera estudiado, suspiraba en alto. Otra víspera de Shabat superada con éxito sin saltarnos el plazo que marcaba la puesta del sol. La comida siempre estaba rica; es posible que mi madre fuera reacia a cocinar, pero durante nuestra época en Ámsterdam se acabó acostumbrando, si bien con la jalá se plantó.

En esos momentos intentábamos desconectar de la tensión de la rutina diaria y de la creciente oleada de violencia y persecución antisemitas que se estaba desarrollando en Alemania; seguíamos su evolución con angustia a través de las noticias en la radio y la prensa, así como de las cartas que nos mandaban los familiares y los amigos que continuaban allí. Sé que a los mayores les costaba dejar de pensar en eso aunque fuese un rato, pero esas noches casi lo conseguían, en nuestro acogedor piso de Ámsterdam, con las velas de Shabat encendidas y brindando con vino por la vida al son del tintineo del cristal: «*Lejaim*» («Por la vida»). «Era agradable estar en Holanda en compañía de buenos amigos», pensábamos todos mientras nos pasábamos el pollo asado y el *kugel* de fideos.

«Otto, ¿cómo va el negocio?, ¿qué tal tus socios?», le preguntaba al señor Frank mi padre, sacando al periodista de economía que llevaba dentro. Tenía curiosidad por saber qué repercusiones económicas estaba teniendo la creciente fuerza de Hitler en Alemania.

Mientras ambos hablaban de negocios, procurando no tocar la política ni mostrar miedo delante de las niñas, mi madre intentaba cambiar de tema: «Margot, ¿qué tal te van los estudios? ¿Qué estás leyendo ahora?», preguntaba.

Entonces Margot se animaba contando cosas de la escuela; era toda una erudita y Anne y yo ansiábamos saber tanto como ella.

«Anne, Hannah, ¿qué tal las clases de matemáticas?», preguntaba la señora Frank.

Y las dos nos poníamos rojas como un tomate, porque las matemáticas rara vez nos iban bien a ninguna de nosotras.

A la mañana siguiente, sábado, mi padre y yo caminábamos cogidos de la mano hasta la sinagoga ubicada en el número 63 de Lekstraat, a unos diez minutos de casa. Mi madre, menos religiosa que él, prefería los servicios de la sinagoga liberal. Los Frank no eran muy asiduos; cuando iban era a la sinagoga reformista liberal y, por norma general, solo Edith y Margot. Apreciaba esos paseos tranquilos a solas con mi padre, con el barrio aún aletargado, en calma. De camino veíamos a otros amigos judíos discurriendo hacia la sinagoga cual arroyo. Mi padre asentía y les deseaba un buen Shabat: «*Gut Shabbos*». A veces me contaba de qué trataba el fragmento de la Torá que íbamos a escuchar en la lectura de ese día y analizábamos las posibles interpretaciones y, en según qué casos, cómo aplicar esos antiguos dramas y dilemas bíblicos a nuestra propia vida. A mí me impresionaba lo mucho que sabía mi padre, su habilidad para pintar cuadros con las palabras. Cuando me contó que José, siendo virrey del poderoso faraón, puso a prueba a sus hermanos, quienes una vez lo tiraron a un pozo, para ver si era cierto que habían cambiado, sentí que estaba allí mismo, en el antiguo Egipto, a la espera de la hora de la verdad, y no en una esquina de Ámsterdam bajo un cielo gris y amenazante.

Me enorgullecía el estatus que tenía mi padre en la comunidad. Era uno de los fundadores de la sinagoga que acababa de construirse. Cuando se consagró, yo deposité flores en el púlpito en compañía de otras niñas. Estábamos todos muy contentos con el edificio nuevo, tan impecable y moderno, con sus portones de latón, las paredes de color lechoso y el tejado plano, y rodeado de amplios jardines de hierba. En la fachada había una inscripción del Libro de Reyes escrita bien grande en hebreo: «Y habitaré en ella en medio de los hijos de Israel, y no dejaré a mi pueblo Israel».

La sinagoga era un reflejo de la certeza de nuestra comunidad de que estábamos echando raíces. Me encantaba ir al servicio infantil, el cual cada semana dirigían y lideraban los adolescentes en otra sala. Cuando terminaba, me escabullía al santuario principal, a la sección de las mujeres, en la planta de arriba, y miraba a los hombres abajo. Ahí estaba mi padre, envuelto en un manto de oración blanco, balanceándose, absorto en el rezo y los propósitos. Destacaba entre los hombres de la parte de atrás, que parecían tener más interés en intercambiar en voz baja chismorreos y novedades políticas. Mi padre era un judío religioso por elección y cuando lo observaba percibía una conexión muy profunda con la tradición. Y eso se me quedó grabado de por vida.

Ya de vuelta en casa, después de comer, los sábados por la tarde nos sentábamos los tres a leer en el salón. Nuestra vida hogareña se centraba sobre todo en los libros. Mis padres eran abiertos en ese sentido y me dejaban rebuscar en las estanterías lecturas nuevas sobre las que luego debatía con ellos.

Al igual que los sábados por la mañana los aprovechaba para pasar tiempo con mi padre, las tardes de los miércoles las compartía solo con mi madre. En cierto modo, era nuestro momento sagrado, con un ritual distinto pero arraigado: tomábamos el tranvía hasta el centro para ir a De Bijenkorf, unos grandes almacenes de lujo cerca de la plaza Dam, el corazón de Ámsterdam. Cuando volvía a casa de la escuela, nos íbamos directamente a la parada del tranvía. Sentadas una al lado de la otra, contemplábamos las calles, que iban perdiendo árboles en favor de la densidad urbana según nos acercábamos a nuestro destino. Mi madre señalaba sus floristerías y boutiques favoritas y me preguntaba qué tal me había ido el día.

Para mí, ella era guapísima y muy elegante. Admiraba lo bien que se aplicaba el lápiz de labios rojo intenso, su postura erguida y su ropa entallada. Siempre iba de punta en blanco. Yo era más torpe y desgarbada y analizaba sus ademanes con la esperanza de aprehender su forma de moverse, con ligereza pero con decisión.

Creo que para mi madre era importante que tuviéramos un espacio para nosotras dos, libre de la tensión de ser extranjeras en un momento de tanta angustia, por mucho que ella y mi padre intentaran protegerme y ocultarme su propia tensión. Pero también disfrutaba sin más ejerciendo de madre; para ella era su papel central y su prioridad, y se interesaba de verdad en mí y en mis amigas como personas. Aunque yo solo tenía diez u once años, en cierto modo entendía que esas citas semanales eran su manera de evadirnos de nuestro entorno y de las obligaciones del día a día, de averiguar cómo era yo y en quién me estaba convirtiendo.

La plaza Dam, empedrada y salpicada de árboles, se encontraba en el casco antiguo de Ámsterdam. Para mí era el lugar más fascinante del mundo. Se oía el repiqueteo de campanas de la Nieuwe Kerk, una iglesia que me recordaba a un castillo, con sus chapiteles y su fachada de piedra y vidrieras. Paseábamos de la mano entre la muchedumbre que había ido a comprar, palomas y turistas hasta el imponente edificio de De Bijenkorf, rematado con sus características banderas amarillas, que ondeaban al viento. Seguro que allí, con aquellos techos altos, el suelo de parqué, las vitrinas llenas de perfumes franceses, los rollos de raso y seda, las últimas tendencias en trajes de noche y vestidos de gala, mi madre rememoraba su vida en Berlín, más despreocupada y caprichosa. Ahora casi todo lo que vendían en De Bijenkorf estaba fuera de sus posibilidades.

Yo me tomaba una taza de chocolate caliente y ella un café bien fuerte, que acompañábamos con un trozo de tarta para las dos. Se inclinaba hacia mí por encima de la mesa y escuchaba con atención mis historietas sobre la escuela y mis amigas. Estoy convencida de que a veces se aburría, pero si era así, a mí no me lo parecía. Esas tardes de miércoles me sentía segura y mimada.

Escuché por casualidad a mis padres plantearse la posibilidad de emigrar a Argentina. Pero cuando les pregunté por el tema me dijeron que no me preocupara, que no íbamos a irnos. Los días de clase volvía a casa y, tras comer caliente, hojeaba *De Telegraaf*, el principal periódico holandés, tumbada boca abajo en la alfombra persa del salón, al lado del sofá de terciopelo azul que trajimos de Berlín, ciudad que ocupaba casi todas las noticias. Yo le preguntaba cosas a mi madre y ella hacía lo que estaba en su mano por responder con sinceridad, pero también con delicadeza. Me aseguró que Holanda estaba a salvo de Hitler.

Hacia finales de agosto de 1939, los titulares recogían la noticia de que Stalin, el líder soviético, había firmado un pacto de no agresión con Hitler. Mis padres me dijeron que estaban preocupados porque, como todo el mundo sabía, Hitler quería invadir Polonia y era consciente de que ese movimiento podía desencadenar una guerra.

«Ahora, si Alemania se envalentona y decide invadir, los

soviéticos no se enfrentarán a ellos», me explicó mi padre. Gran Bretaña y Francia ya habían dicho que si Hitler osaba cruzar la frontera de Polonia, ellos ayudarían al país a protegerse.

Las vacaciones escolares llegaban a su fin y yo disfrutaba de esos días largos jugando al aire libre con Anne, Sanne y las demás amigas del barrio. Sin embargo, el 1 de septiembre de 1939 Alemania invadió Polonia y fue imposible no palpar la tensión y el pavor. Todos estábamos atentos a las noticias, asustados por lo que pudiera venir después. A los dos días, Gran Bretaña y Francia declararon la guerra. Yo había confiado en que no llegaríamos a eso, al igual que toda la gente que conocía. Pero también queríamos que le parasen los pies a Hitler. Holanda se declaró neutral. Íbamos a estar al margen, igual que durante la Primera Guerra Mundial. Vivíamos en un país minúsculo con un ejército pequeño y un equipamiento y una capacidad combativa limitados. Aunque los holandeses quisieran arrimar el hombro y combatir contra los alemanes, era imposible que aguantaran un enfrentamiento con un enemigo de tal magnitud. Por mucho que tuviéramos un guion, era el mismo que en la guerra anterior: no cabía especular. Solo quedaba esperar y ver cómo se desarrollaba ese conflicto tan espantoso.

5

Invasión

Me desperté antes del alba, con la habitación aún a oscuras, desconcertada por un retumbo sordo que fue aumentando hasta el estruendo. «¿Un trueno? Tiene que ser eso», pensé. Pero estaba asustada. Ya tenía casi doce años y era un poco mayor para ir corriendo junto a mis padres cuando me asustaba por las noches. Sobre todo ahora, que me había enterado de que iba a ser hermana mayor: mi madre estaba embarazada de su tan anhelado segundo hijo, que llegaría en otoño. Aun así salté de la cama y fui a su habitación. Me acurruqué a su lado. «Chisss», me dijo, acercándome a ella. La luz del amanecer empezaba a colarse por la ventana. Mi padre descorrió las cortinas y miró fuera. No era un trueno.

«Son aviones», afirmó.

Miré a mis padres. Normalmente eran personas de acción, pero en ese momento se quedaron paralizados. A mí eso me dio casi tanto miedo como el ruido de los aviones. Al final uno de ellos encendió la luz y luego la radio del salón. El Gobierno estaba dando varios mensajes: «Permanezcan en sus casas, cierren las cortinas y apártense de las ventanas».

Yo seguía adormilada, pero estaba aterrorizada y tenía el corazón desbocado.

Era viernes, 10 de mayo de 1940. El país entero, incluidos nosotros tres, se despertó conmocionado. La Luftwaffe alemana estaba atacando Schiphol, el principal aeropuerto de los Países Bajos, así como un aeródromo civil y militar que había a unos veinticinco kilómetros al sureste de donde estábamos. El estruendo provenía de una nube de aviones de combate que volaban bajo, como flotando unos encima de otros. A veces pasaban tan cerca del suelo que en algunas zonas la gente distinguía las cruces gamadas de las alas. Era toda una exhibición de poder. El Gobierno holandés, que se había proclamado neutral, no había recibido ninguna declaración de guerra; los alemanes habían empezado a bombardear sin más y acto seguido aparecieron los paracaidistas. Querían dejar patente su presencia. La temida invasión, otrora descabellada para la mayoría de los holandeses, había llegado.

—¿Tengo que ir a la escuela? —pregunté a mis padres.

—No, seguro que hoy no hay clase —respondió mi madre con la voz apagada.

Mi padre, antiguo funcionario del Gobierno que se había opuesto al Partido Nazi, tenía miedo de ser un blanco específico cuando llegaran los alemanes. Se puso a revisar las carpetas que se había traído de Berlín, a escudriñar papeles y documentos en busca de artículos donde hubiera criticado a Hitler o a los nazis, así como cualquier material potencialmente incriminatorio.

—Tenemos que deshacernos de ellos —le dijo a mi madre.

Ella se le unió y empezaron a apilar papeles y a hacerlos trizas. Había tantos trocitos que mi madre tuvo que sacar varios cuencos para recogerlos.

—Hanneli, ayúdanos. Tira estos papeles por el inodoro —me indicó mi madre—. Pero poco a poco.

Era una misión desconcertante, pero asentí, resuelta a ayudar.

Cogí las páginas desmenuzadas, unas con membrete y letra

manuscrita, otras llenas de palabras mecanografiadas, y, sin dejar de temblar, las fui echando al inodoro. Intenté concentrarme en la tarea, pero no paraba de pensar: «¿Y si detenían a mi padre? ¿Le impondrían un castigo severo?». Había campos de concentración para presos políticos, como el de Dachau. No sabíamos exactamente qué cosas pasaban allí, pero sí que nada bueno.

—¡Oh, no! —gimió mi madre—. Otto Braun —dijo señalando el busto del susodicho, expuesto en un rincón del salón.

Era el antiguo jefe de mi padre y llegó a ser uno de los hombres más poderosos de la República de Weimar. Nos lo habíamos traído de Berlín seis años antes a modo de recuerdo tangible de otra época, pero en ese momento a mis padres les pareció una prueba incriminatoria.

Mi padre, consciente de que mi madre estaba embarazada, impidió que lo moviera sola:

—No, no, yo lo hago. —Yo me quedé mirando cómo doblaba las rodillas para alzarlo y lo sacaba del piso—. Si vienen los alemanes a registrar la casa y lo encuentran, vamos a tener problemas seguro —me dijo al percatarse de mi asombro.

Así que, mientras él y mi madre arrastraban el retrato de Braun (calvo, cejas pobladas y gafas redondas con montura de bronce) por dos tramos de escaleras, yo, confundida, asistía al abrupto destierro de aquella figura tan venerada por mi padre. Me pregunté qué pensarían los vecinos de aquel comportamiento. Pero una vez en la calle, cuando miré alrededor y vi las aceras llenas de jirones de papel y libros desechados me quedé atónita. La gente salía en tromba cargando con todo aquello que creían que podría traerle problemas.

«Hay que deshacerse de cualquier cosa sospechosa o prohibida a ojos de los alemanes», dijo un hombre mientras tiraba su tesoro a la basura. El señor Ledermann también se sumó a la histeria. Metió sus libros alemanes en una cesta y les prendió fuego ante la mirada abochornada de Sanne y Barbara.

El sol empezaba a elevarse hacia el radiante cielo azul. Era un día primaveral especialmente bonito después de otro invierno húmedo y ventoso que se hizo interminable, pero aquel telón de fondo desentonaba por completo con esa sensación cada vez mayor de estupor y miedo que tenía la gente a lo largo y ancho de los Países Bajos tras el bombardeo de Alemania, sobre todo mis padres y los demás refugiados judíos alemanes, pues fueron conscientes de lo que eran capaces los nazis.

Nos pegamos a la radio. El ejército holandés, que contaba con menos armas y efectivos, estaba viéndoselas y deseándoselas para mantener a raya la fuerza arrolladora del asalto alemán. Estaban bombardeando Róterdam con insistencia y sonaba como si fueran a arrasar con ella. La ciudad entera. Hubo heridos e incluso muertos, cuya cifra fue en aumento. El país al completo se estremecía. El cielo de Ámsterdam estaba lleno de humo porque las autoridades holandesas destruyeron las reservas de petróleo para impedir que las tomaran los alemanes. El olor llegaba hasta donde estábamos nosotros, en el sur de la ciudad.

La angustia de mis padres fue a peor cuando repararon en el vientre abultado de mi madre. Siempre habían querido tener más hijos y, a pesar de todo, confiaban en que su sueño de crear una familia numerosa aún pudiera hacerse realidad. Y yo siempre había querido ser hermana mayor y la noticia me hizo mucha ilusión, pero también era consciente de que, de golpe, el futuro parecía muy incierto.

Al día siguiente tapamos las ventanas con papel opaco; seguían bombardeando Róterdam y los heridos ya se contaban por cientos. Dos días después, el 12 de mayo, nos quedamos devastados al enterarnos de que la reina Guillermina había cogido un barco rumbo a Gran Bretaña, seguida por su hija, la princesa Juliana; también el marido de esta, el príncipe Bernardo, y sus dos hijas pequeñas, Beatriz e Irene. El cuerpo de seguridad determinó que ya no podía garantizar que estuvieran a salvo, así que huyeron. ¡Huyeron! Qué traición. Se me vinieron a la mente los cromos de la familia real que coleccionábamos Anne y yo. Era como si conociésemos a esas personas, confiábamos en ellas. Horas después supimos que el Gobierno holandés (el primer ministro y su consejo) también había huido a Gran Bretaña en barco. En Holanda, todo el mundo se vino abajo al saber que nos habían dejado a nuestra suerte en las garras de los alemanes.

El pánico crecía y se extendió el rumor de que había un barco en la ciudad portuaria de Ijmuiden para transportar judíos hasta el otro lado del canal de la Mancha. ¡Al parecer, un cónsul general británico se encontraba allí despachando visados! Pero ¿cómo íbamos a llegar? Estaba a unos treinta kilómetros y casi ninguno de nuestros conocidos tenía coche. Varios vecinos cogieron la bicicleta y se fueron hacia la costa. Mi padre estaba tan convencido de que los alemanes lo detendrían que decidió subirse a ese barco o a cualquier otro que se dirigiera a Inglaterra. Me quedé mirándolo mientras llenaba la maleta a toda prisa. La idea era que mi madre y yo saliéramos un par de días después, pero que nos dejara atrás estando ella embarazada me confirmó cuán grave era la situación. Su taxi se incorporó a la calzada congestionada por el tráfico, una estela de éxodo.

Estuvimos unos días sin saber nada de él. Se había topado con un panorama frenético: unas treinta mil personas habían huido hacia la costa, desesperadas por subirse a un barco, el que fuera: un buque, un remolcador, una barca de pesca… La gente que había llegado con tiempo o que podía permitirse pagar una suma importante por una plaza (en efectivo o en joyas) consiguió salir del puerto rumbo a un lugar seguro, pero la gran mayoría no tuvo tanta suerte. No obstante, la travesía no estaba exenta de peligro para quienes conseguían plaza: el canal de la Mancha se encontraba lleno de minas y los barcos se exponían a los bombardeos aéreos de los alemanes. El supuesto barco que iba a transportar judíos a Inglaterra no existía, como tampoco el cónsul británico que despachaba visados. Una segunda oleada de refugiados probó suerte en el sur, pero a los pocos que consiguieron eludir el combate en Francia y llegar a España les prohibieron quedarse allí y tuvieron que apañárselas solos, ya fuera buscando una manera de cruzar el Atlántico o una zona francesa aún sin ocupar.

Como mi padre no logró salir del país, estuvo seis semanas con una familia judía holandesa en las afueras de Ámsterdam antes de volver a casa. A la larga comprendimos que los alemanes no estaban buscando judíos concretos, como mi padre temía. Pero al principio no lo sabíamos. El martes posterior al comienzo de la invasión, mi madre, que pensaba que mi padre había conseguido un pasaje a Inglaterra, llamó a un taxi para ir a ver al cónsul británico de Ámsterdam con la esperanza de obtener el visado y reunirnos allí con él. Al llegar nos encontramos con colas enormes en la entrada del consulado. Fue justo entonces cuando oímos la noticia propagándose de boca en boca: los holandeses se habían rendido. Habían invadido nuestro pequeño país, con su exiguo ejército, en solo cinco días. Tras los ataques aéreos, Róterdam quedó prácticamente destruida y los alemanes dieron un ultimátum: o nos rendíamos o arrasaban con las demás ciudades. Según nos contaron, la decisión la había tomado el comandante en jefe. Los Países Bajos habían capitulado.

«¿Eso quiere decir que ahora somos parte de Alemania? ¿Ya no somos libres?», le pregunté a mi madre. Ella estaba llorando. Parecía que acababa de ver un fantasma. No era la imagen de mi madre a la que estaba acostumbrada. Fue como si el mundo se nos viniera encima. Me dio pánico verla así de asustada. Me quedé mirando a los cientos y cientos de personas que, al igual que nosotras, habían ido al consulado para intentar salir. Había madres angustiadas, algunas con niños en brazos, y todas reclamaban a gritos que querían irse antes de que llegaran los alemanes. «Estamos atrapadas. Tengo que ser fuerte, y más ahora que no está papá», pensé para mis adentros. Antes de irse me dijo que tenía que ser valiente. Mi madre estaba tan consternada que ni siquiera hablaba. Nos montamos de nuevo en el taxi sin mediar palabra.

Al día siguiente oímos sirenas y vimos una ambulancia en el número 12 de Merwedeplein. Una pareja, Benjamin Jessurum Lobo y Jeanette Theresia Maria van de Coolwijk, se había asfixiado. Hubo más suicidios en el barrio y en la ciudad en general: la gente se ahorcaba, se ahogaba o se tomaba somníferos. Los mayores susurraban que había «una epidemia de suicidios». Pero al parecer la vía de escape más habitual era el gas de los fogones. Se oían historias sobre familias que se sentaban a la mesa del comedor a barajar opciones, entre ellas el suicidio. Sanne y Barbara nos contaron que un vecino había intentado quitarse la vida. Un refugiado judío alemán se subió al balcón de su casa, enfrente del suyo, y gritó: «¡No me salvéis, quiero morir!». Dos vecinos tiraron la puerta abajo y se lo llevó una ambulancia. Mucha de la gente que murió así eran judíos alemanes que, al igual que mi familia, ya habían huido del dominio nazi con la esperanza de estar a salvo en la Holanda neutral. Temiéndose lo peor ante el alcance de sus perseguidores, decidieron quitarse la vida a su manera. Los cementerios judíos de los Países Bajos albergan una barbaridad de lápidas fechadas entre el 15 y el 16 de mayo de 1940.

Para llevar a cabo su plan de conquistar Francia y convertir

Europa en su propia fortaleza, los alemanes necesitaban controlar tanto los Países Bajos como Bélgica, pues tenían una ubicación estratégica. Ocupar dichos territorios también les servía para impedir que los británicos establecieran ahí una base de lanzamiento. El plan de Alemania, que acabó ejecutando con éxito, era derrotar de golpe a Bélgica, los Países Bajos y Luxemburgo con un ataque relámpago (*Blitzkrieg*). Un mes después se anexionaron Francia. El ejército alemán, que parecía hecho a prueba de balas, ya había arrasado Polonia, Lituania, la República Checa, la República Eslovaca, Austria, Dinamarca y Noruega.

Me sentí asqueada cuando vi a los primeros soldados alemanes en nuestras calles, algunos doblaban la esquina derrapando con su sidecar, levantando polvo a su paso. Me metí corriendo en casa y me asomé a la ventana: había filas y más filas de soldados jóvenes de la Wehrmacht, con su uniforme gris, su casco y el fusil en la mano, marchando con paso preciso por Rivierenbuurt. Eran muchísimos, todos altos y fuertes. Uno de los estribillos que cantaban decía así: «En breve estaremos marchando hacia Inglaterra». Yo entendía lo que decían y me avergonzaba ser del mismo país que ellos.

Los días posteriores a que los soldados alemanes ocuparan las calles nos invadió una sensación de irrealidad. Notábamos su presencia por doquier, pero aun así la vida seguía su curso. Para nuestro asombro (y prudente alivio), las siguientes semanas transcurrieron con calma y sin incidentes y retomamos la rutina con menos angustia. Anne y yo volvimos a la escuela Montessori; ya estábamos en sexto. Mis padres y el señor Ledermann continuaron con su trabajo, pero como ya no llegaban tantos refugiados alemanes se demandaban cada vez menos sus servicios, así que empezaron a buscar otras fuentes de ingresos, como la traducción. En un momento dado hasta ganaron un dinero extra haciendo helado en nuestra cocina para un italiano que tenía una heladería. Hubo gente (no mi padre, pesimista por naturaleza) que incluso especuló con la posibilidad de que las cosas no se deterioraran tanto como nos habíamos temido. Mi padre pensaba que iban a detenerlo para mandarlo a un campo de concentración, como esos que había en Alemania, donde estaban presos varios compañeros suyos de antaño. Se imaginaba a los alemanes reprimiendo cualquier indicio de disidencia, aplicando leyes antijudías y atacando con violencia a la población judía igual que había pasado en Alemania. Esa sensación de calma tan rara le generaba desconfianza.

A pesar de esa inquietante normalidad, en nuestro barrio se percibía cierta desesperación. Los adultos seguían buscando pistas o conexiones donde fuera con la esperanza de encontrar una vía de escape. Además, no confiaban en que la seguridad durara mucho tiempo. Manteníamos el contacto con nuestros familiares, aunque, claro, cada vez resultaba más difícil. Como Gran Bretaña y Alemania estaban en guerra, habían interrumpido el servicio postal entre ambos países. Así que era mi tío Hans quien, desde Suiza, informaba a su hermana, mi tía Eugenie, que vivía en Leeds, en Inglaterra, de las noticias que le llegaban a través de su padre, que residía en Ámsterdam.

Mis abuelos usaron los contactos que tenía mi Opa en el movimiento sionista por todo el mundo para intentar emigrar al Mandato Británico de Palestina. Sin embargo, obtener un certificado de inmigración ya no era tan fácil. Mi tío Hans se estaba dejando la piel para que les dieran permiso para ir allí pasando por Suiza. Pero a finales de mayo las autoridades helvéticas le comunicaron que solo se otorgaba permiso a quienes pudieran demostrar que tenían un destino final. Luego, en junio, mi tío envió un telegrama a Louis Brandeis, un juez del Tribunal Supremo de Estados Unidos que se había jubilado hacía poco y el activista más destacado de la causa sionista, el cual conocía a mi abuelo. Pensó que alguien con ese estatus podría interceder por sus padres y conseguirles un visado para el Mandato Británico de Palestina. (A diferencia de la mayoría de los judíos estadounidenses de por entonces, el juez Brandeis opinaba que fundar una patria judía podría ser la clave para resolver el problema del antisemitismo y la persecución en Europa). Mi tío Hans deseaba con todas sus fuerzas que aquel contacto de tan alto nivel pudiera ayudar a sus padres.

Brandeis le contestó lo siguiente: «Asunto sobre mesa comunicación Holanda más difícil».

Mi abuelo hacía por mantenerse ocupado mientras el asunto de adónde podíamos ir y cómo conseguir permiso para llegar allí seguía en el aire. Estaba inmerso en su propio estudio de la historia de la filosofía, la historia en general y las cuestiones judías y se pasaba las mañanas en la biblioteca. En el círculo de amistades intelectuales alemanas de mis abuelos, tanto nuevas como antiguas, había médicos, eruditos, compositores y músicos. Él a veces daba conferencias a jóvenes sionistas que se estaban preparando para ser agricultores en el Mandato Británico de Palestina, ya que su idea era emigrar allí. Pensaban que era el único sitio seguro tanto para ellos como para las siguientes generaciones.

La esperanza de huir pasando por Argentina afloró fugazmente cuando mis abuelos supieron que el Gobierno de allí iba a otorgarles un visado de turista de seis meses. Mi tío Hans también intentó conseguirnos uno a mis padres y a mí. El Servicio Internacional de Migración de Ginebra llegó a escribir al Comité de Refugiados Judíos de Ámsterdam en septiembre para saber si había alguna posibilidad de que ambas familias pudieran hacer los trámites pertinentes para el viaje dadas «las condiciones actuales». Pero los visados para ir a Argentina nunca llegaron a materializarse.

Emigrar era cada vez menos viable. Éramos conscientes de que, excepto en una serie de «casos especiales», por lo general rechazaban cualquier solicitud. Así que, aunque a mis abuelos les hubieran concedido el visado para ir a Argentina, de nada les valdría si los alemanes no los dejaban salir.

«¿No podemos hacer nada?», preguntó mi abuela, pero nadie tenía la respuesta.

Era duro vivir con tanta incertidumbre, sobre todo para mis padres y mis abuelos, por mucho que se esforzaran en mantenerme al margen de sus preocupaciones y angustias. Al menos teníamos una comunidad, una red de apoyo conformada por los Frank y otros buenos amigos y vecinos. El señor Frank solía decir que los aliados iban a ganar; que no debíamos tirar la toalla, porque no cabía duda de que vencerían a los alemanes. Sereno y clarividente, él era el optimista de nuestro círculo, en oposición a mi padre, que lo veía todo nublado. Yo, como todos, confiaba en que la guerra terminara en unas semanas, quizá unos meses, y las estimaciones del señor Frank me animaban.

Después de la guerra me enteré de que mientras mi tío Hans, mis abuelos y mis padres se afanaban en encontrar la forma de salir de Holanda llamando a todas las puertas posibles, los Frank hacían lo mismo, cosa que mis padres sí sabían. «Me parece que todos los judíos alemanes estamos peinando el mundo para encontrar refugio, pero es en vano», le escribió la señora Frank a una amiga judía alemana que tenía en Buenos Aires. En 1938 solicitaron emigrar a Estados Unidos y llevaban desde entonces esperando... y esperando... El consulado estadounidense de Róterdam, encargado de procesar las solicitudes de visado, se incendió durante los bombardeos de la invasión alemana. Y eso significaba que todos los solicitantes, entre ellos los Frank, tenían que presentar la documentación otra vez. Al igual que otros judíos, debían encontrar el equilibrio entre dar a entender que tenían medios para mantenerse en Estados Unidos y transmitir que su situación en Holanda era muy grave. La gente que tenía vínculos con Estados Unidos también tuvo que devanarse los sesos para hallar la forma de expresarse adecuadamente en las cartas que mandaban a parientes y amigos pidiendo ayuda. Los judíos alemanes provenientes de familias cultas por lo general pecaban de correctos y no eran muy amigos de mostrar sus emociones. Pero, según empeoraba la situación, las cartas se tornaban más desesperadas.

El señor Frank se puso en contacto con un antiguo amigo suyo para pedirle que lo ayudara a emigrar; se trataba de Nathan Strauss hijo, cuyo padre era copropietario de los grandes almacenes Macy's. Hicieron buenas migas durante la época universitaria: Strauss, que por entonces estudiaba en Princeton, estuvo un semestre en Alemania, en la Universidad de Heidelberg. En abril de 1941, el señor Frank le escribió: «No te lo pediría si la situación aquí no me obligara a hacer todo lo que esté en mi mano y con premura para evitar cosas peores… Tenemos que velar sobre todo por el bien de las niñas». No supondría una carga económica para nadie, le aseguró: «Yo aún me siento joven para trabajar y confío en que encontraré la manera de salir adelante».

Pero los funcionarios del Departamento de Estado de allí estaban poniendo trabas, movidos tanto por su propio antisemitismo como por su fobia a los extranjeros. Se escudaban en que a lo mejor había comunistas y espías entre los refugiados; según ellos, los judíos podían acabar desestabilizando Estados Unidos desde dentro. Las oficinas consulares estadounidenses en Europa, como la de Róterdam, rechazaron cientos de miles de solicitudes entre 1933, año en que Hitler llegó al poder, y 1945, año en que terminó la guerra. El rabino Stephen Wise, que supervisó los esfuerzos de los grupos de presión en favor de la inmigración desde dentro de la comunidad judía de Estados Unidos, se refirió a esto como «burocracia mortal».

Los hermanos de la señora Frank, que se habían establecido en Massachusetts, también probaron todas las opciones. Habían solicitado un visado cubano para el señor Frank que le anularon el 11 de diciembre de 1941, el día que Estados Unidos entró en la guerra.

En julio de ese mismo año cerraron todas las oficinas consulares de Estados Unidos en territorio ocupado por Alemania. Otra barrera que obstaculizaba más todavía aquel sueño imposible. El consulado más cercano para casi todos los judíos atrapados en Europa estaba en España. Y al llegar allí, si llegabas, había que reiniciar el proceso de solicitud. Han pasado ochenta años, pero cuando pienso en lo cruel y bizantino que era el sistema me entran ganas de gritar. ¿Cómo íbamos a viajar hasta allí si Alemania no nos dejaba salir del país? Además, atravesar Bélgica y Francia, que por entonces estaban bajo dominio de los nazis, y cruzar los Pirineos a pie con la única ayuda de la resistencia clandestina era un riesgo que la mayoría de las familias no quiso correr, como es comprensible.

En otoño de 1940 llegó la mejor distracción del mundo, al menos para nosotros: mi hermana pequeña nació en octubre de ese año. Era preciosa y tenía la cara rosada. Mis padres le pusieron Rachel Gabrielle Ida, aunque la llamábamos Gabi o, más cariñosamente, Gigi. A mi madre le preocupaba que me entraran celos, pero nada más lejos de la realidad. Yo estaba que se me caía la baba. Por fin tenía la hermanita que tanto había deseado y era como tener una muñeca viviente en casa. Mis padres, mis abuelos y yo estábamos volcados con Gabi. Nos ayudó a ahuyentar la tristeza que sentíamos. Por entonces apenas nacían bebés, así que mi hermana era la novedad, casi una celebridad.

Sin embargo, a pesar de la alegría, era un hecho que las cosas en Ámsterdam iban de mal en peor. Gabi nació cinco meses después de que Alemania invadiera los Países Bajos, y entonces se impusieron las primeras leyes antijudías. Esa calma anormal y surrealista se acabó cuando caímos en la cuenta de que el cometido del «guante de seda» que utilizaban los alemanes en Holanda era hacernos creer que la ocupación era benigna. Prohibieron el sacrificio *kosher*, lo que quería decir que, como en mi casa éramos practicantes, ya no podíamos comer carne. Prohibieron a los judíos entrar en hoteles, restaurantes y demás «lugares de recreo». También nos dieron dos meses de plazo para inscribirnos en el registro. Marcaron nuestro documento de identidad con una «J» bien grande para que nos identificaran rápidamente como judíos. La mayoría de la gente lo acató por miedo a las represalias.

Los alemanes declararon ilegal escuchar emisoras extranjeras u holandesas, incluida Radio Free Orange, la emisora del Gobierno holandés exiliado en Inglaterra. Como mis padres hablaban inglés, y no eran los únicos, se habían servido de la BBC para estar al día de las noticias. Pero ahora, de golpe, se sintieron aislados, encerrados en una realidad nueva y angustiosa. De la noche a la mañana, prácticamente lo único que podíamos escuchar era la programación nazi o «aria». Propaganda. Pero cuando mi madre se enteró de que habían prohibido las emisoras extranjeras, ella, siempre tan pragmática, repuso: «No quiero que los alemanes tengan ninguna excusa para causarnos problemas». Y dicho eso, cogió nuestra elegante radio moderna y la dejó en la acera. Me pareció una gran pérdida, pero casi mejor: poco después nos prohibieron tener radio.

Entre eso y que los periódicos holandeses los controlaban

los alemanes (solo publicaban artículos pasados por el filtro de la censura y la propaganda nazi), la gente dependía del boca a boca para estar informada, gracias en parte a la escucha ilegal de transmisiones británicas y estadounidenses y a periódicos clandestinos. Era la única manera de conseguir información sobre lo que pasaba realmente. Notamos un cambio importante: estaban empezando a señalar y a aislar a los judíos de la sociedad holandesa.

Cuando Gabi ya era un poco más mayor, Anne y Margot venían a casa a ayudar con el baño y la sacábamos de paseo en cochecito. Estaban casi igual de prendadas de ella que yo. «Qué adorable», dijo Margot una vez mientras le poníamos talco y la vestíamos. Gabi se retorció cuando intentamos ponerle el pijama, pero a cambio nos obsequió con un aluvión de sonrisas. Anne y yo le hacíamos carantoñas para que Margot le abrochara los botones. De repente, Gabi comenzó a reír y luego estalló en carcajadas. Entonces todas nos echamos a reír sin parar.

«¿Qué pasa aquí?», dijo mi padre, que entró y también se contagió de la risa.

Cuando Gabi empezó a comer alimentos sólidos, nos dimos cuenta de que era muy quisquillosa. Escupía casi todo lo que le metíamos en la boca. Darle de comer pasó a ser una de mis principales tareas para aligerar la carga de mi madre. A Irma, la muchacha, se le resistía. Pero aunque alimentarla fuera un suplicio, era muy lista y parecía que entendía todo lo que le decíamos. Como en el juego que usaba con ella para engatusarla y que comiera: «Esta por Margot, esta por Sanne, esta por Oma…». Cuando osaba repetir un nombre, ella cerraba la boca y se ponía en huelga hasta que se me ocurría otro.

Para nuestro gozo y consuelo, el señor Frank usaba su toque mágico con ella. «Hola, Gabi —canturreaba mientras se sentaba a la mesa, junto al tazón de puré de batata o de compota de manzana que había rechazado—. Abre bien», decía con los ojos centelleantes y una sonrisa de oreja a oreja. Ella se retorcía con regocijo y abría la boca. A mis padres y a mí nunca dejaba de sorprendernos.

Sacaron otra ley que prohibía a los judíos ir al cine. «¿El cine?», refunfuñé cuando me enteré de la noticia. ¿Cómo era posible? ¿Qué habíamos hecho? Anne, Sanne y yo adorábamos ir al cine, como todas nuestras amigas. Nos sabíamos de memoria los nombres de las estrellas de Hollywood y nos quedábamos embelesadas mirando sus fotos en las revistas: Ginger Rogers, Greta Garbo, Rudy Vallée... Nos gustaba especialmente Deanna Durbin; solo nos sacaba unos años y siempre interpretaba a la típica chica con arrojo que solucionaba cualquier problema, hasta los de los mayores. El cine era nuestra forma de huir a un mundo lleno de musicales etéreos y heroínas improbables que encuentran el amor verdadero. Anne, siempre con sus fabulosos planes y sus grandes ideas, decía que algún día sería una actriz famosa, claro que también hablaba de ser periodista o escritora.

Nuestros padres seguían intentando protegernos de la peor parte de su propio horror por lo que estaba ocurriendo y de su temor a que las cosas empeorasen más todavía. Pero yo estaba acostumbrada a la franqueza de mis padres y hacía preguntas sobre los acontecimientos mundiales. Quizá esa fuera la ventaja de haber sido hija única durante tanto tiempo. Sin embargo, a ellos empezó a costarles dar respuesta a mis preguntas, sobre todo cuando tenían que ver con cosas que había oído, como que los judíos eran objeto de palizas y ataques en cafés y salones de baile del barrio judío del centro de Ámsterdam. Conocía bien esa zona; me gustaban sus calles, siempre llenas de energía y vida, sus tiendas de alimentos y manjares, su mercadillo de frutas y verduras con el cantarín «¡Se venden batatas!» de fondo. Allí vivían judíos de todo tipo: laicos, religiosos, sionistas, socialistas... Algunos hasta hablaban «yidis de Ámsterdam», un dialecto. A veces iba con mis padres a la sinagoga portuguesa, que estaba en pleno corazón de ese barrio. Era un edificio enorme muy antiguo; me parecía un lugar mágico y me impresionaban mucho los techos altos, las columnas de piedra y los candelabros de latón iluminados por miles de velas. Difería mucho de nuestra sinagoga, más modernista y minimalista. Me impactó saber que tales episodios de violencia se estaban produciendo allí, tan cerca de nuestra casa.

A principios de febrero de 1941, las cosas se pusieron realmente feas. Miembros de la Weerbaarheidsafdeling (WA), el brazo paramilitar del Partido Nazi holandés, se dedicaban a hostilizar a la gente en los edificios públicos del barrio judío de Ámsterdam y en ciudades como La Haya y Róterdam. Aumentó la violencia en la judería de nuestra ciudad; varios miembros de la WA entraron a la fuerza en el Café Alcazar el 9 de febrero con el respaldo de soldados alemanes. A pesar de que las nuevas leyes prohibían a los judíos tocar música, había un grupo de jazz en el escenario, entre ellos la famosa trompetista Clara de Vries. Se enzarzaron en una multitudinaria pelea a puñetazos que dejó más de veinte heridos. Hubo otra revuelta en la misma zona dos noches después y al poco acabó muriendo un nazi holandés a causa de las graves lesiones que tenía. Los alemanes reaccionaron cerrando la judería, que de la noche a la mañana se convirtió en el gueto judío de Ámsterdam, privando así de libertad de movimiento a los residentes, que no podían salir de sus límites.

Cerca de mi casa, a quince minutos, la policía alemana asaltó Koco, una heladería famosa entre los refugiados judíos alemanes a la que mis padres iban a veces. Los clientes estaban tan hartos de las mofas y el acoso de los nazis holandeses que decidieron rociarlos con amoniaco la próxima vez que fueran. Pero erraron: la siguiente incursión la hicieron los soldados alemanes, que abrieron fuego.

Fue terrible. Me quedé conmocionada cuando me enteré del «castigo»: un pelotón de fusilamiento ejecutó al propietario judío de Koco. Y los alemanes hicieron una redada en la judería, desde entonces cerrada, para detener a los hombres, pero para las autoridades lo de menos era a quiénes en concreto. Los bajaban a tirones de la bicicleta al azar o los sacaban a rastras de casa para luego tirarlos al suelo y golpearlos, a veces incluso delante de los hijos. Detuvieron a más de cuatrocientos hombres, los juntaron a la fuerza en la céntrica plaza de Jonas Daniël Meijerplein, en el barrio judío, y después los subieron a varios trenes con destino a los campos de concentración alemanes de Mauthausen y Buchenwald. Me dio una pena horrible, también sus familiares. Después de enterarme de lo de las detenciones me costó conciliar el sueño.

«Han convocado una huelga general», nos informó mi padre la noche siguiente mientras cenábamos. Yo no sabía qué era eso, así que me explicó que era una protesta colectiva organizada por holandeses no judíos contra la violencia y las detenciones de compañeros de trabajo judíos. La mayoría de los holandeses no apoyaban a los alemanes y se referían a ellos como «invitados no deseados». Mi padre, que seguía siendo socialista, se sintió especialmente orgulloso y conmovido por esa huelga convocada por el Partido Comunista holandés, entonces ilegal. «¡Huelga! ¡Huelga! ¡Huelga! ¡Ámsterdam para por un día!», se leía en las octavillas repartidas por la ciudad.

El día D, el 25 de febrero, pararon los conductores de tranvía, encargados del transporte de la población, y luego se sumaron el personal portuario y el sanitario. Cerraron fábricas. También hicieron huelga en las empresas, entre otras mis queridos grandes almacenes De Bijenkorf, y en las escuelas. Los activistas se echaron a la calle y pidieron a la gente que se sumara a la lucha. Llamaban a las puertas en busca de apoyo. Este gesto solidario reunió a alrededor de trescientas mil personas. En casa nos sentimos alentados por su valentía y dimos gracias por esa muestra de humanidad y bondad. Era esperanzador.

A los alemanes los cogió por sorpresa, pero después reaccionaron disparando contra la multitud y lanzando granadas de mano. Al final murieron asesinados nueve asistentes y hubo más de setenta heridos y decenas de detenidos. La huelga no derivó en un levantamiento popular, como se temieron los alemanes en un principio y nosotros queríamos con todas nuestras fuerzas que ocurriera.

A raíz de eso se formó un Consejo Judío compuesto por líderes de la comunidad, cuyo cometido era velar por nuestros intereses ante el Gobierno invasor. La gente confiaba en que se restableciera un poco el orden y mejorasen las cosas. En su origen lo conformaban solo judíos holandeses, pero luego se creó una subcomisión de judíos alemanes. Mi padre y mi abuelo se hicieron miembros.

Las deportaciones y las detenciones nos tenían confusos. Lo único que sabíamos era que estaban enviando a la gente a campos de trabajos forzados «en el este», es decir, Alemania o Polonia. Pero no teníamos claro qué se hacía allí. ¿Trabajar en una fábrica? ¿En el campo? Confiábamos en que no tardaran mucho en volver y en que no hubiera más deportaciones. Pero las semanas dieron paso a los meses y los cientos de judíos que detuvieron y deportaron en febrero no regresaron a casa. En verano varias familias recibieron por fin una carta: les habían asignado nueve líneas en un formulario con membrete en relieve de Mauthausen. No informaban de nada, solo les transmitían lo mucho que los querían. En una, un hombre le decía a su mujer encinta cómo llamar al bebé, al que no llegaría a conocer.

Oímos rumores de que había gente intentando cruzar la frontera, pero eso sonaba sumamente peligroso y complicado. ¿Qué pasaba si te pillaban? ¿Merecía la pena correr el riesgo?

Era imposible salir de Holanda, tanto para los Frank como para nosotros. Y para todos nuestros amigos y vecinos judíos.

6

Repercusiones

«Todos los estudiantes judíos quedan excluidos de las escuelas públicas», leyó mi padre; era la última medida de los alemanes contra los judíos, justo antes de que empezaran las vacaciones escolares de verano. La declaración apareció en el *Het Joodsche Weekblad*, el periódico judío holandés que leíamos para estar al día de toda la normativa. Fue ahí donde leímos que los judíos ya no podían contratar personal doméstico no judío y que los estudiantes tenían prohibido el acceso a la universidad. Y también nos enteramos en sus páginas de que no podíamos pisar ninguna zona de juegos infantil, ni parques ni playas públicas. ¡Me quedé espantada cuando supe que ni siquiera se nos permitía sentarnos en un banco limítrofe con un parque! Se acabaron las salidas al zoológico, a los museos y a los clubes deportivos; esto último fue una muy mala noticia para Margot, que hacía remo y jugaba al tenis. Hasta teníamos prohibido ir a la piscina del barrio, donde habíamos pasado casi todos los veranos previos. Anne dijo en broma que así al menos ese año no nos quemaríamos. Con doce años aún seguía llorando la pérdida de mis queridas películas. A veces veíamos alguna en casa de los Frank, porque el padre de Anne alquilaba un proyector. Era muy divertido, pero me seguía pareciendo injusto que mis amigas judías y yo tuviéramos prohibido ir al cine.

¿Y ahora también la escuela? Mi padre suspiró profundamente, apenado. Levantó los ojos del periódico y me miró con los labios apretados, como diciendo que lo sentía. Empecé a angustiarme y se me revolvió el estómago. «¿Eso qué quiere decir? ¿Que ya no volveré a Montessori?», pregunté con la voz tomada por el pánico. Era mi primera y única escuela. Me quedaba un año más en primaria. «¿Y mis amigas? ¿Y nuestra maestra? ¿Dónde se supone que tenemos que ir ahora?».

Mi padre siguió leyendo: el siguiente año escolar, otoño de 1941, habría escuelas exclusivamente para judíos, maestros incluidos. Tenía que pedir plaza en alguno. Pensé en mi poca destreza con las matemáticas. A Anne tampoco se le daban bien, pero en la escuela Montessori los maestros eran permisivos y no teníamos que preocuparnos de los exámenes ni de las evaluaciones, por lo que nunca había sido nada grave. Pero ¿y si no nos aceptaban? ¿Y si teníamos que hacer un examen de matemáticas para entrar y lo suspendíamos?

El último día de escuela, que también era un hogar para Anne y para mí, la amable señora Kuperus, con su perenne moño entrecano, nuestra maestra y a la vez directora del centro, parecía incluso más angustiada que nosotras. Se echó a llorar mientras se despedía de los alumnos judíos; las lágrimas le caían por debajo de las gafas de montura de alambre. Se había dedicado a nosotras en cuerpo y alma y yo tenía la sensación de que disfrutaba de verdad de nuestra presencia. Nos habíamos integrado tan bien que, hasta que no nos forzaron a irnos, no supe quiénes eran judíos: casi la mitad de la clase. En total, noventa y una personas de nuestra escuela tuvimos que lidiar con la búsqueda de un nuevo sitio donde estudiar.

Empezaron las vacaciones de verano y los días se fueron alargando: el sol no se ponía del todo hasta pasadas las once de la noche. Me preguntaba si a los patos que nadaban en los canales flanqueados por árboles les molestaría el zumbido de los aviones alemanes que iban a Inglaterra para unirse a los bombardeos. Yo era incapaz de acostumbrarme. Ese verano seguí quedando con Anne y Sanne, pero además me veía mucho con Ilse Wagner, que también era amiga de Anne. Su familia había huido de Alemania, igual que nosotros, y vivía con su madre y su abuela en nuestro barrio. Tenía el pelo castaño cortado a lo paje, como yo. Anne se lo había dejado crecer y le dedicaba mucho tiempo. Ilse y yo íbamos juntas a la sinagoga los sábados, primero al servicio juvenil que dirigían los adolescentes y luego con un grupo de jóvenes sionistas. Ilse era lista y sensata, me resultaba fácil hablar con ella; todavía me costaba abrirme cuando no conocía bien a la otra persona, pero su naturaleza tranquila me hacía sentir cómoda.

Conocí a Alfred Bloch durante esa época; era otro amigo de la sinagoga. Los sábados quedábamos y, aunque no diría que estaba enamorada de él, cuando hablábamos sí que notaba que me ruborizaba. Era muy amable y desprendía una seriedad y una inteligencia que me generaban curiosidad. Me dijo que yo también le gustaba y en nuestro mundo eso significaba que éramos novios. Me sacaba dos años y era de Alemania, como yo. Tenía los ojos muy bonitos, oscuros y almendrados, y el pelo castaño peinado con la raya a un lado. Estaba hecho un artista. Me regaló dos cuadros pintados por él; uno de ellos representaba el muro de las Lamentaciones de Jerusalén. Creo que se sentía muy solo. Vivía en Ámsterdam con unos parientes, pero su madre estaba en Alemania y su padre había muerto hacía unos años. Me halagaban sus atenciones y disfrutaba de nuestras charlas, y he de decir que sentía mariposas en el estómago cuando se me acercaba. Aunque me llevaba bien con los chicos de la escuela, yo era más insegura que Anne y creo que andaba un poco más rezagada que ella y otras amigas en lo relativo a los chicos, la ropa y otros pasatiempos típicos de adolescentes. Alfred fue el primer chico al que conocí en profundidad.

Los nazis introdujeron otra norma más: los judíos no podían ir de visita a casas de no judíos. Es decir, se acabó jugar en casa de nuestras amigas no judías. Nos sentíamos prácticamente apartadas de ellas. Era evidente que mi vida social estaba menguando por culpa de la ocupación alemana. A Lucie van Dijk, una amiga de la escuela Montessori, no volvimos a verla. Anne y yo nos quedamos impactadas cuando nos enteramos de que sus padres se habían unido al Partido Nazi holandés, el NSB. Entonces entendimos por qué no nos había invitado a su fiesta de cumpleaños esos últimos años. Hay una foto en la que salimos las nueve amigas del barrio y la escuela; es de la celebración del décimo cumpleaños de Anne. Estamos de pie agarradas del brazo con nuestros zapatos de charol y nuestro vestido veraniego para ocasiones especiales. Lucie es la chica del pelo a tazón, la que está al lado de Anne. Después descubrimos que estuvo afiliada al Jeugdstorm, un grupo de jóvenes nazis, cuyo nombre significa «tormenta juvenil». La vi una vez en el barrio con el uniforme: falda negra por la rodilla con cinturón, gorra negra con la parte de arriba roja y camisa celeste de manga larga. No sé si llegó a verme, pero yo apreté el paso y no me paré a saludar.

Tras alguna que otra disputa, y por suerte sin tener que hacer ningún examen, Anne, Ilse y yo conseguimos plaza en la misma escuela que Margot: el Liceo Judío. Con el decreto que nos ordenaba dejar de asistir a la escuela a la que íbamos antes de la ocupación, hubo que bregar para poner en marcha los centros necesarios para dar cabida a todos los estudiantes judíos de Ámsterdam. Mis padres se pusieron muy contentos, porque se preveía una escuela pública con unos estándares académicos elevados. En cambio, los padres de Sanne decidieron meterla en un centro privado, mientras que su hermana mayor, Barbara, que tenía talento para la danza, empezó a ir a una escuela de ballet.

Nuestro primer día, Anne, Ilse y yo estábamos nerviosas. No sabíamos en qué clase iban a ponernos ni tampoco si habría conocidos. Anne y yo nos apiñamos en el tranvía en dirección al río Amstel. Cuando llegamos a la entrada de la escuela, en un callejón al lado del río, ya había mucha gente. Busqué alguna cara familiar, pero no reconocí a nadie. A las ocho y media en punto nos adentramos todos en el edificio de ladrillo rojo de tres plantas. Qué alivio cuando vi que Anne y yo estábamos en la misma clase, la 12 I. Buscamos hueco para sentarnos, y la maestra, que llevaba un vestido largo y tacón bajo, pasó lista y nos indicó qué libros teníamos que comprar. Luego soltó de golpe: «¡Se acabó la clase!». Qué desilusión que no nos presentaran a los demás maestros ni al director, y tampoco nos dieron el horario. En aquella época de cambios echaba de menos el aula de Montessori, con sus rutinas predecibles y tan acogedora, pero aun así era agradable estar en un contexto escolar después de aquel verano tan largo y restrictivo.

La semana siguiente, cuando empezaron las clases en serio, estuvo lloviendo a cántaros. Anne y Margot iban en bicicleta, pero yo aún no sabía montar, así que cogía el tranvía. Nada más llegar vi un cartel muy grande en la entrada con veinte nombres, entre ellos el de Anne: eran alumnos a los que les habían asignado otra aula. ¡Ahora ella estaba en la 16 II! Se me cayó el alma a los pies; era la única compañera de clase que conocía. Ahora iba a tener que entrar en la 12 I yo sola, sin la desenvuelta de Anne a mi lado. De repente me sentí muy sola. Pero luego la maestra me dijo que también me habían asignado el aula 16 II. Me quedé tan atónita como aliviada. Recorrí el pasillo hasta mi nueva clase y cuando llegué vi a mi amiga; sonreí tímidamente mientras la maestra me presentaba.

Por lo visto, el cambio no había sido casual: Anne le había preguntado a la profesora de gimnasia, que le pareció una mujer muy agradable, si podía hacer algo para que me trasladaran. No tengo ni idea de qué hizo la amable maestra, pero, fuera lo que fuese, funcionó. Me senté en mi pupitre, justo al lado de Anne, y me sentí muy agradecida y de mejor humor.

Había buen ambiente en la escuela. Los maestros eran excelentes; venían de los mejores centros de secundaria de la ciudad. El plan de estudios incluía mucha lengua y cultura alemanas, por cortesía de los invasores. Pero también aprendimos cosas sobre otros temas que a lo mejor no habríamos visto en un entorno no judío. Por ejemplo, estudiamos en profundidad la Inquisición española y, claro, ni los alumnos ni los profesores pudieron evitar vincular ese periodo de persecución antisemita con el que estábamos viviendo en ese momento.

Una de las chicas que conocimos en clase era Jacqueline van Maarsen: alta, guapa, con el pelo castaño claro y ondulado, que le caía hasta los hombros, y los ojos grandes y azules. Un día, al salir de la escuela, Anne la vio a lo lejos en bicicleta y la llamó. A Jacqueline le sorprendió que supiera su nombre. Cruzaron el puente Berlage, que pasa por encima del río Amstel, y volvieron charlando durante todo el camino. No me cabe ninguna duda de que Anne le preguntó de todo sobre su vida, como tenía por costumbre, ni de que a su vez le dio un cursillo intensivo sobre la suya. Cuando llegaron a la plaza de Merwedeplein («la Alegre», como la llamaba Anne), mi amiga ya había invitado a Jacqueline a su casa y luego a cenar, sellando así una nueva y estrecha amistad.

Había nacido en Holanda, de padre holandés y madre francesa, una anomalía en nuestro círculo de refugiados judíos alemanes. Como había cierta brecha entre comunidades, seguíamos sin conocer a muchos judíos holandeses. El padre de

Jacqueline era judío, y su madre se convirtió al judaísmo cuando se casaron, antes era católica, aunque no eran practicantes. Cuando exigieron a los judíos que se registraran ante las autoridades, lo que según las leyes raciales nazis incluía a cualquier persona con al menos un abuelo judío, su padre inscribió a Jacqueline y a su hermana Christiane como judías. La madre le había recomendado que no lo hiciera, pero, al igual que mucha gente, él temía las consecuencias de desobedecer a los alemanes. Además, estaba orgulloso de su herencia judía y no le gustaba la idea de tener que ocultarlo.

Antes de conocernos, Jacqueline vivía en un piso impresionante en el que había servicio doméstico y disfrutaba de vacaciones de lujo. Gracias al próspero negocio de su padre, de libros antiguos y grabados, habían vivido bien. Pero se vio muy perjudicado por las leyes antijudías y la familia estaba atravesando una mala racha económica. Por eso se habían mudado a nuestro barrio, menos pudiente que donde se había criado ella.

Al principio, cuando Anne y Jacque (así empezamos a llamarla) hablaban de cosas que escapaban a mi alcance, me sentí insegura y frustrada. Al fin y al cabo, Anne era mi mejor y primera amiga y esa sensación de que te dieran de lado no me resultaba agradable. Aun así, a pesar de mis ligeros celos, me daba cuenta de que se complementaban. Jacque era más reservada que Anne, que estaba siempre eufórica; sin embargo, tenían muchas cosas en común. Un ejemplo: a ambas les encantaba la colección de libros de Cissy van Marxveldt sobre la joven intrépida Joop ter Heul. Las tres los leíamos, pero ellas se tiraban horas hablando de Joop. Mostraban una curiosidad sofisticada por los chicos, los misterios del amor, la vida adulta y nuestro cuerpo cambiante de la que yo carecía por entonces. Con el tiempo, mi madre, muy observadora ella, se percató de que a veces me sentía excluida de las conversaciones y.

decidió explicarme varios de esos misterios, lo cual algo ayudó. Y al final Jacque y yo también acabamos intimando. Era
una amiga atenta e inteligente, además de buena confidente.
Anne y Jacque hacían bastantes fiestas de pijamas, y eso a veces me ponía celosa, pero Ilse y yo también pasábamos mucho
tiempo juntas, así que todo se apaciguó, como suele pasar con
las amistades de la infancia, cuando abrimos el trío original
«Hannah, Anne y Sanne» para incluir a Jacqueline e Ilse. No
teníamos muchas opciones de socializar con otra gente por
culpa de las leyes antijudías, pero nos moríamos de ganas de
estar juntas siempre que podíamos.

Uno de nuestros pasatiempos favoritos era jugar al tenis de
mesa en casa de Ilse. No es que tuviera una mesa sofisticada,
aunque sí contábamos con palas, una pelota y una red; usábamos la hermosa mesa de comedor, que su madre amablemen-
te nos dejó colonizar. Jugábamos tanto que al final formamos
un club parecido al «Jopopinoloukicoclub», el de los libros de
Joop. Primero lo llamamos La Osa Menor, como la constela-
ción, en la creencia de que tenía cinco estrellas. Cuando nos
percatamos de que en realidad eran siete, lo cambiamos por
La Osa Menor Menos Dos. No era muy práctico, ¡pero a nosotras nos iba bien! En el otoño de 1941, lo único que nos
quedaba eran los torneos de tenis en el comedor de Ilse, el
Monopoly y otros juegos de mesa. Jacqueline solía decir de
broma que en breve nos quitarían hasta el aire que respirába-
mos.

Otra cosa que aún podíamos hacer era ir dando un paseo
hasta alguna heladería cercana regentada por judíos; las demás
estaban vedadas por culpa de las nuevas leyes, así que nos quedaban Oase (Oasis) y Delphi. Oase además era salón de té, y el
helado costaba doce céntimos. El propietario era Max Ga-
llasch, refugiado judío alemán y amigo de la familia de Anne.
Cuando había un grupo de chicos echando el rato en las me-

sas de fuera, ella siempre se las arreglaba para coquetear un poco. Gracias a eso, muchas veces se ofrecían a pagarnos el helado. Anne y Jacque se sentían más a gusto coqueteando con los chicos que yo y en ocasiones era motivo de burla para Anne. También le gustaba chincharme con Alfred; a mí me fastidiaba y me sentía cohibida. Para mí la adolescencia era todavía un misterio abrumador, así que intentaba enterarme de qué me estaba perdiendo. Cuando salía de la escuela, observaba a las chicas y los chicos caminar juntos hacia su bicicleta y me fijaba sobre todo, aunque tímidamente, en los que iban «pedaleando de la mano»; era el indicio de que el amor había florecido.

Según se acercaban las vacaciones de invierno, con los exámenes acechando a la vuelta de la esquina, empecé a agobiarme; teníamos que estudiar mucho en el prestigioso Liceo Judío. Sin contar las matemáticas, era buena estudiante y aplicada, así que siempre hacía las tareas. De hecho, nos mandaban muchos deberes y las expectativas que ponían en nosotros eran sumamente exigentes. Pero también se palpaba cierta camaradería entre alumnado y maestros. Era como si hubiéramos sellado un pacto no escrito para sacarle el máximo partido posible a la situación a la que nos habíamos visto abocados. En la calle se respiraba tensión, pero dentro del aula, bañada por la luz tenue que penetraba por las ventanas, éramos estudiantes normales de entre séptimo y duodécimo grado. Nos reíamos, estábamos de cháchara en los pasillos y nos mandábamos notitas, como en cualquier escuela del mundo en cualquier época.

Sin embargo, después del enfoque educativo de Montessori, más centrado en la espontaneidad, Anne, Ilse y yo tuvimos que adaptarnos a un entorno más reglado en la nueva escuela de secundaria. Allí debíamos estudiar para los exámenes y no se permitía hablar durante la clase, algo que a Anne le resultaba particularmente difícil. El señor Keesing nos daba álgebra y geometría. Era un hombre mayor, amable y con más paciencia que un santo, que gustaba de introducir acertijos en sus clases. Pero le resultaba exasperante el parloteo de Anne y le encargó hacer varios trabajos para ver si se le pasaba. ¡No funcionó! A ella le encantaba escribir, claro, y sus trabajos eran cada vez más divertidos. A Sanne le gustaba la poesía, así que Anne le pidió que la ayudara a componer un final rimado. Cuando el señor Keesing lo leyó en voz alta, toda la clase se echó a reír.

En otra ocasión pasó algo menos divertido y casi me muero de la vergüenza. Un día que había examen de francés, le eché un vistazo rápido a las respuestas de Anne, porque yo no me lo había preparado bien. No sé qué mosca me picó, pero en ese mismo instante el maestro estaba mirando y me pilló. Nos castigaron con un cero a las dos. Y eso que la culpa fue mía por mirar, aunque durante un momentito de nada. Nos pareció injusto, así que decidimos reclamar al director. Una vez sentada delante de su mesa, me puse más nerviosa y, sin poder contenerme, solté: «¡Ojo, señor, que el resto de la clase tenía el libro abierto debajo del pupitre!». Anne me miró. Habíamos reñido antes porque ella pensaba que yo era un poco chivata y se lo contaba todo a mi madre. Y ahora eso. Quise que me tragara la tierra.

El director nos vio a las dos tan angustiadas tras el chivatazo que nos dijo que, si los demás lo admitían, nos quitaba el castigo. Pero, claro, cuando fue al aula y preguntó a nuestros compañeros quién había estado copiando, solo diez levantaron la mano, y eso que éramos treinta y por lo menos veinte eran infractores. Dos días después nos obligaron a repetir el examen como represalia, pero lo peor fue que nuestros compañeros de clase nos tacharon de traidoras y nos hicieron el vacío. Me sentí fatal, con náuseas y todo. Yo no sabía qué hacer, pero Anne, como siempre, tenía un plan. Pasó a la acción y escribió una carta pidiendo perdón a toda la clase, firmada por las dos. Apelamos a su empatía y les explicamos que cualquiera podía meter la pata en caliente, sin ninguna intención de perjudicar a nadie. «A la luz de esto, confiamos en que la clase 16 II reconsidere el incidente y venza el mal con el bien —escribió Anne—. Lo hecho hecho está y las culpables no pueden deshacer su fechoría. No habríamos escrito esta carta de no estar muy arrepentidas. Pedimos a quienes nos han "ignorado" hasta ahora que reconsideren el asunto, porque, al fin y al cabo, no hemos hecho nada tan atroz como para considerarnos delincuentes de por vida». Por suerte, nuestros compañeros eran buena gente y al final nos perdonaron.

A pesar de la llegada de los nazis y del miedo por cómo sería la vida durante la ocupación, jamás imaginamos que impondrían unas normas tan draconianas para segregarnos de nuestros amigos y vecinos no judíos; no paraban de sacar prohibiciones y cada vez eran más duras. En la primavera de 1942, los muros que nos separaban se hicieron más altos: nos ordenaron cosernos en la ropa una estrella de David de color mostaza con la palabra *Jood* («Judío») en el centro.

La sinagoga se encargaría de repartir la tela estampada con estrellas, así que fuimos andando hasta Lekstraat. Tuvimos que pagarla (cuatro céntimos por cuatro estrellas) y nos dijeron que si nos veían sin esa marca que nos identificaba como judíos, nos mandarían a la cárcel. Mi madre se sentó y se dispuso a coserlas en chaquetas, jerséis y demás prendas exteriores. Al principio, ingenua de mí, me sentía orgullosa de llevarla y me animaba al ver que algunos holandeses, a modo de protesta, tenían su propia versión con las palabras «Ario» o «Católico». Pero después de unos días con la insignia empecé a notar que la gente sin estrella se me quedaba mirando en la calle, ya fuera con pena, auténtico desdén o, lo más demoledor, indiferencia. Entonces sentí el peso de ese trozo de tela. «¡Quieren convertirnos en parias!», dijo mi padre entre dientes.

Mi madre se quedó embarazada de nuevo. Ya empezaba a notársele cuando nos dieron la estrella amarilla. Dos años antes, con el embarazo de Gabi, la casa bullía de alegría, pero esta vez era distinto. Me hacía ilusión tener otro hermano; sin embargo, me resultaba imposible no fijarme en que mi madre estaba más pálida, y sus ojos, que por lo general rezumaban inteligencia y mordacidad, era como si hubieran perdido su brillo, enmarcados por las ojeras.

«Necesito acostarme», me dijo un día que mi abuela estaba allí; me tendió a Gabi y se fue a su habitación. Mi hermana se deslizó enseguida de mis brazos; con año y medio ya tenía claro lo que quería. Mi abuela me vio mirando a mi madre con cara de preocupación.

«Cariño, es comprensible...», empezó, y acto seguido enumeró todas las cosas que le quitaban la energía a mi madre. Me explicó que estar embarazada era cansado, pero que era todavía más agotador cuidar de un bebé, atender a Irma (tan adorable como incapaz), intentar ganarse la vida a duras penas junto con mi padre, traduciendo hasta entrada la noche, y gestionar la casa (que si el racionamiento, que si la escasez de comida, que si la tensión general...). Y luego vuelta a empezar al día siguiente. Con razón estaba cansada, me dijo.

Las «guardias» con Gabi eran cada vez más frecuentes. Casi no tenía tiempo para hacer los deberes con todo lo que estaba pasando en casa. Al menos tenía un profesor particular de geometría; el maestro me había advertido que, como no me aplicara ya, a lo mejor suspendía; a mí me daba vértigo tanto ángulo, tanto teorema y tanto examen y no tenía ni idea de qué hacer para que me entrara aquello en la mollera.

Mi abuela estaba en lo cierto: costaba encontrar comida y eso implicaba más presión para mi madre. La causa era que el cuantioso ejército invasor la requisaba. Y no solo para alimentar a los soldados, sino también a la población de Alemania. Enviaban a «la patria» hileras de trenes de carga con cantidades ingentes de queso holandés y otros productos. En los vagones había carteles que decían: «Obsequio de agradecimiento del pueblo holandés», lo cual, evidentemente, no era cierto: a los holandeses les molestaba que saquearan sus reservas, pero eso no lo ponía en ninguna parte. Además, la escasez no era la única traba: hacer la compra también se estaba complicando, ya que ahora los judíos solo podían ir entre las dos y las cuatro de la tarde y a unas tiendas concretas. Y a esas horas las estanterías ya estaban casi vacías, por lo que teníamos pocas provisiones.

A veces me parecía que poco más podían quitarnos ya; solo les faltaba desahuciarnos o enviarnos a la cárcel. Pero luego promulgaron otro decreto para socavar la poca libertad que nos quedaba: nos prohibieron salir después del atardecer. Eso quería decir que mi padre dejaría de asistir al Maariv, el servicio vespertino de la sinagoga, lo cual supuso una pérdida inmensa para él. Y se acabó lo de invitar a gente a la cena de Shabat o ir a casas ajenas a pasar la velada. También nos prohibieron viajar en tren. Además, los judíos tenían que depositar su dinero en unos bancos controlados por los alemanes y solo podían sacar una cantidad determinada. Los empleadores holandeses podían despedir a los judíos por cualquier motivo.

En junio de 1942 nos despojaron de las bicicletas. Eso fue un mazazo para mucha gente, pues, a excepción de mi familia, en Holanda todo el mundo se desplazaba en bicicleta. Por si eso no fuera suficiente, tampoco podíamos coger el tranvía, el otro medio de transporte principal. No nos quedó más remedio que ir andando a todas partes, fuera donde fuese. La escuela estaba a una media hora a pie.

«Parias». No paraba de darle vueltas a esa palabra que le había oído a mi padre y que tanto me pesaba en la lengua. No entendía nada. El tiempo se difuminaba y echaba de menos ir al parque o pasar la tarde en la piscina los días de calor. Echaba de menos sentirme como antes. Pero la escuela era una especie de refugio, y también jugar con Gabi (darle de comer no, porque seguía siendo muy quisquillosa y era un suplicio) o estar con mis amigas. El futuro nos generaba miedo e inseguridad y estábamos frustradas y resentidas por las restricciones que nos habían impuesto, pero seguíamos siendo niñas de doce y trece años y parloteábamos sin parar mientras paseábamos del brazo, y nos reíamos de tonterías que en el momento nos parecían hilarantes pero que a los cinco minutos se nos habían olvidado.

Como hacía buen tiempo, subíamos la empinada escalera hasta las habitaciones de la segunda planta de la casa de Anne o de la mía y salíamos por la ventana para sentarnos en la azotea, que estaba cubierta de grava. Ya que teníamos vedadas la costa y la piscina, a veces nos poníamos el traje de baño y nos tostábamos al sol. La mayoría de las cosas que veíamos desde arriba (tanto en el barrio que antes hacía las veces de patio de recreo como más allá, en el centro de la ciudad) las teníamos prohibidas, pero aun así nos reíamos, hacíamos bromas y nos sentíamos ajenas e incluso un poco glamurosas, ahí en lo alto, por encima de todos, echando el rato y posando en las sillas de playa. Sabíamos que nuestros padres, para protegernos, no nos contaban todo lo que ocurría, ni siquiera los míos, que siempre fueron muy abiertos y sinceros conmigo. Pero a pesar de estar encerradas, ansiábamos igualmente divertirnos, cosas nuevas, emoción.

Una mañana de principios de junio me puse a silbar nuestra señal debajo de la ventana del piso de Anne. Se estaba retrasando un poco y yo empecé a inquietarme porque quería irme ya. Silbé otra vez con más insistencia, pero me detuve y sonreí al verla salir volando por la puerta. Me puso en las manos un sobre con mi nombre.

—¿Qué es esto? —pregunté, y empezamos a andar deprisa rumbo a la escuela.

Ella sonrió y me observó mientras lo abría. Era una invitación para la fiesta de su decimotercer cumpleaños el domingo, dos días después de su cumpleaños de verdad, el 12 de junio.

—Las hemos redactado Jacque y yo con la máquina de escribir de mi padre, ¿a que son geniales? —dijo con entusiasmo; también había una especie de entrada de cine con un número de asiento—. ¡Mi padre va a alquilar un proyector para que veamos una película de Rin Tin Tin!

—Me muero de ganas —le dije.

Las fiestas de cumpleaños de Anne y Margot eran las mejores. Sus padres ponían todo su empeño; supervisaban los juegos y servían tarta y unas galletas deliciosas que hacía la señora Frank. Como al resto, me gustaban mucho las películas de Rin Tin Tin, aunque en la vida real me daban pavor los perros y me cambiaba de acera cuando veía uno, incluso si parecía inofensivo. Pero Rin Tin Tin, el perro más famoso del planeta (un pastor alemán que, muy atinadamente, vivía allá por Hollywood), era un héroe, un amigo, un luchador y un compañero.

A todo el mundo le gusta su cumpleaños, pero Anne era de esas personas que disfrutaban especialmente; cuando se acercaba la fecha, se lo contaba a todo el que le prestara atención. Así que al parecer no quedaba nadie que no se hubiera enterado y la clase al completo, treinta niños y niñas, estaba invitada a la fiesta, aparte de las amistades de siempre, como Sanne, y una nueva, Hello (diminutivo de Helmut), un chico de dieciséis años que le gustaba a Anne y con el que se veía. También un par de amigos de Margot. Por supuesto, todos eran judíos, porque las nuevas leyes prohibían a los no judíos entrar en hogares judíos; me di cuenta de que iba a ser la primera vez que nuestros amigos no judíos de la escuela Montessori y del barrio no asistirían a la fiesta de cumpleaños de Anne.

La mañana del viernes en cuestión silbé debajo de su casa y esperé a que bajara.

—¡Feliz cumpleaños! —dije bien alto en cuanto la vi salir corriendo por la puerta.

—Estoy tan emocionada que me he despertado a las seis —me dijo.

Luego soltó de carrerilla los regalos que la estaban esperando en la mesa del comedor: libros, unos zapatos nuevos y, lo más preciado, un cuaderno cuyas tapas eran de cuadros en tonos rojos y beis con un cierre de metal muy bonito que le había enseñado a su padre en Blankevoort, la librería del barrio. Me dijo que iba a ser el diario que siempre había querido tener. Quise preguntarle si me lo enseñaría cuando hubiera escrito algo, pero me contuve; era lo mejor. En la escuela, Anne repartió galletas para celebrar la alegre ocasión y toda la clase hizo un círculo a su alrededor y le deseó un muy feliz cumpleaños.

El domingo, el día de la celebración, hacía un calor inusual. Cuando llegué, vi que los Frank habían transformado el salón en un cine. El proyector estaba en una esquina del fondo y había varias filas de sillas alineadas; parecía una sala de verdad. Miré a Anne y, como siempre, sentí admiración por su actitud segura y desenfadada. Tenía la cara radiante y revoloteaba cual mariposa entre los invitados. Lucía un pelo precioso. Se pasaba mucho rato cepillándoselo por las noches e intentaba rizárselo (sin mucho éxito) con rulos y horquillas. Margot nos sirvió limonada de una jarra grande y todos pedimos a voces un trozo de tarta de nata y fresas de la señora Frank, una de mis favoritas.

Fueron varias amigas nuevas de la escuela: Betty Bloemendal, que era dulce y lista y tenía las calificaciones más altas de la clase; Jopie de Beer, que según Anne era un poco ligona, y Eefje de Jong, una de las más jóvenes y también una de las predilectas de Anne. Entre los chicos estaban Jacques Kokernoot, un muchacho gracioso que se sentaba justo detrás de nosotras en la escuela, y Werner Joseph, un refugiado polaco. A pesar de que estaba muy callado, parecía amable. Y también Appie Reens, uno de los pocos chicos ortodoxos que había en clase. Era muy divertido estar en otro sitio que no fuera la escuela charlando, tomando limonada y contando chistes antes de ver una película, un placer poco habitual.

Fue la última fiesta en la que estuvimos todos juntos. Uno de los últimos momentos felices y despreocupados para aquellos críos a las puertas de la adolescencia. Al menos en mi caso.

Según se acercaba el final del curso escolar de 1942, lo único de lo que hablábamos era de quién había aprobado e iba a pasar a octavo y quién se quedaría rezagado. Me ponía mala solo de pensarlo. «No te preocupes, te has esforzado mucho», me dijo mi madre, otrora maestra, para intentar animarme. Era verdad; me gustaba estudiar y también el nuevo nivel de exigencia del Liceo Judío. Pero no dejaba de pensar en que a Anne y a mí nos habían admitido provisionalmente y que mi habilidad con la geometría aún flojeaba, en el mejor de los casos.

El día que nos dieron las notas descubrí que había suspendido el examen de geometría. La perspectiva de quedarme atrás me dejó devastada, y todo por culpa de las matemáticas de las narices; pero luego llegaron las buenas noticias: aun así, ¡iba a pasar de curso! Y mis amigas también. Tendría que repetir el examen de geometría en otoño, pero al menos no me quedaría rezagada.

Me moría de ganas de ir a la playa. Echaba de menos el olor a mar y Gabi tenía la edad perfecta para hacer (y derrumbar) castillos de arena. ¿Podríamos llevarla alguna vez a la playa para que viera el mar? Nos imaginaba a Anne y a mí cogiéndola cada una de una mano y balanceándola a la de tres hasta rozar las olas con los pies. Pero lo cierto era que en casa cada vez quedaba menos dinero, y no habríamos podido permitirnos ir de vacaciones ni en el supuesto de que los judíos aún pudieran coger el tren. Tendríamos que apañarnos como el verano anterior, con torneos de tenis de mesa, cucuruchos de helado de Oase y... «pasando mucho más tiempo en casa», pensé.

El domingo 5 de julio empezó a correrse la voz en el barrio de que la policía había ido a varias viviendas, aviso en mano, exigiendo a los adolescentes mayores de quince años que se personaran para trasladarlos a campos de trabajo de Alemania. Les dijeron que debían presentarse en la estación central de trenes de Ámsterdam a una hora concreta: ¡las dos de la mañana! Qué disparate. «¿Por qué en plena noche?», me pregunté. Siempre di por hecho que los alemanes solo se llevarían a los hombres, pero jamás imaginé que también tendrían que ir los adolescentes, tanto chicos como chicas. Nos quedamos todos conmocionados. Me contaron que a los convocados les dieron una lista con lo que tenían que llevar: dos mantas de lana, dos sábanas, comida para tres días y una maleta o una mochila. Dentro solo podían meter unos artículos concretos. Les dijeron que primero debían someterse a un reconocimiento médico y que luego irían a Alemania o a Checoslovaquia a trabajar. Creo que fue la primera vez que me alegré de no tener una hermana mayor. Fue un horror para los familiares de los adolescentes que recibieron el aviso. Nadie sabía qué hacer.

Acababan de comenzar las vacaciones escolares y, como era de esperar, llovía a cántaros cuando llegó Jacque. Mi abuela estaba en el salón jugando con Gabi, así que podíamos hablar.

«Tengo que contarte una cosa sobre Anne», le dije, tirándome en la cama. Jacque se me unió y suspiró. Anne y yo habíamos vuelto a tener alguna desavenencia. Me habría gustado no irme de la lengua, pero necesitaba desahogarme. Ahora mismo no tengo ni idea de por qué nos habíamos enfadado. A lo mejor yo me había pasado de susceptible por sus mofas sobre Alfred. O a lo mejor me había tratado como si yo fuera más pequeña que ella. Pero seguro que fue una tontería, aunque en nuestro reducido mundo, menguado por las restricciones que nos imponían, y a esas edades, las amistades eran importantísimas. Cualquier atisbo de desaire dolía como si hubiera ocurrido algo horrible; luego se nos pasaba y nos olvidábamos del tema, a veces a las pocas horas.

Jacque me escuchó en silencio mientras le contaba el porqué del resquemor. Después asintió para darme a entender que me comprendía y me dijo: «He notado que a veces es dura contigo, no te lo estás inventando. Yo también estaría disgustada. Pero ya sabes cómo es Anne. Vaya, seguro que lo sabes mejor que yo. Al final siempre se le pasa».

Me sentí mejor después de confiarme a Jacque. Valoraba su discreción y su sentido común. Yo solía contárselo todo a mi madre, algo que a Anne le parecía sospechoso y hasta infantil, más que nada porque ella no lo hacía con su madre. Tenían una relación muy diferente y casi nunca estaban de acuerdo. Pero últimamente parecía que mi madre no tenía tiempo (ni paciencia) para aliviar mis inquietudes y yo temía que ella lo viera como dramas adolescentes más bien triviales. Tenía la atención muy dividida y muchas cosas de las que preocuparse. Yo iba a cumplir catorce años en noviembre, así que a lo mejor ya era hora de que dejara de depender tanto de ella. Y puede que me lo hubiera tomado muy a pecho. Sabía que Anne y yo siempre seríamos buenas amigas. Estaba deseando pasar tiempo con ella durante las vacaciones.

Una semana después de esa charla en mi habitación, el lunes 6 de julio, por fin salió el sol. Había estado encerrada por culpa de la lluvia intermitente, así que me paré en la acera y eché la cabeza hacia atrás para empaparme de la luz del sol. Mi madre iba a hacer mermelada de fresa esa mañana y me había mandado a pedirle prestada la balanza a la señora Frank.

Cuando llegué a casa de Anne, toqué el timbre pero no contestaron. «¿Dónde estarán?», me pregunté. Volví a llamar.

Rin.

Riiin.

Riiin, riiin.

Por fin abrieron la puerta. Me sorprendí al ver a su huésped, el señor Goldschmidt. A lo largo de los años, nunca me había abierto la puerta nadie que no fuera de la familia. Lo noté un poco sobresaltado y descontento de verme.

—¿Qué quieres? —refunfuñó.

—He venido a pedirle la balanza a la señora Frank. Y, eh, ¿está Anne en casa? Quería preguntarle si se viene a jugar —tartamudeé.

—Los Frank no están —contestó—. ¿No te has enterado de que se han ido a Suiza?

«¿Suiza?».

Añadió algo como que se habían ido deprisa y corriendo. No recuerdo cómo acabó la conversación. Estaba desconcertada. Bajé las escaleras aferrándome al frío pasamanos de metal para no perder el equilibrio. Era incapaz de asimilar la información. ¿Por qué Anne no me había contado que se iban a Suiza? Sabía que su abuela y su primo favorito, Buddy, vivían allí. Nos sacaba cuatro años y tanto Anne como él estaban obsesionados con el patinaje sobre hielo.

«¿Los Frank se han ido? ¿Cómo es posible? ¿Por qué no me ha avisado Anne? ¿Lo sabe alguien más?».

Volví a casa corriendo. Mis padres se quedaron igual de sorprendidos que yo. Nuestras familias estaban muy unidas, pero era como si los Frank no le hubieran contado a nadie su plan de fuga, ni siquiera a ellos. El señor Frank siempre había sido un optimista y no paraba de repetir: «Los aliados volverán las tornas en breve». Te contagiaba su esperanza y yo me aferraba a ella. Pero ¿qué significaba que él, el eterno optimista, hubiera decidido que ya era hora de buscar seguridad en un país neutral como Suiza, aun siendo muy arriesgado cruzar la frontera, y se hubiesen marchado sin avisar a nadie?

A pesar de la confusión y la estupefacción, al momento me alegré por Anne. Me la imaginé reencontrándose con su abuela, paseando por prados a la sombra de los Alpes o sentada con ella en una cocina calentita en invierno, mientras fuera nevaba, tomando una taza de chocolate caliente. Ojalá no hubiéramos tenido ese enfado tonto antes de su partida, pero éramos como hermanas y quería pensar que no importaba, que ella sabía que siempre seríamos amigas.

Lo primero que hice fue contárselo a Jacque. «¿Qué? ¿Y eso? Ayer estuvimos hablando un buen rato por teléfono y no me dijo nada», contestó ella con voz lastimera.

Decidimos volver a casa de Anne juntas. Nos costaba creer que se hubiera ido. Era como si necesitásemos una prueba de que de verdad no estaba allí. También nos preguntamos si nos habría dejado algo, no sé, una pista de los planes de la familia, o a lo mejor una carta de despedida.

Mientras íbamos para allá, Jacque y yo intentábamos tranquilizarnos la una a la otra.

—La guerra está terminando, la veremos dentro de poco —dijo.

Yo le di la razón, procurando sonar segura:

—Ya, la guerra no puede durar mucho más. Se supone que los aliados están cerca, ¿no? Ahora que ha entrado Estados Unidos, los alemanes van a perder —repuse, repitiendo lo que tantas veces le había oído decir al señor Frank, que en ese momento me sonó a plegaria.

Plantada enfrente de la puerta, noté que el corazón me palpitaba con fuerza. Toqué el timbre. El señor Goldschmidt, el huésped alto y con gafas, nos hizo pasar. Recorrí las habitaciones con cautela; la luz entraba a raudales por los ventanales de la fachada, igual que el día de la fiesta de cumpleaños de Anne, hacía apenas tres semanas. Me quedé estupefacta. Era como si todo estuviera tal cual lo habían dejado los Frank al partir apresuradamente. Los platos del desayuno seguían en la mesa del comedor. Las camas sin hacer. Me sentía mal estando allí, como si hubiéramos entrado a hurtadillas. Me di cuenta de que nunca había pisado esa casa sin estar ellos presentes.

«Miau». Al oír el maullido en la inquietante calma de las habitaciones dimos un respingo. Era el querido gato de Anne, Moortje. Sabíamos que ella jamás lo abandonaría; lo adoraba como si fuera un bebé.

«¿Qué va a pasar con él?», le pregunté al señor Goldschmidt, cada vez más asustada. No auguraba nada bueno que Anne no se hubiera llevado a Moortje. El huésped nos aseguró que estaba previsto que se lo quedara un vecino.

Entramos en la habitación de Anne y Margot. Una luz destilada caía sobre una alfombrita persa de color granate que cubría parte del suelo verde azulado. Nos fijamos en que el tablero del Monopoly y los demás juegos a los que solíamos jugar continuaban en el estante, incluido el Variété, un regalo del último cumpleaños. Y Anne también había dejado unos zapatos nuevos que le encantaban. ¿Por qué no se los había llevado? En cierto modo no me parecía bien dejar esas cosas tan importantes para ella allí abandonadas.

«Jacque, ¿no deberíamos llevarnos algunas cosas de Anne? Ya sabes, para ponerlas a buen recaudo y guardárselas. ¿No?», pregunté.

Ella negó con la cabeza. Me recordó que cualquier cosa relacionada con los judíos estaba prohibida. De hecho, los alemanes habían prohibido coger objetos de una casa abandonada por los residentes. Nos preguntamos si el diario de Anne estaría por allí. Nos había contado que había escrito sobre los compañeros de clase, lo que opinaba de todos nosotros. Y como éramos unas chiquillas de trece años, pensamos que, si lo había dejado allí, podíamos leerlo. Pero no lo encontramos, claro. Ni en el escritorio de madera que había al lado de la ventana, ni en los estantes, ni debajo de la cama. Miré con melancolía la habitación de Anne y Margot por última vez; el corazón me latía muy fuerte. Me despedí en silencio y recé por que llegaran sanas y salvas.

Mientras bajábamos hacia la entrada principal, cosa que normalmente hacía a la carrera, fui consciente de cada paso que daba. Me imaginé a Anne bajando esas mismas escaleras el día anterior, dejando atrás el barrio, Ámsterdam, el único mundo que conocíamos. Se había esfumado sin más. Y ahora a lo mejor ya estaba cerca de Suiza, donde la esperaban su abuela y sus primos. «Ve con Dios, Anne», dije. Cerré la puerta de los Frank. Aparte de ellos, no sabía de nadie que hubiera hecho lo mismo. Era muy arriesgado. La mayoría de los judíos habían perdido ya la esperanza de irse de los Países Bajos. Era como si nos hubieran cerrado todos los caminos. A finales de ese verano se oyeron rumores de que había gente escondida, pero nadie preguntó por la marcha tan repentina de los Frank rumbo a Suiza.

Mis padres habían oído que Margot, que tenía dieciséis años, era una de las que había recibido el aviso de traslado a un campo de trabajo. Me estremecí. Nadie sabía si estaba a salvo, a quién iban a convocar después. Los alemanes seguían sumando niveles de control psicológico a la lista ya interminable de restricciones que teníamos que sortear. En mi familia sentimos cierto alivio cuando nos enteramos de que no podían deportarnos porque mi padre y mi abuelo estaban en el subcomité judío alemán del Consejo Judío. De hecho, los familiares de las mujeres embarazadas quedaban exentos y mi madre por entonces estaba de siete meses. Otro nivel de protección. Y seguro que una vez que naciera el bebé no nos deportarían, ¿no? Pero todo nuestro entorno, amigos, vecinos y la comunidad en general, estaba a la espera de ver quiénes serían los siguientes convocados, en un estado de tensión insoportable.

Alfred se presentó en mi casa y me dijo: «He venido a despedirme». Tenía quince años. Había recibido el aviso a la vez que Margot.

No supe qué decir. Estaba estupefacta. Comentamos que había algunos convocados que pensaban que quizá no fuera para tanto. Que a lo mejor era una especie de aventura y que al final de la jornada socializarían alrededor de una fogata. Algunas chicas hasta dijeron que iban a llevarse lápiz labial y rulos. Nadie creía que fuera a ser mucho tiempo, solo unas semanas. Seguro que pronto terminaría la guerra.

Miré a Alfred. Medía más o menos lo que yo y no era especialmente musculoso. Me pregunté si sería capaz de aguantar los trabajos forzados. Las pecas le daban un aspecto aniñado y parecía más joven de lo que era. Se apoyó en el otro pie; hablaba rápido, casi sin respirar. Percibí el pánico. Nos prometimos escribirnos.

«¿Estarás esperándome cuando acabe la guerra?», me preguntó.

Yo asentí sin hablar.

La medianoche del 15 de julio, nueve días después de la partida de Anne, empezó en Merwedeplein, en el barrio en general, el desfile de siluetas de chicos y chicas adolescentes, casi todos judíos alemanes, con la mochila a la espalda y las mantas enrolladas en la mano; yo vi desde la ventana las figuras solitarias recorriendo plazas, calles y puentes, rumbo a la estación de tren. Los padres, desterrados de la calle por el toque de queda, tenían prohibido acompañarlos.

Entonces no sabíamos que aquellos que se dirigían a la estación central de Ámsterdam en plena madrugada marcaron el comienzo de la deportación masiva de judíos de los Países Bajos hacia la muerte.

No volví a ver a Alfred.

7

La soga

Ese verano tuvimos la puerta de casa y las ventanas cerradas. El pavor y el miedo seguían flotando dentro, por lo que era de agradecer cualquier oportunidad que surgía de salir un rato a tomar el aire. Prácticamente todos los días cogía a Gabi de la mano y bajábamos al jardín que había debajo de la casa de la señora Goudsmit. Su hijo Sjors (George), un chiquillo con el pelo rubio y rizado, tenía más o menos la edad de Gabi y ambos adoraban jugar en el arenero a construir y derrumbar castillos. Mi padre observaba con cautela desde la ventana mientras bajábamos las escaleras para asegurarse de que no corríamos peligro. La señora Goudsmit, una alemana cristiana casada con un judío, era muy amable y mis padres hablaban bastante con ella. Con el tiempo me enteré de que durante las redadas había escondido a judíos en el sótano del edificio. Qué valiente.

No había día, o al menos eso parecía, que no supiéramos de más gente que había recibido el aviso para ir a los campos de trabajo de Alemania. Si el convocado era un hombre de cuarenta años o menos, también deportaban a su familia. La mayoría de las cuatro mil personas citadas a mediados de julio decidieron obedecer, ya que pensaban que acatar las órdenes era menos peligroso que desobedecerlas y que los pillaran. Eso era fundamental para que las tácticas de los alemanes se aseguraran nuestra obediencia. Dejaron muy claro que el castigo sería severo, por lo que la gente de ley siguió las órdenes. Sin embargo, desaparecieron más familias aparte de los Frank.

Esconderse, además de arriesgado, salía caro. Y si se trataba de familias con hijos, por lo general había que esconderse por separado, un dilema imposible. Si te lo planteabas, era porque tenías la suerte de que alguien podía ocultarte, pero además necesitabas dinero de sobra para cubrir los gastos de alimentación. Mi familia no tenía ningún vínculo con holandeses no judíos que pudieran ayudarnos ni tampoco un colchón financiero. A pesar de todo, hubo quien tras recibir la citación no se presentó en el Hollandsche Schouwburg, un teatro neoclásico precioso que pasó a ser un centro de deportación. Cuando la policía iba a buscarlos a casa, algunos saltaban por la ventana o incluso a los canales. Todo el mundo estaba desesperado por escapar.

Entre los convocados había una barbaridad de refugiados alemanes. Mi padre, mi abuelo y otros líderes judíos alemanes estaban indignados y, en parte, por eso crearon el subcomité judío alemán del Consejo Judío, para representar mejor sus propios intereses. Por lo general, el Consejo recibía de antemano la información de a quién iban a convocar para deportarlo y se encargaba de transmitírselo a la comunidad. A mi padre y a mi abuelo los convocaban a reuniones frecuentemente. Incluso tenían un sello especial en el documento de identidad que los autorizaba a estar fuera durante el toque de queda por si alguien los necesitaba. A mi abuelo se le hacían duras las caminatas para asistir a las reuniones, pero él se empeñaba en ir.

Los planes de los alemanes eran opacos a propósito y estaban llevando a cabo con maestría la estrategia del «divide y vencerás», aprovechando las divisiones dentro de la comunidad judía, en concreto entre los nacidos en Holanda y los re-

fugiados de Alemania y demás países. Nunca declararon que
fueran a deportar a los judíos de los Países Bajos, por lo que daba
la sensación de que algunos estaban más seguros que otros,
léase los judíos holandeses en comparación con los extranjeros. Ser miembro o estar vinculado de alguna forma con el
Consejo Judío también ofrecía cierto grado de protección a
los familiares. Todos buscaban la manera de tener un sello en
el documento de identidad que indicara que estaba exento de
ser deportado, por lo que los miembros del Consejo se afanaban en dar empleo a todos los judíos posibles para incluirlos
en el abanico de esa supuesta protección.

El señor Ledermann realizaba labores jurídicas y traduc-
ciones ocasionales para el Consejo Judío, por lo que su familia
de momento también estaba a salvo. Su hija Barbara Ledermann fue la única de su grupo de amigas que no recibió el
aviso, mientras que Margot Frank sí. El señor Ledermann, re-
finado y astuto, un modelo de corrección y disciplina alemanas similar a mi padre y mi abuelo, creía que seguir las instrucciones era clave para salir indemne. Corrían rumores aciagos
sobre lo que pasaba en realidad en los campos de trabajo alemanes, pero a él y a otros tantos, entre ellos mi padre y mi
abuelo, les parecía imposible y no se los creían.

Una noche, sobre la una de la madrugada, llamaron al timbre de los Ledermann, que vivían a la vuelta de la esquina de
nosotros, y despertaron a toda la familia.

«Estábamos aterrados», me dijo Sanne.

No se atrevieron a abrir. Quien llamó al timbre lo hizo de
forma breve y civilizada. Y luego nada en un buen rato, hasta
que dieron un golpecito en la puerta. Al final el padre de Sanne
fue a ver qué pasaba y se encontró con una carta a su nombre.
Resultó no ser nada excesivamente importante, pero ¡vaya
susto! Solo de oír a mi amiga me dio un vuelco el corazón. Vivíamos en un estado de tensión constante, sin saber qué po-

dría depararnos un golpe en la puerta o una carta. Estábamos tan preocupados por si eso implicaba que nos detuvieran y nos deportaran que éramos incapaces de pensar en otra cosa.

Sanne y yo comentamos que iba a ser muy difícil volver a la escuela. Muchos de nuestros amigos y sus hermanos mayores no estarían allí. Por un lado, echaba de menos esa rutina, a nuestros maravillosos maestros y a mis amigos. Pero ¿cómo íbamos a centrarnos en aprender geografía, lengua o la dichosa geometría con todo lo que estaba pasando en nuestro entorno...?

Nos llegaron más noticias de detenciones y redadas, de gente desaparecida o escondida. Cuando un hogar judío se quedaba vacío por cualquiera de esos motivos, las autoridades alemanas iban y se llevaban todas las pertenencias de la familia (sofás, mesitas auxiliares, lámparas, camas, sábanas...) para enviarlas a Alemania, a las ciudades bombardeadas por los aliados. Se rumoreaba que los artículos llegaban con una nota en la que ponía: «Liebesgaben», como si fueran «donaciones caritativas».

Una tarde vi por la ventana a la policía llevándose a rastras a una pareja de ancianos del barrio, el señor y la señora Strauss. Los metieron en la parte de atrás de un furgón policial sin ningún cuidado, como si fueran un par de sillas rotas. Me quedé horrorizada y fui corriendo a contárselo a mis padres. Ya no eran solo adolescentes y hombres; se oían todo tipo de historias sobre gente a la que se llevaban tras caer la noche. Las madres despertaban a sus hijos pequeños, dormidos profundamente, los envolvían con las mantas de su cama cálida y salían a la oscuridad y lo desconocido. Gente mayor, enfermos... Nadie parecía librarse; los sacaban a rastras a la calle y los metían en camiones y furgones.

Los pasillos y las aulas del Liceo Judío se veían distintos. La sensación de novedad ya se había extinguido, aunque seguía habiendo camaradería, al igual que cierto sentido de disciplina y excelencia académica. Cuando entraba un maestro en el aula, nos levantábamos y le mostrábamos nuestro respeto. Mi padre se rio de mí una vez que me oyó gritar en sueños una noche: «¡La maestra dice...!».

Ese primer día de clase, cuando entré y vi el asiento de Anne vacío, fue como si me apuñalaran en el corazón. Faltaban varias personas, entre ellas la dulcísima y tranquila Betty Bloemendal, a quien vi por última vez en la fiesta de cumpleaños de Anne. Me enteré de que la habían deportado junto con su familia. Según pasaban los días iban faltando más estudiantes. Nunca sabíamos si las ausencias eran porque la persona simplemente había enfermado, porque habían deportado a toda la familia o porque estaba escondida. Me costaba mantener la moral alta, pues nunca sabíamos lo que nos encontraríamos ese día al llegar a clase.

Los maestros también iban desapareciendo. Un día el profesor de historia no se presentó. Nos dijeron que estaba malo y que lo sustituiría el señor Presser. Este tenía fama de ser un erudito, además de poeta e historiador, una muestra de la impresionante talla de los maestros de nuestra escuela. Al igual que muchos de sus colegas, lo habían echado de un prestigioso centro de Ámsterdam, el Vossius Gymnasium, por culpa de las leyes antijudías.

Cuando el señor Presser entró en el aula nos pusimos de pie; tenía unos cuarenta años, el pelo moreno y ondulado, la mandíbula cuadrada y gafas de montura redonda. Nos miró con ojos serios y sombríos y se puso a dar la clase sin dilación.

«Vamos a ver el Renacimiento», anunció. Nos preguntó si alguien sabía explicar qué representaba esa época. Historia era mi asignatura preferida, pero me daba mucha vergüenza levantar la mano en clase, a no ser que supiera la respuesta con certeza, así que me limité a mirar el pupitre. Nos contó que los historiadores intentaban comprender nuestro complicado pasado dividiéndolo en periodos. Consideraban el Renacimiento como una época de transición entre la Edad Media y los albores del mundo moderno que conocemos hoy.

«Un escritor muy famoso del Renacimiento fue Dante», dijo sobre el célebre poeta e historiador florentino del siglo XIII. Empezó a contarnos el relato sobre el amor de su vida: la bella Beatrice. «Era su pasión, su inspiración, su amada mítica», añadió.

No solía hablarse de amor en las clases de historia (en ninguna, de hecho), así que nos apoyamos en la mesa y escuchamos con atención.

Pero interrumpió el monólogo de golpe. Empezaron a temblarle los hombros y se desplomó en la silla, detrás de su mesa. Sollozaba desconsoladamente. Miré a mis compañeros. Estábamos todos estupefactos, en silencio. La mayoría teníamos la cabeza gacha. Mirar al señor Presser habría sido de mala educación. Ninguno de nosotros había visto llorar a un maestro.

Entonces se levantó y salió con premura del aula. Al cabo de unos minutos apareció el director. «Sentaos, sentaos», nos dijo. Luego nos contó que esa misma mañana el señor Presser había recibido una noticia horrible: los alemanes habían detenido a su mujer, Debora Presser-Appel.

Con el tiempo nos enteramos de que la habían cogido en un tren por no llevar la estrella amarilla y portar un documento de identidad falso. Corría el rumor de que se dirigía a una guarida. El señor Presser no volvió a aparecer por la escuela. Tengo grabada en la mente la imagen del maestro llorando.

Mis amigos y yo intercambiábamos relatos de lo que veíamos. Jacque, que vivía en Lekstraat, una calle por lo general tranquila al final de la manzana donde estaba la sinagoga, nos contó que había oído gritos debajo de la ventana de su habitación y que al asomarse vio que estaban metiendo a empellones a una chica en la parte de atrás de un camión militar y que un joven intentó impedir que se la llevaran. Lo empujaron y se quedó allí plantado con la cara desencajada, en mitad de la calle, mientras el camión se alejaba con su mujer dentro.

En Yom Kipur, el Día de la Expiación, el más sagrado del año judío, estuve en la sinagoga casi todo el día haciendo ayuno y rezando. Allí leíamos oraciones que hablaban de la increíble compasión de Dios y de su capacidad para perdonar. Mi padre me explicó que nosotros, a su vez, intentamos adquirir esa capacidad. Yo me preguntaba si podíamos perdonar a los alemanes por hacernos la vida imposible. Por llevarse a toda esa gente en un tren en plena madrugada. Por Alfred. Por forzar la partida de Anne y su familia. Por mantener a mis padres en vela hasta bien entrada la noche sin saber qué diablos debían hacer. Se me pasó por la cabeza preguntárselo, pero me contuve. Sabía que se disgustaría. Mi padre, tan inteligente y tan sabio, parecía que siempre tenía todas las respuestas. Pero yo ya tenía casi catorce años y me di cuenta de que para aquello era probable que no la tuviera.

—Mamá, ya queda poco para que nazca el bebé —le dije acariciándole el vientre, que no paraba de crecer.

Llevaba varias semanas fijándome en que sus andares, por lo normal elegantes, se habían tornado más lentos y cada vez le costaba más caminar; parecía un pato.

—Sí. ¿Estás emocionada? —me preguntó a la vez que se agachaba para sentarse en una silla.

—¡Sí! Me muero de ganas de verlo. Y de cogerlo, bañarlo y pasearlo en el cochecito por el barrio. Y Gabi puede echar una mano, podrá cantarle para dormirlo —sugerí—. Qué bien que vaya a llegar justo el día más feliz del calendario hebreo.

Estaba previsto que naciera a finales de octubre, alrededor de Simjat Torá, la festividad judía que señala el final de la lectura de la Torá cada año. Era muy divertido, me encantaba. Los hombres portaban los rollos por la sinagoga y el resto bailábamos a su alrededor, cantábamos y devorábamos las manzanas y los bombones que repartían los mayores.

Gabi entró y, sorteando el bulto, se subió como pudo al regazo de mi madre.

—Juega conmigo —le exigió, tirándole del vestido.

Aunque percibí en sus ojos hinchados que estaba cansada, me pidió que le llevara los bloques de madera de mi hermana y nos pusimos a jugar juntas, haciendo pilas sobre la mesa.

—Un bloque, dos bloques, tres bloques —contó pacientemente mi madre—. ¿Cuántos hay ahora en la torre?

Aunque solo tenía dos años, Gabi era muy locuaz. Pronunciaba frases completas y parecía entender enseguida lo que le decías. Y era bastante traviesa. Un día, mi madre, que sabía que me apasionaba el chocolate, me dejó un par de onzas en la mesa de mi habitación, que compartía con Gabi. Mi hermanita se quedó sola durmiendo la siesta y se las apañó para auparse en la cuna y las cogió. Cuando mi madre fue a despertarla, se la encontró en la cuna espabiladísima con la cara y la manta manchadas de chocolate con leche. «Hannah, ven aquí», me dijo. Miramos ambas a Gabi, nos miramos nosotras y entonces las dos estallamos en carcajadas.

Hacia finales de octubre, cuando ya quedaba poco para el parto, oí a mi padre decirle a mi abuela que estaba preocupado. Mi madre no se encontraba bien. El médico había ido a verla y había asegurado que el bebé estaba perfecto y que anticipaba un parto sin contratiempos.

Sin embargo, al día siguiente, cuando mi padre salía a ratos de la habitación de ambos, tenía la cara demacrada y tensa. «Encárgate de Gigi», me dijo, con la mirada perdida en el vacío, antes de meterse otra vez en el cuarto. Mi madre estaba de parto. Al igual que con Gabi, había decidido dar a luz en casa, pues desconfiaba del trato que pudiera recibir una mujer judía en un hospital de un país ocupado por los alemanes. También le daba miedo que, con todo el asunto de las deportaciones, ni siquiera los pacientes del hospital se libraran de que los cogieran en una redada. La asistieron el doctor Neufeld, un médico judío, y Julia Goodman, una matrona pelirroja y muy amable que era medio judía. Las mismas personas que la ayudaron con Gabi.

Le calenté un poco de puré a mi hermana e intenté concentrarme en conseguir que se lo terminara. Pero por dentro no dejaba de darle vueltas al asunto. «Mamá se va a recuperar», me repetía. Escuché un quejido bajito y murmullos suaves en su dormitorio. No se oía bien, pero creo que era el doctor Neufeld diciendo: «Señora Goslar, estamos aquí. Es usted una mujer fuerte».

Fui al salón y me asomé por la ventana. Se estaba haciendo de noche. Cuando mi padre rezaba en casa, envuelto en el manto de oración, miraba hacia el este, hacia Jerusalén. Me puse a rezar. Ninguna oración en concreto, sino con el corazón.

Mis abuelos también estaban en casa. Horas después, tras acostar a Gabi, me dijeron que me fuera a la cama. Pero era muy difícil dormirse así, pendiente de la llegada del bebé, y me quedé en el salón.

En un momento dado, las voces se tornaron más agudas y fuertes. «Seguro que está a punto y que ya viene», pensé. Luego voces más apagadas. Y finalmente nada. Ni voces ni gritos ni llantos de bebé. Me dio la impresión de que la nada se dilataba demasiado. La puerta de la habitación de mis padres se abrió despacio. Era el doctor Neufeld, pero no dijo nada. Fue a la cocina y se bebió un vaso de agua.

Después salió mi padre y nos miró primero a mí y luego a mis abuelos. Nunca le había visto aquella expresión en el semblante. Completamente pálido, sus ojos azul grisáceo estaban anegados en lágrimas. Me dio miedo verlo así. ¿Qué pasaba? Empezó a hablar despacio, como si él mismo intentara entender lo que decía. Nos dijo que había sido un parto de nalgas y que eso lo había dificultado mucho. Lo que quería decir era que no se había dado la vuelta, como se supone que debían hacer los bebés. Era un niño. Pero no sobrevivió. Mortinato.

Su voz se fue apagando.

Mi abuela preguntó enseguida: «¿Y Ruth?».

Mi padre dijo que se encontraba débil, pero descansando.

No sabía qué quería decir «mortinato». Mi abuela me lo explicó en voz baja. Al cabo de un rato me dejaron entrar en la habitación para ver a mi madre. Su melena larga y morena le caía suelta sobre los hombros. Estaba tumbada en la cama, la misma en la que yo me metía corriendo cuando había tormenta eléctrica y también la mañana que comenzó la invasión alemana. La misma de la que ese día se había levantado más temprano antes de dirigirse a la cocina para prepararse su café matutino bien fuerte. Tenía un bulto envuelto en un edredón a su lado. Parecía que estaba profundamente dormida. Le acaricié el pelo y le apreté la mano, pero ella no me devolvió el apretón. Mi padre estaba al pie de la cama llorando.

Como siempre, las novedades familiares de Ámsterdam las transmitía mi tío Hans desde Basilea. Le dimos la noticia enseguida y él le mandó un telegrama a su hermana mayor, que estaba en Leeds muy preocupada: «Ruthchen parto muy difícil mortinato padres muy angustiados».

Mi madre estuvo horas casi sin moverse. A veces parecía

que se rebullía; movía la cabeza y murmuraba bajito entre gemidos. El doctor Neufeld siguió tomándole el pulso y de vez en cuando nos daba una valoración sobria: «No está estable».

Miré a mi madre: estaba pálida y tenía los ojos cerrados. Sentí que me pesaban los huesos. Me pregunté qué le habría dolido más, si el parto de nalgas o descubrir que su hijo había nacido muerto. ¿Por eso le costaba tanto despertarse? Aun así, yo no era consciente de cuán grave era la situación.

En un momento dado salí de la habitación y fui a echarle un ojo a Gabi. Lo demás lo tengo un poco borroso, pero oí que alguien abría la puerta del dormitorio de mis padres. «Mamá se ha ido», afirmó mi padre. No hizo falta que dijera nada más. No lo asimilé, pero lo entendí. Volví a su cuarto y me quedé con ella hasta que se la llevaron.

Todos estábamos llorando: mi padre, mis abuelos, Irma... Gabi nos miraba con los ojos como platos, confundida: «¿Dónde está mamá?».

La casa no tardó en llenarse de gente que fue para la *shivá*, el luto judío tradicional, que duraba siete días. Gabi se acercaba a los invitados y decía: «¿Dónde está mi mamá?». No paraba de preguntar por ella. Con lágrimas en los ojos, intentamos explicárselo de forma que lo entendiera. La niña, que parecía comprender todo lo que le decías desde que era pequeña, al final dejó de preguntar.

Acto seguido mi abuelo mandó una carta. Tras su recepción en Basilea, mi tío envió un telegrama a Leeds: «La pobre Rutchen ha muerto, 27 de octubre corazón débil».

El entierro fue el día posterior al final de la *shivá* en el cementerio de Muiderberg, a unos dieciséis kilómetros de Ámsterdam. No me dejaron ir, aunque no recuerdo por qué. Supongo que pensaron que era demasiado pequeña. O que mi padre o mi abuelo creyeron que no podría soportar tanto dolor. No lo sé. Así que me quedé en casa con varios compañeros de clase.

El doctor Albert Lewkowitz, un amigo de la familia y también refugiado alemán, fue el encargado de pronunciar el elogio junto a la tumba. Empezó citando a Isaías: «¡Grita bien fuerte!»; aquellas palabras resonaron en mi pecho. Alabó la bondad de mi madre: «Tu cálida ternura, tu sutil agilidad mental, la belleza y la gracia que irradiabas y que hacían de tu hogar un lugar acogedor y maravilloso». Prosiguió así: «Además de una madre devota y cariñosa con tus hijas, también has sido su amiga y su compañera de juegos y, gracias a tu espíritu desenfadado, has ejercido de niña con ellas y las has escuchado con amor y veneración mientras su alma florecía».

Durante los días y las semanas posteriores intenté asimilar que mi madre y el hermanito que tanto esfuerzo le costó traer al mundo habían muerto. Fuera, el cielo estaba gris y apagado; era como mirar al vacío. Ni sentía ni padecía. Nada me alegraba, ni siquiera un poquito. Me preguntaba si sería así de por vida.

El invierno iba abriéndose camino en Ámsterdam. Los días eran cada vez más cortos y el sol desaparecía a las cuatro de la tarde. Nada florecía y las ramas de los árboles estaban desnudas. Los largos días veraniegos, los cucuruchos de helado con Anne y mis amigas…; ese magnífico regalo ahora parecía un sueño remoto e inalcanzable. Me movía lentamente, como si estuviera pisando capas de barro. Pero había que cuidar de Gabi; me centraba en eso. Mi padre no tenía mucha paciencia ni conmigo ni con ella.

Mis abuelos nos ayudaron a lidiar con la rutina del día a día. Pero la situación se recrudecía. Solo podíamos hacer la compra durante dos horas al día, no había tranvía, ya no nos dejaban tener teléfono ni llamar desde hogares y negocios no judíos. La escasez también iba a peor: había menos carbón, menos mantequilla y otros alimentos básicos.

Se me hacía raro no tener la dirección de Anne para mandarle una carta y contarle lo que había pasado. Ella y Margot se habrían quedado conmocionadas y acongojadas al enterarse de que mi madre ya no estaba, de que no había ningún recién nacido al que bañar, mimar y pasear por Merwedeplein en cochecito, como hicimos con Gabi en su momento. Y el señor y la señora Frank también lo habrían lamentado. Eran una especie de padres honorarios en nuestra familia improvisada de inmigrantes judíos errantes. Ambas madres horneaban y disfrutaban de la misma repostería con levadura y de los dónuts rellenos de mermelada; nos vestían de forma similar, con jerséis de ochos hechos a mano y vestidos bien confeccionados, y tenían en común su nostalgia por una patria, Alemania, que nunca volvería a ser su hogar.

Mi madre era mi confidente, mi sostén, la que mejor me conocía. Me quería y me consentía en la medida de lo posible. Yo habría hecho lo que fuera por pasar otro miércoles con ella para cruzar la plaza Dam rumbo a De Bijenkorf, acariciar los vestidos de seda y satén parisinos, tomarnos yo mi taza de chocolate caliente y ella su café. Echaba de menos su devoción por mí, la intimidad que forjamos durante los años que fui hija única, afortunada yo por tener unos padres tan abnegados y cariñosos. ¿Qué iba a ser de mí en ese mundo cada vez más sombrío sin mi madre para orientarme? A veces me colaba en la que fue la habitación de mis padres, abría el armario, hundía la cara en sus vestidos y, con los ojos cerrados, me imaginaba que estaba ahí conmigo. El día que cumplí catorce años, una semana después de que muriese, pensé en la expresión «huérfana de madre» y me di cuenta de que así sería hasta el fin de mis días.

Algunos conocidos me decían, con la mejor de las intenciones, que yo era una «pequeña madre» para Gabi, pero a mí se me partía el corazón. Yo no quería ser su madre. Lo que quería era que volviera la nuestra.

Mi padre me dijo que, a pesar de que no pudiera entenderlo todavía, las lecciones que había aprendido de ella, de su manera de vivir la vida, ahora formaban parte de mí; estaban integradas en mi corazón y yo misma podría aplicarlas.

Otro término entró a formar parte de mi vocabulario: «razia». Así se llamaban las redadas nazis destinadas a buscar judíos, que eran cada vez más habituales. Uno de nuestros niveles de «protección» había sido el embarazo de mi madre; el otro, que tanto mi padre como mi abuelo eran miembros del subcomité del Consejo Judío. Pero no sabíamos hasta cuánto ni si realmente se trataba de una razón de peso. La incertidumbre era lo único constante en nuestra vida. Y la culpable del mal humor de los mayores de nuestro entorno. Estaban con los nervios a flor de piel. La madre de Sanne, la señora Ledermann, decía de su marido que estaba «intratable», lo mismo que yo pensaba de mi padre, quien, aparte de estar de luto por mi madre, se veía cada vez más atrapado. En cualquier caso, mi madre poco podría haber hecho por nosotros si nos hubieran cogido en una razia, pero tras su pérdida me sentía más expuesta y en peligro. Se fue justo cuando más falta nos hacían su protección y su consuelo.

Una tarde llamaron al timbre. Eran unos oficiales nazis alemanes; vestían un abrigo largo verde y botas altas: la Grüne Polizei, la «policía verde» (así llamada por el color de sus uniformes y para diferenciarla de la «policía negra», la holandesa). Querían saber si allí vivía algún judío. Pensé que me daba un soponcio. Mi padre respiró hondo y abrió la puerta; apenas dijo

nada cuando nos ordenaron que cogiéramos nuestras pertenencias, que nos íbamos. Todas mis amigas judías habían preparado una maleta «por si acaso». Tras la muerte de mi madre,
la señora Ledermann vino a ayudarme con la mía y se aseguró
de que metiera todo lo necesario, incluidos los paños higiénicos, algo en lo que mi padre no habría caído, y también me
ayudó con la de Gabi. Mientras la policía verde esperaba, yo
metía varias cosas más con las manos temblorosas: otro jersey
para mi hermana, el cepillo del pelo... Mis abuelos, mi padre,
Gabi, Irma y yo bajamos las escaleras, salimos del edificio y
nos azuzaron para entrar en el camión. Luego arrancó rumbo
al centro de la ciudad. Dejamos atrás Rivierenbuurt y sus calles tranquilas e impecables. Había llegado el momento. Era
nuestro turno.

Miré por la ventanilla mi querida ciudad. Las plazas otrora
atestadas de gente estaban casi desiertas, apenas había unas cuantas personas. La escasez era tal que cada vez se encontraba menos que comprar. Los cafés que antes rebosaban de clientes
estaban prácticamente vacíos. Las barcazas que tanto me gustaba observar mientras navegaban por los canales se veían som-
brías y tristes. Al acercarnos a la judería vi que la calle principal,
que se llamaba Jonas Daniel Meijer en honor al primer abogado judío de los Países Bajos, el cual facilitó la emancipación
legal de los judíos holandeses, ahora tenía un nombre alemán,
Houtmarkt. Habían renombrado todas las calles que tenían de-
nominación judía. Nuestro destino era el Hollandsche Schouwburg, un teatro holandés transformado en centro de deportación de judíos de Ámsterdam y otras ciudades del país. Al llegar
vi hordas de soldados de la Wehrmacht fusil en mano.

«Haced aquí la cola y preparad la documentación», nos dijo
uno.

Miré a mi padre y a mis abuelos. Iban erguidos y con la
cabeza bien alta, como diciendo sin hablar que nadie iba a qui-

tarles la dignidad, ni siquiera en aquel contexto tumultuoso de máxima tensión. Me estremecí al oír el llanto de los bebés, al ver a la gente apretada y empujándose en las colas, todas esas maletas, mochilas y petates, la cara de angustia de quienes estaban sentados al lado de sus bártulos...

«Gabi, dame la mano y no me sueltes», le dije con urgencia. Sus zapatitos repiqueteaban en el pavimento. También le apreté la mano muy fuerte a mi padre, tanto que pensé que a lo mejor se enfadaba y la sacudía, pero no. Él agarró la mía con más firmeza aún. Mi abuelo iba del brazo de mi abuela. Estaban detrás de nosotros con Irma, que intentaba asimilarlo todo con sus ojos marrón oscuro. Me dio pena que mi madre no estuviera allí para consolarla y explicarle todo con ese empeño que siempre ponía. A la pobre Irma ya le costaba seguir instrucciones y explicaciones en casa, así que allí más aún, entre los gritos, los soldados y el miedo.

Me quedé mirando con cara de póquer al oficial alemán que hojeaba con parsimonia nuestros papeles. Revisó la foto de todos los documentos de identidad. Se quedó un rato mirando los sellos que acreditaban la afiliación de mi familia con el Consejo Judío; habíamos puesto muchas esperanzas en ellos, en que nos eximirían del destino que aguardaba a quienes se habían visto obligados a subir a esos trenes, fuera cual fuese. El caso es que Irma no era pariente nuestra; ella no tenía ese sello. Así que, cuando nos dijeron que podíamos irnos a casa, un soldado le puso la mano en el hombro.

—Ella se queda aquí —dijo.

—¡No, no! —gritó Irma, saltando con la mirada entre mi padre, mis abuelos y yo, como pidiendo ayuda.

Sentí su pánico. Mi padre intercambió unas palabras en alemán con el oficial, implorándole que la soltara, pero el otro no cedió. El alivio que me había invadido previamente quedó eclipsado por una sensación de náusea, pues fuimos conscien-

tes de que íbamos a tener que dejar a Irma allí, con los soldados y los fusiles, y con el resto de la gente que se subiría a los
camiones de color beis. Primero los llevaban a Westerbork, un
campo de detención a unas tres horas al norte de Ámsterdam,
en la frontera con Alemania. Teníamos entendido que desde
allí los mandaban a los campos de trabajo del este.

Le di un abrazo fugaz a Irma justo antes de que la engullera la avalancha de judíos que, al contrario que nosotros, no
habían tenido la suerte de poder volver a casa. Aún no sabíamos qué pasaba exactamente en los campos de trabajo, pero sí
que eran lugares a los que nadie querría ir.

—¿Cuándo van a dejar de hacer razias? —le pregunté a mi
padre.

—Quién sabe —respondió él.

Durante esa época, Barbara Ledermann, la hermana mayor de
Sanne, pasó a la clandestinidad. Con dieciséis años conoció a
Manfred, un chico judío miembro del movimiento clandestino holandés. Este le dijo que los campos de trabajo en realidad eran campos de exterminio. Ella al principio no se lo creyó, pero él le habló de unos jóvenes que habían conseguido
escapar y que contaron a otros miembros lo que habían presenciado.

Al señor Ledermann le parecía más peligroso que te descubrieran escondido que la deportación. Y era incapaz de ima-
ginarse desobedeciendo órdenes. «Soy abogado, nunca he in-
fringido la ley y no voy a hacerlo ahora», insistía. Pero Barbara
le repitió las advertencias de Manfred y argumentó que no se
trataba de leyes legítimas, que no eran esos alemanes distin-
guidos que él recordaba de su época en Berlín, sino nazis cuyos campos de trabajo no eran para trabajar, sino para morir.
Manfred le había dicho a Barbara que no se presentara si le

llegaba el aviso: «No acudas. Todo el que va acaba asesinado. Van a morir todos».

A pesar de estas afirmaciones espeluznantes, el señor Ledermann no cambió de opinión; puede que le costara creer algo así. Manfred consiguió documentos de identidad falsos para toda la familia por una cantidad considerable y corriendo muchos riesgos, pero el señor Ledermann no quería ni oír hablar de pasarse a la clandestinidad, a pesar de que su mujer respaldaba la idea. Ella le dio los trescientos florines a Barbara para la documentación falsa.

Cuando empezó la escuela en enero, Jacque no apareció por clase. Pero fue por otra causa. Su madre, católica de nacimiento, había estado varias semanas intentando encontrar por todos los medios la forma de recatalogarla como no judía. La señora Van Maarsen era modista y francesa, razón por la cual rezumaba exclusividad a ojos de las amigas de su hija, que la veíamos como una mujer muy glamurosa y cosmopolita. Jacque me había contado que su madre se puso uno de sus mejores trajes a medida de preguerra, se maquilló a la perfección y se presentó en el cuartel general de las SS, también conocidas como la «inteligencia nazi», sito en la Euterpestraat.

Allí le dijo al oficial que la atendió que su marido judío había inscrito a sus dos hijas como judías en contra de su voluntad. «Ahora corren peligro», afirmó. Le dijeron que volviera con pruebas que demostraran que sus cuatro abuelos eran cristianos y que entonces anularían el estatus de judías de Jacque y Barbara. Debió de ser dificilísimo recopilar la documentación necesaria y desconozco cómo lo hizo, pero al final consiguió que eliminaran la «J» incriminatoria estampada bien grande en el documento de identidad de sus hijas.

La persona a cargo de la oficina que dio el visto bueno al cambio de estatus era el doctor Hans Calmeyer. Allí comprobaban si eran ciertas las afirmaciones de quienes alegaban que al menos uno de sus padres o abuelos no era judío. Esta degradación no tardó en ser una cuestión de vida o muerte, porque solo exigían ir a los campos de trabajo del este a los «judíos cien por cien». Se podría decir que el doctor Hans Calmeyer intentó ayudar como pudo tergiversando ciertas reglas y haciendo la vista gorda con otras. A veces te topas con gente así en el mundo. Consiguió salvarles la vida a unos dos mil judíos.

Así que como Jacque ya no era judía, se matriculó en el Liceo de Niñas, la prestigiosa escuela pública a la que fue Margot Frank antes de que excluyeran a las estudiantes judías. Echaba tanto de menos a sus amigas del Liceo Judío, aunque solo estudió allí un año, que a veces nos esperaba después de clase junto al aparcamiento de bicicletas.

A pesar del cambio de escuela de Jacque, seguimos en contacto. Y me dijo algo que me costó creer: sus nuevas compañeras no hablaban de lo que les estaba pasando a los judíos de la ciudad; tampoco de las medidas contra ellos ni de las deportaciones. Era como si viviéramos en mundos distintos. También me resultaba curioso que el mero garabato de un burócrata bastara para que Jacqueline pudiera hacer todo lo que Ilse, yo y las demás amigas teníamos prohibido: montar en bicicleta, tener teléfono en casa, viajar en tranvía y en tren, no llevar la enorme estrella mostaza que nos marcaba como inferiores... Me parecía demencial esa transición hacia «el otro lado». A su tío y a sus primos hermanos los deportaron, pero ella ya no tenía que preocuparse por esa posibilidad. Era como si habitara en un mundo paralelo, aunque seguía vinculada al nuestro. Meses después, Jacque se saltó las normas y fue a casa de nuestra compañera de clase y amiga Nanette Blitz; entonces descubrió que la habían deportado junto con sus padres y su hermano. Un vecino la vio tocar el timbre en vano. «Se lo han llevado todo», repitió dos veces, sin emoción en la voz.

Y en enero, mientras Jacque recuperaba su libertad y su seguridad, detuvieron a Ilse Wagner, a su madre y a su abuela. No pudimos despedirnos. Su marcha me afectó mucho; era una amiga afable y sensata y mi eterna compañera en la sinagoga y el grupo juvenil. Ya no quedaba nadie en la escuela de mi círculo de amigas íntimas. Más pronto que tarde, mi familia y la de varias amigas que quedaban estarían entre los últimos judíos en Ámsterdam que aún vivían en su propia casa.

Le pregunté a mi padre qué íbamos a hacer y me dijo que no perdiera la esperanza. Según él, éramos de los afortunados. Pero entonces un día me preguntó si estaría por la labor de pasar a la clandestinidad, aunque me advirtió que tendría que ser cada uno por su cuenta: Gabi, mi padre, mis abuelos y yo viviríamos en escondites distintos. Después de quedarme sin madre, no quería ni pensar en separarme de ellos. «Tenemos que estar juntos», le supliqué. Él suspiró profundamente y me dedicó una mirada tan intensa que se me hizo eterna. Luego dijo que estaba de acuerdo.

Mi abuelo escribía todos los días a mi tío Hans. Sabía que estaba estudiando todas las vías posibles para ayudarnos a salir de Holanda. Lo que no sabía era que unos meses antes mi padre llegó a contemplar la temeraria posibilidad de fugarnos. Su primo Joachim Simon, alias Shushu, un activista sionista más joven que él, también había huido de Berlín y recalado en Ámsterdam. Él y su mujer, Adina, habían participado en un plan peligroso a la par que valiente para encontrar la manera de sacar de los Países Bajos a sus compañeros activistas y otros judíos. Ambos cruzaron la frontera rumbo a Bélgica en otoño de 1942. Allí investigaron e idearon una ruta que atravesaba Bélgica y Francia, desde donde cruzarían la frontera para ponerse a salvo en Suiza o en España. Consiguieron llegar a Suiza y Adina se quedó allí, mientras que Shushu regresó a los Países Bajos para ayudar a otra gente a escapar. Le propuso a mi padre sacarnos a todos por esa ruta, pero él lo rechazó. El embarazo de mi madre estaba ya muy avanzado y Gabi solo tenía dos años, así que habría sido casi imposible acometer un viaje tan exigente físicamente.

El plan de rescate de Shushu concluyó el día de Navidad de 1942, cuando lo pillaron cruzando a los Países Bajos desde Bélgica con documentos de identidad falsos y varios fajos de billetes. Se las ingenió para hacerle llegar un mensaje a sus amigos: «Me han cogido. Informad a Adina con delicadeza». Dos días después apareció muerto en su celda; al parecer se había suicidado. Lo consideraron un último acto heroico para proteger a sus amigos, pues sabía que los alemanes lo torturarían para intentar conseguir información sobre ellos.

Ser consciente de la entrega de Shushu y de su muerte me inspiró, pero también me dejó desolada. Era mi primo mayor, atento, listo, con sus gafas redondas de montura metálica y el pelo moreno muy tupido, quien a veces venía a casa a la cena de Shabat. ¿Cómo podía haber muerto una persona tan joven, hábil y valiente? Me dio muchísima pena su mujer, Adina; aunque estaba a salvo en Suiza, se había quedado viuda muy joven. Habían atravesado juntos puertos de montaña nevados, tirando uno del otro para sobreponerse al hambre, las ampollas y el miedo. Me estremecí al pensar en el final de Shushu.

Por suerte, a principios de la primavera de 1943 llegaron buenas nuevas.

«Ha escrito Hans. El jefe de la Oficina de Ginebra de la Agencia Judía para Palestina dice que estamos todos en una lista que le han mandado al Gobierno del Mandato Británico en Palestina para su aprobación», nos contó mi abuelo según leía la carta de mi tío en el salón. Y añadió sin dejar de leer: «Hay más. Hans nos confirma que ahora que la familia Goslar [mi padre, Gabi y yo] tiene pasaportes paraguayos, la abuela y yo podemos conseguir sendos pasaportes hondureños».

Acabábamos de enterarnos de que mi tío Hans había adquirido pasaportes de Paraguay y estábamos encantados de oír que iban a concederles a mis abuelos unos de Honduras. No sabíamos con certeza qué implicaba eso en la práctica aparte de brindarnos otro posible nivel de protección, porque no servían para ir al Mandato Británico de Palestina ni para emigrar a América del Sur. Pero sí sabíamos que los judíos con pasaporte de un país neutral tenían más probabilidad de estar eximidos de la deportación. Sentimos tal alivio que casi nos ponemos a bailar alrededor de la mesa del comedor. Con el tiempo supe que la obtención de los pasaportes fue obra de un grupúsculo de diplomáticos polacos y activistas judíos que trabajaban mano a mano en Suiza. Los «pasaportes Lados», como eran conocidos, estaban en blanco y costaban unos quinientos francos (alrededor de tres mil quinientos euros actuales).

«Si vas a ser ciudadana de Paraguay, tienes que ser capaz de responder ciertas preguntas básicas sobre el país», me dijo mi padre. Así que yo, diligente, me estudié parte de su geografía y memoricé varios datos, empezando por el nombre de la capital, Asunción.

Llegaron más noticias esperanzadoras. En mayo nos confirmaron que toda la familia estaba en una lista para obtener los «certificados palestinos». Eso quería decir que podíamos ir a Palestina a cambio de que los alemanes recuperasen prisioneros de guerra en manos de los británicos.

Ojalá nos intercambiaran a nosotros... ¡Y pronto!

8

Deportación

El domingo 20 de junio de 1943, al amanecer, a solo dos calles de la nuestra, en el número 37 de Noorder Amstellaan, el hogar de los Ledermann, la primera luz del alba empezó a bañar el piano del salón. El silencio reinaba en el piso y todos estaban profundamente dormidos. La noche anterior se habían acostado tarde porque hubo mucho jolgorio en casa: Barbara, la hermana mayor de Sanne, que llevaba meses viviendo en la clandestinidad, se había presentado por sorpresa. Un movimiento temerario y peligroso que Manfred, su novio, le había desaconsejado. Pero Barbara añoraba muchísimo a los suyos. Los había echado mucho de menos a todos. Fue un reencuentro agridulce, mezcla de llanto y alegría. Las tremendas peleas que tuvo con sus padres por los riesgos que conllevaba usar un documento de identidad falso y pasarse a la clandestinidad quedaron eclipsadas por el alivio incontenible de estar juntos otra vez. No hubo tensiones ni recriminaciones durante el reencuentro y la familia se fue a dormir contenta y agradecida de estar los cuatro bajo el mismo techo.

Pero su sueño se vio interrumpido a las seis de la mañana. Toc, toc, toc. Alguien llamó a la puerta. Era una mujer clandestina que respondía al nombre de Cassandra. Yo me pregunto si alguno caería en la cuenta, entre la conmoción y el

aturdimiento, de que en la mitología griega es una princesa
que contaba profecías que nadie se creía...

«Acabo de enterarme de... Han cerrado esta zona. Van a
llevarse a todos los judíos. No es una razia como las otras. No
se librará... nadie», les informó.

Fuera, todo seguía en calma. Solo se oía el piar de los pájaros y el levísimo ajetreo de los vecinos despertándose; algunos
estarían preparándose para ir a la iglesia. Dentro, el pánico
invadió la habitación.

Lo que nadie sabía en ese momento, salvo los que estaban
en casa de los Ledermann, era que esa noche, mientras la ciudad dormía, la policía alemana y la holandesa habían acordo-
nado varias áreas de Ámsterdam, desde Ringvaart, en el este,
hasta Linnaeusstraat, en el oeste. Tanques alemanes bloqueaban
las calles y soldados y policías armados hacían guardia en todos
los puentes; habían formado un cerco alrededor de los barrios
que albergaban a la mayoría de los judíos que aún vivían en la
ciudad, entre ellos el nuestro. Nadie podía salir ni entrar. No
había escapatoria. Era fácil cerrar una ciudad como Ámsterdam, llena de ríos, canales y puentes.

Para localizar con precisión la ubicación de sus víctimas se
sirvieron del *Verspreiding van de Joden Over de Gemeente*, es decir el mapa de «Distribución municipal de la población judía»,
elaborado dos años antes por operarios municipales bajo las órdenes de supervisores alemanes. Cada punto negro eran diez
ciudadanos judíos. Nuestro barrio parecía un mar negro de
círculos superpuestos.

Esa razia era un plan de alto secreto de los nazis. A diferencia de las anteriores, no se había filtrado nada de antemano,
por lo que nos cogió a todos por sorpresa, excepto a Cassandra, que se enteró en el último momento. Los judíos ya no
tenían teléfono ni radio en casa, lo cual era parte de la estrategia de los alemanes para aislarnos del resto de la ciudad, del

país... y del mundo. Las noticias llegaban en forma de susurros o rumores, si es que llegaban. Esta vez no hubo informes ni soplos ni avisos por parte del Consejo Judío.

En casa nos sobresaltó el estruendo repentino de los altavoces, que retumbaba por toda la calle y por el barrio entero: «Judíos, preparaos para partir hoy mismo. Todo el mundo debe reunirse en Daniel Willinkplein». Esas palabras espeluznantes rebotaron en las calles empedradas y en los muros de ladrillo y resonaron dentro de mí. Mis abuelos vinieron a nuestro encuentro y mi padre tomó la decisión de que no íbamos a ir a Daniel Willinkplein.

«No va a pasarnos nada, tenemos los *speres* —dijo refiriéndose a los cacareados sellos de exención—. Nosotros no tenemos que ir. Cuando la policía verde vea nuestra documentación nos dejará en paz, como pasó en la redada del teatro. Nos quedamos aquí».

Yo estaba nerviosa, pero confiaba en que mi padre estuviera en lo cierto. Ayudé a mi abuela a preparar el desayuno e intenté, como siempre, persuadir a Gabi para que se terminara su tostada. Sin embargo, a las diez nos llegó el turno. Los temidos golpes en la puerta. Un oficial alemán nos ordenó que abriéramos.

«Papá, papá..., ¿vas a abrir?», pregunté, con el estómago revuelto.

Mi padre miró fijamente la puerta y fue hacia ella despacio, repitiendo sus palabras tranquilizadoras, que todo iba a aclararse. Teníamos el *spere*. Yo había empezado a ver esos privilegios de papel, los sellos y los pasaportes nuevos, como amuletos mágicos que en parte nos salvaguardaban de la amenaza nazi. Pero no estaba segura de que bastara con eso.

El policía verde ni se inmutó al ver los *speres*. Le dijo a mi padre en alemán que todos los judíos debían personarse en la plaza: «Tienen veinte minutos para hacer la maleta. Veinte kilos máximo».

Hice corriendo un hatillo con las mantas ya dispuestas para aquella contingencia y cogí la maleta que había preparado meses antes con la ayuda de la señora Ledermann, Sanne e Ilse. Ilse... Sentí una punzada de dolor. Me pregunté dónde estaría. Ya habían pasado seis meses desde que la deportaron con su madre y su abuela a raíz de una razia. No había día que no esperase una carta de Ilse que nunca llegaba. Pensé en qué me diría ella que me llevara, ahora que estaba en un campo de trabajo. Apenas sabíamos nada de lo que nos aguardaba. Solo rumores...

Me costaba asimilar que realmente estuviera pasando. Después de todo el miedo y la incertidumbre. De las amigas y los vecinos desaparecidos. De lo de mi madre. Ahora soy incapaz de acordarme de si me llevé comida, algo de pan, queso... La pragmática era ella. Se habría puesto a sacar paquetes de fruta deshidratada de la alacena y a meter todo lo que fuera útil en bolsas y bolsillos. Decía de mi padre, para burlarse de él, que en vez de caminar por el suelo a veces flotaba sobre él. No se le daban tan bien las cuestiones prácticas. Solté a Gabi de golpe en la cama y me puse a reunir nuestras cosas. Mi hermana estaba confundida y nos miraba a mi padre y a mí con los ojos abiertos de par en par mientras nos apresurábamos. Le di un abrazo fuerte y fugaz y le dije que si dejaba de preguntar le daría una galleta. «Corre, Hanneli», me dijo mi padre desde la otra habitación.

De repente me invadió la tristeza mientras abrochaba las hebillas de la maleta. ¿Estaríamos de vuelta en una hora o esta vez iban a despacharnos de verdad? Recorrí la habitación con un vistazo rápido: la cama, el escritorio, las colecciones de estrellas de Hollywood y las postales de familias reales.

«¡Hanneli!», insistió mi padre, esta vez más alto.

«Adiós, casa», dije en voz baja mientras salía de mi cuarto hacia el pasillo. «Adiós, casa», repitió Gabi, imitándome. Franqueé la puerta tirando de la maleta con una mano y agarrándola a ella con la otra.

En el rellano, la señora Goudsmit, nuestra vecina y amiga, además de la madre del compañero de juegos preferido de mi hermana, quiso interceder por nosotros; tenía debilidad por Gabi, la pobre huérfana.

—¿Qué haces? —le preguntó al policía verde que supervisaba la expulsión—. Deja al menos que me quede con la niña. Es muy pequeña. Su madre murió hace poco. Por favor, déjala conmigo, yo la cuido.

—¿Para qué quiere una cristiana holandesa una niña judía? ¿No le da vergüenza?

—No —repuso ella—. Soy cristiana alemana, y no me avergüenzo.

Ninguno de nuestros vecinos no judíos salió de casa para ver cómo estábamos o preguntar por qué nos llevaban como si fuéramos delincuentes; eso sí, al salir del edificio había varios asomados a la ventana para ver mejor el espectáculo, con el café recién hecho al lado, en el alféizar. También vi a varias personas con binoculares en las azoteas, presenciando cómo se llevaban a los judíos. La humillación me carcomía por dentro, pero también estaba paralizada por la conmoción.

Mientras recorría con mi pequeña familia nuestra calle, me volví un momento para observar el número 31 de Merwedeplein. Pensé en la puerta de la casa de Anne, cerrada y muda. Hacía casi un año que toqué varias veces seguidas, preguntándome por qué no abría nadie. «Qué suerte que estás a salvo en Suiza, Anne —me dije una vez más, como tantas otras desde aquel día—. Pero ¿por qué no me has escrito?».

Me partía el alma ver a mis abuelos, tan solemnes ellos, pasar por aquello. A mi abuelo le costaba caminar y usaba bastón. Mi abuela acababa de recuperarse de una caída por las escaleras que la dejó con tres vértebras rotas. Y, aun así, allí estaban, bregando con su maleta y con el petate. Yo no podía más con Gabi en brazos y el equipaje, así que la bajé y la alenté a caminar lo más rápido posible.

Nos llevó unos minutos llegar a Daniel Willinkplein, una explanada de hierba flanqueada por árboles y arbustos en la intersección de tres calles: Amstellaan; Zuider Amstellaan (nuestra calle) y Noorder Amstellaan (la calle de los Ledermann). Sobre nosotros se erguía el punto de referencia local, el bloque de doce plantas, el «rascacielos». Capté aquella imagen tan extraña: decenas de personas atemorizadas, algunas conocidas, se arremolinaban en la hierba a la espera de lo siguiente. Había niños y bebés, algunos berreando entre el caos, y madres y padres que intentaban consolarlos. Reconocí a una madre de nuestra calle con sus mellizos de cuatro años; había formado una pantalla con las maletas para evitar el sol, creando así un espacio improvisado donde los niños dormían mientras esperaban.

Me puse a observar a la gente para distraerme. Había varios hombres deliberando, con su elegante sombrero de fieltro y la bolsa cruzada sobre el abrigo de lana entallado, negro o azul marino, con la estrella amarilla que delataba su judaísmo. La mayoría vestía o portaba abrigo de invierno o gabardina a pesar del clima veraniego. Nadie sabía cuánto tiempo íbamos a estar fuera, pero lo que sí sabíamos todos era que el invierno podía ser muy frío. Me estaba sudando el cuello y me quité el abrigo. Algunos llevaban las mantas en un hatillo y otros colgadas del brazo. Había chicas con calcetines hasta la rodilla, mocasines y falda plisada, y mujeres aferradas a su bolsito de cuero. Señoras mayores, como mi abuela, buscaban sitio en algún banco y apoyaban la cabeza en las manos. Había pilas de enseres repartidas por la hierba junto a hileras de hogazas de pan y botellas de leche. Una chica con trenzas estaba sentada sobre un petate; niños pequeños en pantalón corto y abrigo cargaban con bolsas que seguro que pesaban más que ellos. Mujeres con sombrero con lazo y broche de oro en el cuello alto de su vestido de seda. Conté los abrigos de lana cruzados, los jóvenes con jersey de rombos. Era como si todo el mundo quisiera estar lo más presentable posible delante de los alemanes, para recordarles que también éramos personas.

Filas de hombres con mono oscuro y la estrella amarilla en el pecho «ayudaban» a los policías verdes y negros.

—¿Quiénes son? —le pregunté a mi padre.

—Judíos que ya están en el campo de detención de Westerbork —contestó él—. Es donde llevan a los judíos holandeses antes de enviarlos a trabajar al este.

Y pensé para mí: «¿Eso es lo que va a pasarnos? ¿De verdad no tenemos escapatoria?».

Al final nos llevaron al tranvía, custodiados por policías armados y por la policía judía de Westerbork. Hacía más de un año que no cogía un tranvía. Cuando iba a la escuela bajo la lluvia, soñaba con volver a montarme en uno. Pero ahora me daba miedo. Era un caos de niños llorando entre hombres con fusil. Aunque llevábamos tres años bajo ocupación, no estaba acostumbrada a ver armas tan de cerca. Me desconcertaba que los alemanes pensaran que éramos tan peligrosos como para llevarnos a punta de pistola.

«Es para evitar que nos resistamos», me explicó mi padre lacónicamente.

Me apretujé en el tranvía, con Gabi de la mano, y me pegué a él y a mis abuelos. Cruzamos el río Amstel y observé la transformación de la ciudad: tiendas tapiadas, casas de judíos clausuradas... Mi confusión y mi miedo contrastaban con la gente que había fuera disfrutando de aquel día de junio: niños jugando bajo el cielo azul, parejas de jóvenes paseando del brazo por las plazas empedradas...

Como a la media hora bajamos en la estación de tren de

Muiderpoort, en el este de Ámsterdam. Mientras entrába-
mos, nos cruzamos con familias que salían de pícnic o a coger
cerezas. Qué difícil era conciliar su situación con la nuestra.
Rememoré lo ocurrido esa misma mañana: la despedida apre-
surada de la señora Goudsmit y de nuestro hogar, el salón soleado y el dormitorio de mis padres, donde se quedaron los
perfumes y las cremas de mi madre y sus vestidos colgados en
el armario. «Mamá, ¿dónde estarás ahora?». Me entraron ganas
de llorar.

Los gritos y el alboroto eran tales que hasta el andén vibra-
ba. Íbamos flanqueados por policías verdes y negros, que no nos
perdían de vista.

—Este es vuestro tren —anunció uno cuando llegamos al
final de un andén donde aguardaban unos vagones de listones
de madera.

—¡Esto es para ganado! —soltó alguien entre la multitud.

«¿Por qué nos meten en trenes para animales?», me dije.

—¿Hay sitio para sentarse? —pregunté mientras nos subían a un vagón.

Yo iba aferrada a mi padre y Gabi se aferraba a mí. Mis
abuelos se agarraban mutuamente. Había paja esparcida por el
suelo. Las familias buscaban sitio para sentarse juntas. Oí un
silbato y sentí el zumbido del motor. De repente nos tamba-
leamos hacia delante, todos hacinados. Hacía tanto calor que
se me pegaba la ropa al cuerpo. No había ventanas, pero visualicé el cielo despejado y el paisaje llano por el que tanto me
gustaba correr, los brezales, los bosques, los prados, los lagos y
los pueblecitos; mientras tanto, el sol caía a plomo sobre el tren
atestado.

Finalmente llegamos a Westerbork, un campo de tránsito
en suelo holandés a unos ciento sesenta kilómetros de Ámsterdam. Éramos de los últimos judíos que aún quedaban allí,

pero acababan de soltarnos en un lugar pantanoso y azotado por el viento, en aquel rincón del noreste del país que lindaba con la frontera alemana. Aquella oleada, en la que se mezclaban obreros, burgueses e intelectuales cultos y bien vestidos, unas dos mil personas por tren, había tenido suerte... hasta entonces; a fuerza de contactos, riqueza o buena fortuna, todos nos habíamos librado de las deportaciones previas. Éramos conscientes de que antes de nosotros hubo gente joven, como mi novio Alfred, y familias pobres de la judería que subsistían a duras penas y carecían de recursos para evitar la deportación; y también familias de clase media, como la de mi amiga Ilse, sin derecho a exenciones, y gente mayor y enfermos sacados del hospital, personas indefensas, algunas ciegas, otras discapacitadas. Después de un viaje sofocante de tres horas, me sentí aliviada cuando bajé de aquel tren nauseabundo y respiré aire fresco. Era época de altramuces morados y vi racimos en un campo al otro lado de la alambrada de espino, más allá de las hileras de torres de vigilancia custodiadas por soldados con fusil.

Posteriormente me enteré de que entre esa noche y el día siguiente, que marcaba el solsticio de verano, el día más largo del año, llegamos unos cinco mil quinientos judíos. Allí hubo gente que se reencontró con amigos y familiares deportados en razias anteriores. Era curioso que, a pesar de la aprensión, también hubiera lugar para el deleite, como cuando amigos y vecinos se veían y corrían a abrazarse. Nosotros también nos reencontramos con alguien entre la multitud: con los Ledermann.

Pero solo estaban Sanne y sus padres. Barbara no. Ella se perdió por el camino. Durante el episodio frenético que siguió al aviso de Cassandra, decidieron que Barbara debía intentar escapar. La señora Ledermann, que hasta entonces nunca se había opuesto a la voluntad de su marido, intervino:

—Franz, *sie geht*. —«Ella se va»—. Tiene que irse y lo sabes.

El señor Ledermann miró a su hija y le dijo:

—Que Dios te bendiga. Vete.

9

Westerbork

—Hanneli, están diciendo que Gabi y tú tenéis que quedaros en el orfanato —dijo mi padre en voz baja y suave, como cuando intentaba darme una noticia peliaguda.

—¡Quiero quedarme contigo! ¿Por qué no puedo quedarme contigo?

Empezaron a brotarme lagrimones calientes de los ojos. De repente me sentí como si tuviera cuatro años en vez de catorce. Quería revolcarme por el suelo embarrado y tener una rabieta en toda regla. «Por favor, por favor, que no nos separen».

Mi padre lo hizo lo mejor que pudo.

—Hay barracones para mujeres y para hombres. Como vosotras no tenéis madre, debéis ir al orfanato. Pero conozco al señor Birnbaum. Es de Berlín. Lo dirige con su mujer. Es un buen hombre. Dice que la comida es mejor y que estaréis atendidas de maravilla. Y yo no estaré lejos, ni Oma ni Opa. No te preocupes, hija mía. Eres una chica valiente y volveremos a vernos. Pero no llores, por favor, Hanneli. Podemos con esto.

Mi padre nos estrechó en sus brazos a las dos. Y luego Opa y Oma hicieron lo mismo. Miré a Gabi, tenía poco más de dos años y medio. «Debería vivir en un mundo de consuelo y amor, no en este sitio», pensé, asustada pero furiosa.

Gabi estaba confusa, lo vi en su mirada escrutadora, y recordé que yo era la hermana mayor. Tenía que cuidar de ambas. Respiré hondo, intenté canalizar el pragmatismo de mi madre y le dije: «Gigi, no te preocupes, yo estoy contigo. Como siempre. ¡Y mañana los veremos! Es hora de irse a la cama». Espero que no notara mi voz entrecortada.

Fue un día muy largo y horrible y me esforcé mucho por no llorar. Estando en la fila interminable para «registrarnos» en aquel lugar inhóspito y aislado, no paraba de pensar que esa misma mañana éramos libres. Pero ¿qué éramos ahora? ¿Detenidos? ¿Prisioneros? ¿Delincuentes? Había filas y filas de deportados, cientos de miles, todos exhaustos, con la ropa sudada y el estómago vacío, embargados por la impotencia, pues nada podían hacer más allá de esperar. Todos nos preguntábamos qué iba a pasar luego mientras aguardábamos nuestro turno para facilitar nuestro nombre y dirección en las mesas atendidas por judíos detenidos y enviados a Westerbork con anterioridad. Sobre nosotros, en el cielo azul oscuro, aún se distinguían los últimos resquicios de luz según se acercaba la medianoche.

«Hanneli, Gabi, bienvenidas», dijo Otto Birnbaum afectuosamente. Había ido a buscarnos para acompañarnos al orfanato. No era mucho más alto que yo; tenía el pelo espeso y moreno y llevaba gafas redondas. Estuvo todo el rato sonriendo mientras hablábamos y empecé a sentir alivio en el estómago. Parecía muy simpático.

Nos guio hacia un conjunto de cinco barracones de madera, similares a las estructuras desvencijadas que bordeaban los senderos del campo, y nos explicó que cuatro eran dormitorios y el quinto, el comedor del orfanato. Entramos en el nuestro, el número 35. Miré las largas hileras de literas triples y el techo de madera inclinado. El suelo era de tablones toscos y crujía a mi paso. «Se acabó», me dije. Solo esperaba que no nos tuvieran allí mucho tiempo y que en breve pudiéramos volver a casa o que nos intercambiaran.

La mujer del señor Birnbaum, Hennie, cogió el relevo; me estrechó la mano con las suyas y le dio un abrazo fugaz a Gabi. Para no despertar a las decenas de niños que ya estaban durmiendo, dijo en voz baja: «Todo irá bien. Mañana os contaremos más, pero hoy ha sido un día muy largo, así que vamos a dormir».

Nos condujo hasta una litera vacía y me ayudó a colocar las sábanas que llevaba de casa en un colchón de arpillera relleno de serrín y paja. Estaba demasiado cansada y triste para pensar. Gabi se acurrucó a mi lado y tiré del par de mantas de lana para taparnos. Era raro y un poco espeluznante dormir en un sitio con tanta gente. Cerré los ojos y me obligué a conciliar el sueño. Entonces empezaron a picarme las piernas. Una vez. Luego otra. Despavorida, me di cuenta de que eran pulgas. Me rasqué y me retorcí. «Mamá, ¿dónde estás? Te echo de menos», pensé con la cara llena de lágrimas.

Al día siguiente, la señora Birnbaum me enseñó a hacer la cama con esmero, de acuerdo con las normas, con la manta bien alisada y ajustada. Intenté concentrarme en las instrucciones, pero estaba muy angustiada. ¿Cuándo íbamos a ver a nuestro padre y a los abuelos? Gabi y yo no éramos huérfanas. Me ofendía que tuviéramos que estar allí. ¿Y quiénes eran todos esos niños? La mayoría eran más pequeños que yo. Me dieron mucha pena. ¿Ninguno tenía padres?

La señora Birnbaum me explicó que los alemanes los habían pillado escondidos. Padres e hijos solían ocultarse en sitios distintos, así que era muy probable que los padres siguieran escondidos en un lugar seguro. ¿Sabrían que habían descubierto a sus hijos y se los habían llevado? ¿Podían comunicarse con ellos? Se me partió el corazón al enterarme de su situación.

No paraba de pensar mientras le recogía a Gabi el pelito corto y sedoso con un pasador para que no se le metiera en los ojos. Pero tuve que dejar de darle vueltas al asunto, porque nos estaban azuzando para ir al comedor a desayunar. La primera parada fue delante de una mujer con mono azul, la ropa de trabajo estándar de los reclusos de Westerbork. Nos dio a cada una un cuenco y una taza esmaltados de color rojo fuerte.

«No los perdáis. ¿Entendido? —dijo mirándome a los ojos—. Lo digo en serio».

Eso me impresionó mucho. ¿Qué pasaba si los perdíamos? Una chica que estaba sentada a la mesa alargada y llena de gente donde encontramos hueco me sacó de dudas: «Si los pierdes, no podrás beber ni comer».

El desayuno de esa primera mañana fue leche y pan. Gabi y yo lo devoramos todo con ansia, aunque no nos habría venido mal un poco de mantequilla y mermelada para el pan. Pero la poca mantequilla o mermelada que entraba en Westerbork era de las provisiones que mandaban amigos y familiares.

Volví a concentrarme en cómo encontrar a nuestra familia.

—Tenemos que averiguar dónde está papá —le dije a Gabi.

Ella asintió y gritó:

—¡Papá! ¿Dónde está papá?

Estaba decidida a averiguar de qué modo podía verlo, así que empecé a preguntar dónde estaban los barracones de los hombres. Cuando me enteré de que eran los que quedaban cerca del baño comunitario del orfanato, se me ocurrió una idea. En Westerbork, hasta los niños de mi edad tenían que trabajar, así que me ofrecí voluntaria para una labor que nadie quería: limpiar los inodoros. Daban servicio a doscientos niños y olían fatal, pero pensé que así tendría más probabilidades de ver a mi padre. Merecía la pena intentarlo.

También me asignaron ayudar con el aseo y el cuidado del grupo de niños más pequeños, lo cual englobaba a Gabi. Mientras pudiera velar por ella y dar con la forma de ver a mi padre, todo iría bien. Luego buscaría a Opa y a Oma, seguro que mi padre sabía dónde estaban. Me contaron que había maestros voluntarios que daban clases por las mañanas para que los niños no perdiéramos el ritmo escolar. Eso me levantó el ánimo. Tenía muchas ganas de volver a la escuela y no quería quedarme rezagada.

Ese mismo día llegaron más judíos de Ámsterdam a aquel puesto remoto y embarrado plagado de mosquitos y pulgas. Los camiones hicieron su entrada retumbando. Eran menos que los que habíamos llegado en tren. La noticia voló por Westerbork y nos enteramos de que era gente que había intentado evadir la razia del día anterior escondiéndose, muchos en su propio hogar. Pero la policía regresó y registro casa por casa, clavando sus bayonetas a través las paredes, los armarios y los listones del suelo en busca de personas. Me alegré mucho de que nosotros no nos hubiéramos escondido en el piso. No quería ni imaginármelo.

Supe que mi padre y el señor Birnbaum se conocieron por medio de la comunidad ortodoxa de Berlín. Antes era maestro de escuela. Él y su mujer tenían seis hijos pequeños y cuidaban de ellos junto con los niños del orfanato. Yo daba gracias por la presencia de la pareja, eran muy buenos y competentes. El señor Birnbaum me contó que en un principio, antes de la ocupación, Westerbork era un centro de detención holandés para refugiados judíos de Alemania que habían cruzado a los Países Bajos sin permiso después de la *Kristallnacht*. Lo dirigían los holandeses, pero los propios judíos alemanes se encargaban del funcionamiento diario. Se podría decir que los alemanes mantuvieron ese sistema cuando se hicieron con el control del campo en julio de 1942. Los Birnbaum eran una de esas familias judías alemanas retenidas allí desde el principio y habían asumido la gestión del orfanato. Ahora el campo de detención era un campo de deportación atestado, el punto de partida de los judíos holandeses rumbo a los campos de trabajo del este, por lo general en Polonia. Los reclusos de Westerbork, sabedores de lo que implicaban dichos «campos de trabajo» por los rumores propagados durante los años anteriores, estaban desesperados por quedarse en suelo holandés. Mucha gente parecía que había conseguido que aplazaran su deportación, como nosotros. Los demás se afanaban en quedarse fuera como fuese. Una opción era que te considerasen trabajador esencial. También se decía que podías conseguir el aplazamiento pagando.

Cuando fui a los baños el primer día de trabajo, pertrechada con un balde y un cepillo de mano, se me revolvió el estómago por el hedor y la suciedad y me dio mucha pena de mí misma. Empecé a frotar y retrocedí al verano anterior. Mi madre no se había muerto todavía. Yo no tenía ni idea de lo que era el dolor ni de que mis amigos podían desaparecer sin más. Se acercaba el final del curso escolar; Anne, Sanne, Ilse, Jacque y yo seguíamos en el club La Osa Menor Menos Dos, vivíamos en casa, jugábamos al tenis de mesa y comíamos helado. Las rivalidades y las riñas parecían agua pasada. Pero tenía muy presentes las confidencias, las bromas y los chismes que intercambiábamos. Casi nos oía riendo en los escalones del edificio de Anne, delante de Merwedeplein.

Al cabo de una hora, los olores que intentaba eliminar a base de frotar eran ya insoportables. Me noté mareada y salí a descansar. Miré hacia el barracón de los hombres y oí que me llamaban a gritos:

—¡Hanneli!

¡Era mi padre!

—¡Papá! —grité y fui corriendo a su encuentro.

Me dijo que estaba en el barracón 62 y que había unos ciento cincuenta hombres apiñados en una estancia grande con cincuenta literas triples. Había mucho ruido y estaba a rebosar.

—Pero no está tan mal. Me impresiona que mis compañeros sean tan amables —me dijo—. Se esfuerzan de verdad por ser corteses; es como si fuera su manera de hacer más llevadera esta situación tan lamentable. —Me contó que mis abuelos estaban bien, aunque también vivían en barracones separados—. Pero seguro que podemos vernos por las noches —añadió.

Oír eso y verlo me quitó un gran peso de encima. Me di cuenta de lo preocupada que había estado. Me aseguró que estábamos a salvo del traslado al este gracias a los pasaportes paraguayos y los certificados palestinos.

—Ya verás, en breve habrá un canje e iremos a Eretz Yisrael —dijo, refiriéndose a la Tierra de Israel.

Me costaba imaginarme cómo era ese sitio. Tenía una imagen difuminada de esta tierra bíblica de leche y miel. Según las postales que teníamos en casa, allí abundaban los naranjos, había camellos recorriendo arenales en el desierto y la gente joven cosechaba uvas e higos. Mi abuelo me había dicho que era un lugar donde no nos sentiríamos como refugiados. Esa información y su seguridad me sirvieron de bálsamo. Mi padre era una de las personas más listas que conocía y confiaba en todo lo que decía. Aquello era temporal. Dentro de poco estaríamos juntos en Eretz Yisrael, o a lo mejor, si los aliados ganaban pronto, de vuelta en casa, en la calle Zuider Amstellaan.

También me dijo que íbamos a tener que apoyarnos en las únicas personas que conocíamos fuera con posibilidad de man-

darnos provisiones por correo mientras estuviéramos en Westerbork. Mi tío Hans, por ejemplo, que estaba en Suiza, aunque los paquetes de Zúrich tardarían más en llegar que los de
Ámsterdam, así que a mi padre se le ocurrió intentarlo con la
señora Goudsmit, nuestra encantadora vecina, con cuyo hijo
Gabi se pasaba horas jugando en la calle.

Un par de días después, durante un descanso, me senté y le
escribí la primera postal a la señora Goudsmit. Se me hizo raro
poner su dirección, en nuestra misma calle Zuider Amstellaan.
En cierto modo, era como si ya no existiera. Yo me sentía tan
lejos de casa... Comencé a escribir:

> Mi hermanita y yo estamos bien en el orfanato. Seguro
> que el pequeño se habrá adaptado en unos días y empezará a
> jugar con soltura con otros niños de su edad. Esperamos que
> tu estimado marido y el adorable Schorschi [así apodábamos a
> Sjors] estén muy bien. Pensamos mucho en él y en ti y habla-
> mos de las tiernas travesuras de Schorschi... Mi padre solo
> puede escribir los domingos; quiere mandarte una carta más
> detallada. Agradeceríamos mucho tener un peine de púas fi-
> nas y un cepillo para mí y un bote de champú para lavarnos
> el pelo.

Paré un momento y miré al vacío, pensando en cómo
concluir la carta. Añadí:

> Mis mejores deseos para los tres,
> de vuestra agradecida
>
> HANNELI

Me acabé acostumbrando al ritmo del orfanato. A pesar
del contexto, parecía un sitio alegre. Había no pocos famosos
en Westerbork (actores, músicos, profesores, escritores...)
y muchos, tanto los más conocidos como los menos, se pasa-

ban a entretener a los chiquillos y a mantenerlos ocupados. Clara Asscher-Pinkhof, que era ortodoxa y una de mis autoras infantiles favoritas, iba asiduamente a la hora del cuento. Me encantaba oír sus relatos sobre la vida judía tradicional, igual que hacía en sus libros destinados a niños judíos, que adoraba y que tenía en casa.

Después de tantas semanas y meses de angustia por la incertidumbre de si iban a deportarnos y cuándo, aterrorizados ante la idea de que llamaran a la puerta, cuando al final nos mandaron allí y vi que tenía cerca a mi familia y a muchos amigos y conocidos, me sentí aliviada. Quería que se acabara todo, evidentemente; tenía las manos agrietadas de limpiar los inodoros con productos químicos agresivos. No obstante, había momentos, sobre todo cuando estaba con mi padre, con Gabi y con mis abuelos por las tardes, en los que casi parecía que todo era normal.

A media tarde, las chicas mayores, entre ellas yo, estábamos atareadísimas con los más pequeños. Les dábamos la sopa, a veces incluso metiéndoles la cuchara en la boca si se quejaban. Yo les lavaba la ropa, incluidos los pañales de tela. También los bañábamos. Me encantaba oír las risillas contagiosas cuando les echabas agua, en concreto la de Gabi. La arropaba con todo mi amor, la abrazaba, cantaba cancioncitas graciosas con ella y los otros críos y jugábamos al escondite. Una de las cosas que más me gustaba era cuando ella y algunas de sus nuevas amigas se turnaban para ponerse en mis rodillas y que las hiciera rebotar al son de una canción infantil tradicional alemana; la mayoría la conocíamos de antes, trata de un jinete que sufre una caída impresionante:

Hoppe hoppe Reiter.

«Salta que salta el jinete», empezaba yo mientras las alzaba y ellas estallaban en carcajadas.

Wenn er fällt, dann schreit er.

«Al caerse, ¡vaya grito mete!».

Seguían más risas y así hasta alcanzar el clímax, cuando el jinete se caía al pantano y yo me inclinaba hacia delante y decía las esperadas palabras:

Macht der Reiter plumps!

«¡Y el jinete hace cataplún!».

«¡Otra! ¡Otra!», gritaban, y sus voces rebotaban en los listones del suelo del barracón.

Mi padre y yo seguimos escribiendo a la señora Goudsmit para que nos ayudara y a otros amigos con los que aún teníamos contacto para que nos mandaran provisiones. La mujer nos enviaba ruibarbo y zanahorias, lo cual nos alegraba la monótona comida del campo. Mi padre le agradecía su amabilidad: «Aquí valoramos sobre todo cualquier producto fresco, así como algo para depurar la garganta, porque estamos siempre resfriados y moqueando». Le pidió un par de tazas esmaltadas con asa para él y un cacito para mí, porque a veces cocinaba o calentaba algo en la estufita del orfanato. Mi padre también le preguntó si podía mandarle «un cuenco esmaltado bien hondo», ya que, contrariamente a lo que me aconsejaron a mí el primer día, él había regalado el suyo, así que solo tenía un platito.

Dada nuestra situación, también les estábamos muy agradecidos a los Birnbaum. Para mí eran ángeles de carne y hueso. En el orfanato siempre los teníamos cerca, ayudando, organizando, arropando al crío de turno. Y entre bastidores se desvivían por hacer todo lo que estaba en su mano por salvar a sus protegidos de la amenaza cada vez más inminente de la deportación al este. Con el tiempo me enteré de que usaron varias tácticas, como encargar partidas de bautismo falsas, o incluso afirmar que un niño era hijo ilegítimo de un soldado alemán. Tenían su propia casita de madera, al igual que muchos otros «veteranos» de Westerbork. Como el señor Birnbaum y mi padre eran amigos de Berlín, a veces nos invitaban a su casa para la cena de Shabat. Yo cerraba los ojos y cantaba mientras la señora Birnbaum encendía las velas. «*Sha-bat Sha-lom*», decía con voz cantarina el señor Birnbaum después de recitar las bendiciones. «Dios prevalecerá y nos protegerá en estos momentos como siempre lo ha hecho», añadía después.

Mi padre y mi Opa intervenían con pasajes bíblicos y comentarios sobre la perseverancia de generaciones previas pese a las duras pruebas y las dificultades. Luego, sentados en torno a su acogedora mesa, cantábamos *nigunim*, cantos religiosos entonados en grupo, y disfrutábamos de la cena que con maestría conseguía preparar la señora Birnbaum estirando al máximo los limitados víveres disponibles.

—¡Me encanta esta sopa de verduras! —exclamé yo una vez, saboreándola.

—Le echa un polvo que ha conseguido —repuso su marido, guiñando un ojo.

La señora Birnbaum también hacía una especie de tarta con trozos de pan y un poquito de azúcar. La primera cena de Shabat en su hogar me sentí a gusto y satisfecha. Por un momento fue casi como estar de vuelta en casa.

Al poco de llegar a Westerbork, una noche me desperté, con el barracón a oscuras, porque oí a alguien lloriqueando y gimiendo bajito. Me acurruqué en la cama y me tapé la cabeza con la manta, esperando que solo fuera un crío que tenía una pesadilla. Pero, a pesar de mi estado de somnolencia, distinguí enseguida que era Gabi. Bajé corriendo a su litera, justo debajo de la mía.

«Chisss, Gigi —susurré—. Estoy aquí. Duérmete».

Pero ella se retorció y empezó a llorar. Intenté calmarla en vano: el llanto no cesó. Me preocupaba que fuera a despertar a los demás. Se me hizo eterno hasta que por fin se quedó adormilada, conmigo al pie de la cama.

Cuando la luz de la mañana empezó a propagarse por el suelo de madera, se puso a llorar otra vez. Entonces me di cuenta de que no paraba de tocarse y tirarse de las orejas. Pegó un grito cuando quise acercarme a ella. Imité el procedimiento de mi madre cuando yo estaba mala y le toqué la frente. Estaba ardiendo. «Ay, no, tiene fiebre», pensé. Acto seguido fui corriendo a la litera de una de las mayores que justo se estaba despertando y le pedí que fuera a buscar a la señora Birnbaum.

«Pobrecita —dijo la mujer, que llegó al cabo de unos minutos y se arrodilló junto a la cama de Gabi—. Vamos a llevarla a la enfermería».

Saqué su cuerpecito de las mantas y me la apoyé en el hombro. La señora Birnbaum y yo fuimos todo lo deprisa que pudimos al hospital, en un barracón a unos diez minutos andando. Una vez allí, me senté al lado de Gabi y una enfermera y un médico la examinaron. Avisaron a mi padre y a mis abuelos y acabamos todos a su alrededor. Se la veía muy pálida y pequeñita; parecía que la cama iba a tragársela. No podíamos hacer gran cosa. Esperar y rezar para que la fiebre remitiera lo antes posible.

Mi padre escribió a la señora Goudsmit para contarle que Gigi tenía treinta y nueve de fiebre y se encontraba muy mal.

Hoy han mandado a la ratoncita directa al hospital y la hemos visitado esta tarde. Al parecer es bronquitis, así que solo nos queda esperar y ver cómo evoluciona. En cualquier caso, está atendida adecuadamente, si bien el orfanato no está equipado para prestar atención médica. Con suerte, se recuperará pronto. Está agotada y lánguida; ya no es esa chiquilla asalvajada que tú conoces. Cuando le decimos que en cuanto se ponga buena podrá jugar en la arena, ella contesta: «¿En casa de Schorschi?».

Pasaron cuatro días y Gigi seguía teniendo fiebre. Y encima mi Oma también estaba en el hospital con fiebre alta y lo que parecía una gripe. Qué desesperación. ¿Cómo iban a recuperarse en aquel sitio?

Los médicos y las enfermeras eran todos compañeros judíos detenidos. Al poco tiempo, un reconocido otorrinolaringólogo le diagnosticó a Gabi una otitis aguda y afirmó que su mejor esperanza de recuperación era operarla. Mi padre me dijo que la intervención tendría que llevarse a cabo en el barracón-hospital.

—¿Aquí? Esto ni siquiera es un hospital de verdad —protesté—. ¿Y si la operación sale mal?

Mi padre intentó apaciguarme:

—Hanneli, sé que da miedo, pero el médico es especialista y dice que lo que Gabi necesita es eso. Tiene una infección aguda y no basta con darle medicamentos. Me ha dicho que aquí es normal que los niños cojan otitis, por el clima húmedo y frío. Es una intervención muy habitual. Hay que hacerle una pequeña incisión dentro de los oídos, en el tímpano, para drenar el líquido sobrante. Si no la operan, la situación de Gigi puede agravarse. Llevará tiempo, pero nuestra niña se va a recuperar, ya lo verás.

La vi tan frágil cuando se la llevaron detrás de una cortina para operarla… Dudo que la intervención quirúrgica durase mucho, pero la espera para verla se nos hizo eterna. Me impactó cuando la vi con el vendaje, que le cubría las orejas y la cabeza casi al completo. Aún estaba supurando, pero los médicos nos aseguraron que era parte del proceso de curación. Aun así, nos advirtieron que estaba muy malita y que la recuperación sería lenta.

Cuando Gabi se despertó, nos miró con sus grandes ojos castaños. Estaba pálida y aún tenía fiebre. Le pusimos compresas frías en la frente y le cantamos nanas. Yo lo único que quería era abrazarla y darle besos en la frente para que se sintiera mejor.

Habíamos oído que en Westerbork habían muerto bebés y niños pequeños por culpa de la otitis y otras dolencias, como infecciones respiratorias. Mucha gente caía enferma. Todo el que estaba en el campo se las veía y se las deseaba para mantenerse sano. Por entonces, Sanne y su padre también estuvieron postrados en cama por diversas dolencias. No nos quedó más remedio que aceptarlo como parte de la vida allí, igual que el sol abrasador, las tormentas de arena o las lluvias torrenciales.

Mi padre, mi Opa y yo nos reuníamos a diario alrededor de la cama de Gabi. Por suerte, mi Oma se había recuperado de la gripe y en breve se uniría a nosotros. Mi hermana no quería comer, pero tenía que recobrar fuerzas con urgencia. Nos turnábamos para convencerla de que se bebiera el caldo y se comiera las gachas. No fue fácil. Le hicieron transfusiones de sangre y con el tiempo mejoró un poco, pero la recuperación parecía resistirse. Hacíamos todo lo que estaba en nuestra mano para animarla: le contábamos cuentos, cantábamos y jugábamos un poquito. Cuando yo levantaba la vista tras hacerle cosquillas y veía a mi padre mirándonos con melancolía, sabía sin que me lo dijera que estaba pensando en mi madre.

En el campo todo tenía apodo. Los Joodse Ordedienst eran la policía judía de Westerbork, los «OD», quienes, seguramente a punta de pistola, asistían a los alemanes con las deportaciones. En el campo los aborrecíamos porque hacían el trabajo sucio; los llamábamos «las SS judías». Había una loma de hierba donde la gente se juntaba durante su tiempo libre a la que nos referíamos irónicamente como «las playas de Westerbork». Y el camino principal, lleno de arena y casi siempre embarrado por la lluvia y las tormentas casi constantes en esa zona del país, era el Boulevard des Misères, «el bulevar de las Miserias». Dividía Westerbork en dos y los martes a las siete de la mañana parecía un espectro del valle de la Muerte. Era cuando los OD iban de barracón en barracón para reunir a la gente, hombres y mujeres, convocada la noche anterior, por lo general por un líder judío del campamento, para ser trasladada al este. Las listas las compilaban las SS y las revisaba el Consejo Judío del campo. Los lunes eran una agonía, porque se extendían rumores sobre los nombres que aparecían en la temida lista.

Como yo estaba en el orfanato, no me enteraba. Tenía que esperar a que me lo contaran. Sanne y otras amigas me decían que la gente gritaba y que las madres, presas del pánico, hincaban las rodillas y gemían. Los niños lloraban; a los adolescentes y los hombres se les desencajaba la cara al oír su nombre. La tensión era tal que algunos de los que se libraban se echaban a llorar; otros se ponían a bailar espontáneamente, conscientes de que se habían librado al menos hasta la semana siguiente.

Los lunes por la mañana asistíamos a la llegada de los trenes, una hilera larga de vagones de madera para ganado que se acercaba cual depredador al acecho. Mi padre no dejaba de asegurarme que no iba a pasarnos nada, ya que teníamos estatus de protegidos por ser prisioneros con posibilidad de ser canjeados, y mi abuelo estaba en el Consejo Judío del campo; pero yo los lunes me pasaba el día entero con palpitaciones.

Luego, los martes por la mañana, veía a los OD formando una barrera en el Boulevard des Misères para bloquear la visión a quienes se acercaban a mirar o quizá a despedirse de un ser querido. Me percaté de que la configuración casi siempre era la misma: los mandaban desfilar en filas de tres. Todos los prisioneros llevaban una bolsa con pan colgada de un hombro y una manta enrollada en el otro. Yo observaba su expresión y se me partía el corazón. Estaban los estoicos, unos mirando de frente y otros con la cabeza gacha. Y luego los había que tenían la cara que parecía un trapo arrugado, les temblaban los labios y sollozaban entre lágrimas. Se me hacía durísimo ver a la gente mayor tambaleándose por el peso de su equipaje cuando pasaban por encima de los baches o intentaban sortear los charcos.

Una vez montados en el tren, hacían el recuento de aquellos que mandaban al este. La policía verde (la policía alemana nazi) tenía que asegurarse de que el número de personas que subían a los maltrechos vagones de ganado coincidía con el de las listas. Cuando alguien intentaba retroceder u oponía algún tipo de resistencia, los policías verdes o incluso los OD le daban un empujón, una patada o un golpe. Luego los obligaban a subir al tren: hombres y mujeres, personas mayores, gente débil, enferma, discapacitada… Qué cruel, cuánta maldad. ¿Cómo iban a trabajar en los campos esos niños tan pequeños, los bebés, los ancianos, la gente que iba en silla de ruedas? Me enteré de que justo antes de subir los obligaban a entregar los objetos de valor que aún conservaban: un reloj de plata regalo de un abuelo querido, dinero en efectivo, quizá joyas… «Se lo quitan todo», pensé. Se suponía que los martes por la mañana, como cualquier otro día, me tocaba limpiar los baños, pero, al igual que el resto, me sentía atraída hacia las vías del tren para ser testigo y despedirme en silencio.

Después de las últimas comprobaciones, con todo el mundo subido a los vagones con el suelo cubierto de paja, portando solo su mochila y su manta para dormir, un policía verde deslizaba las puertas y echaba el cerrojo. Hacia las once de la mañana sonaba el silbato, cuyo chillido encarnaba nuestro propio horror. Corría un viento húmedo y helador, pero el frío de verdad lo llevábamos por dentro. En el ambiente flotaba una sensación de vacío. Todos los martes esos trenes se tragaban a mil personas.

«Aquí vivimos semanalmente, de martes por la mañana al siguiente martes por la mañana, cuando sale el tren», escribió Jacob Presser después de la guerra, en su relato ficticio sobre Westerbork que aparece en el libro *La noche de los girondinos*. Era el profesor de historia que abandonó el aula aquel día que detuvieron a su mujer.

A mi llegada me sorprendió el papel que ejercían los OD esas mañanas de martes tan desgarradoras. Le pregunté a mi padre qué opinión le merecía.

«Los alemanes han puesto a los judíos en tesituras imposibles, ante elecciones que ningún ser humano debería verse obligado a hacer —repuso—. No nos corresponde a nosotros juzgar».

En el orfanato, todos conocíamos la historia de Fred Speigel. Unos meses antes de que llegáramos mi familia y yo, subieron a este niño a un tren un martes por la mañana. Con la muchedumbre y el ruido, se asustó mucho. «¡No quiero subirme!», berreó. Cuando su primo Alfred lo oyó, se puso a gritar también. Un guardia de las SS que oyó el alboroto le preguntó a un policía holandés qué estaba pasando. Este le dijo: «Los niños tienen miedo y no quieren subir al tren». El oficial de las SS dio la orden de sacarlos, así que el mismo OD que hacía unos minutos había metido a empujones a los críos fue a bajarlos.

Era el único caso que conocía de alguien que se había librado de coger ese tren. Pero todas las semanas tenía la esperanza de que hubiera más.

Los lunes y los martes eran de una crueldad devastadora, pero en el lapso entre unas deportaciones y otras se palpaba el sentimiento de resiliencia en Westerbork. Mi abuelo daba charlas sobre sionismo a los jóvenes y rememoraba sus tiempos trabajando codo a codo con Theodor Herzl. Era un orador enérgico y los entretenía con relatos de los comienzos del movimiento sionista y con descripciones tentadoras de la vida en Eretz Yisrael, la Tierra de Israel. Un lugar donde la juventud judía trabajaba la tierra por la mañana y bailaba alrededor del fuego por la noche, afanándose en crear una sociedad utópica, un refugio para todos los judíos del mundo.

A veces se organizaban partidos de fútbol nocturnos. La «sinagoga» era una carpa grande que se llenaba de fieles los viernes por la noche y los sábados por la mañana durante el servicio de Shabat, a los que asistía con mi padre y mis abuelos. Los oficiaba un jazán muy conocido, al igual que los servicios de Rosh Hashaná y Yom Kipur. Había conciertos y, en ocasiones, espectáculos de cabaret donde actuaban algunos de los artistas más relevantes del género en Alemania y los Países Bajos. Los actores y los cantantes judíos se dejaban la piel en los ensayos y organizaban espectáculos coloridos y bien iluminados, cuyo vestuario adquirían para la ocasión. Confiaban en que el hecho de participar los librara de la deportación, pero también acabaron en un tren. Las SS se sentaban en las primeras filas, y los reclusos judíos, en la parte de atrás.

En Westerbork había muchos conocidos de Ámsterdam; casi la mitad de mi clase estaba allí. La abuela de Sanne, una mujer alegre y querida por todos, ya llevaba unas semanas cuando llegamos nosotros. A la señora Ledermann le asignaron trabajar en el barracón de las embarazadas, madres primerizas y bebés. Le gustaba y nos dijo que, a pesar de ser duro, le resultaba gratificante. Tenía que limpiar el suelo, lavar toda la ropa, ayudar a bañar a las criaturas y calmar a las embarazadas, a las que por supuesto les daba pavor dar a luz en Westerbork, lejos de su hogar y de un hospital de verdad.

Al padre de Sanne, el señor Ledermann, le endosaron la tarea de clasificar legumbres durante ocho horas al día. Cuando no estaba trabajando se dedicaba a su nuevo emprendimiento: estudiar hebreo.

Barbara, que vivía en Ámsterdam gracias a su documentación falsa, enviaba muchos paquetes a su familia usando pseudónimos. Aun así se arriesgó demasiado mandando esos paquetes a Westerbork. Los proveía de cosas maravillosas: caramelos y pasteles, pan, judías verdes y fruta, pero también de artículos necesarios, como tiritas para picaduras de mosquito infectadas o zapatos nuevos para Sanne, que estaba en pleno estirón y a los dos meses de llegar a Westerbork ya se le habían quedado pequeños los que llevaba. A Gabi le envió un vestido de punto precioso. Nunca se lo quitaba, a pesar de seguir en el barracón-hospital, y le encantaba a todo el mundo.

Con el tiempo supimos qué debíamos pedir a nuestra gente de «fuera»: pan de centeno o sueco, porque era más difícil que le saliera moho; coladores de té, miel, bizcochitos de miel, mermelada, ropa de abrigo (necesitábamos prendas más cálidas, y eso que el otoño no había hecho más que empezar) y hasta pastillas de combustible para cocinar con fuego al aire libre. La señora Goudsmit seguía siendo una remitente de confianza tanto en términos de necesidades como de placeres. A Gabi le mandó en octubre por su cumpleaños un paquete con galletas y golosinas, y me emocioné mucho cuando vi que me había enviado la biografía de Florence Nightingale, que leí y releí muchas veces, pues era el único libro que tenía.

La sensación de recibir cartas era maravillosa. Sanne y yo volvíamos a ellas una y otra vez; a ella le escribía Barbara, y a mí, la señora Goudsmit. Estábamos sedientas de noticias del exterior y cualquier información, por trivial que fuera, era bienvenida. Sanne, que era una amiga y una hermana muy cariñosa, escribía a menudo a Barbara y al despedirse le mandaba besos «para las próximas dos semanas».

A la gente de nuestro entorno solo podíamos ofrecerle nuestra compañía, pero fue muy apreciada. Sanne cumplió catorce años el 10 de octubre. Nos juntamos varias amigas y lo celebramos con sucedáneo de café, servido en nuestra taza esmaltada, y una tarta que nos mandó Barbara. Cuando su padre le dijo que el único regalo que tenía para ella era un beso, nos miramos y nos dio un ataque de risa.

Hannah con su familia. De izquierda a derecha: su abuela
Therese Klee; Hannah; su tío Hans Klee (de pie); su tía Eugenie;
su hermana pequeña, Gabi, en el regazo de su abuelo Alfred Klee;
su madre, Ruth, y su padre, Hans Goslar (de pie).

Hannah con tres años de la mano de su
padre, Hans Goslar, en Berlín.

Hannah con su abuelo Alfred Klee,
abogado y colaborador cercano
de Theodor Herzl (fundador del
sionismo moderno).

Hannah con su madre, Ruth, y su hermana pequeña, Gabi, en Ámsterdam.

Inscripciones en holandés escritas por Hannah para unas amigas
en un libro de autógrafos.

Fuente: Casa de Anne Frank, Ámsterdam.

Hannah y su hermana Gabi (derecha) con unos vecinos. El niño es George Goudsmit, cuya madre, Maya Goudsmit, dijo a los nazis que si iban a deportar a la familia Goslar, ella se quedaba con Gabi.

Hannah y Anne jugando con unas amigas en un arenero, en Ámsterdam en 1937. De izquierda a derecha: Hannah, Anne Frank, Dolly Citroen, Hanna Toby, Barbara Ledermann y Sanne Ledermann (de pie). Los Ledermann eran buenos amigos de la familia Frank; Barbara sobrevivió al Holocausto viviendo en la clandestinidad, gracias a su documentación falsa, pero su hermana Sanne y sus padres, Franz e Ilse, murieron en Auschwitz.

Fuente: Anne Frank Fonds, Basilea / Getty Images.

Hannah y Anne con unas amigas en Ámsterdam, *circa* 1935.
Sanne Ledermann es la que está a la izquierda, al lado de Hannah. Anne
y Margot Frank son la quinta y la sexta empezando por la izquierda.

Hannah y Margot Frank en la playa de Zandvoort,
Países Bajos, *circa* 1935.

Hannah señalando un mapa de los Países Bajos en la 6.ª escuela Montessori de Ámsterdam, *circa* 1936. El mapa no tiene leyendas porque los estudiantes debían memorizar el nombre de las ciudades y los pueblos y luego identificarlos.

Hannah y Anne Frank en su clase de la 6.ª escuela Montessori de Ámsterdam, 1938. Hannah está sentada a la izquierda del todo, en la esquina superior, y Anne está de pie, ataviada con un delantal blanco al lado del maestro.

Fuente: Casa de Anne Frank, Ámsterdam.

Anne Frank y Hannah jugando en Merwedeplein, en Ámsterdam, mayo de 1940.
Fuente: Anne Frank Fonds, Basilea / Getty Images.

Hannah y Anne con unas amigas durante la celebración
del décimo cumpleaños de Anne, el 6 de junio de 1939,
en Ámsterdam. De izquierda a derecha: Lucie van Dijk,
Anne Frank, Sanne Ledermann, Hannah, Juultje Ketellapper,
Käthe Egyedi, Mary Bos, Ietje Swillens y Martha van den Berg.

10

Limbo

En noviembre, el viento húmedo y cortante que soplaba en el pantanal cubierto de matorrales que era Westerbork se hizo más intenso y las noches eran especialmente frías. Cuando fregaba los inodoros se me quedaban las manos congeladas. Me las miraba y me impresionaba lo rojas que estaban, en carne viva. A veces el hedor era tal que vomitaba. Pero jamás me quejé. Mientras pudiera hablar con mi padre, cosa que de momento así era, yo daba gracias por hacer esa tarea. Siempre me sentía mucho mejor cuando estaba con él.

«Hanneli, cielo», me decía. Le pasaba como a los padres de muchas amigas, que no era muy efusivo mostrando cariño. No era de dar muchos abrazos ni de regalarme los oídos con palabras floridas sobre lo importante que era para él. Pero nunca dejé de sentir su amor. Fuerte, firme. Cuando murió mi madre, empezó a depender de mí para ayudarlo con Gabi y sé que él lo apreciaba. Creo que durante esos meses las cosas cambiaron. Siempre habíamos estado unidos, pero pasamos a ser supervivientes de la pérdida trágica y repentina de mi madre. Y estábamos intentando ubicarnos sin su presencia en un momento de mucha incertidumbre y mucho miedo. No lo verbalizábamos, pero yo era consciente de la simbiosis: yo contaba con él y él contaba conmigo. Y ambos nos apoyábamos en el respaldo y el amor que recibíamos de Oma y Opa, a los que también queríamos mucho.

Sabía que mi padre, al igual que yo, estaba preocupado por mi abuelo. Llevaba unas semanas con molestias en el corazón. Sufría lo que él llamaba «espasmos cardiacos», que a veces lo dejaban postrado en cama la mitad del día. No tenía nada que ver con el Opa activo que yo conocía. Disfrutaba estando en compañía de gente y era un amigo entregado para muchos. Tenía sesenta y siete años y necesitaba el bastón para recorrer distancias largas, pero aparte de eso siempre había estado bastante en forma.

Por mucho que nos hubiera costado a mi padre y a mí adaptarnos a vivir tras una alambrada de espino en esa especie de limbo, una mezcla incongruente de cabarets y conciertos, trabajo físico, el pavor de vivir de un martes a otro, rogándole a Dios en nuestras oraciones colectivas, sin privacidad en esos barracones que olían a sudor y moho, empecé a pensar que para Oma y Opa había tenido que ser incluso peor. Su vida previa no guardaba ninguna relación con aquel mundo del revés. Opa había trabajado en casos destacados en tribunales de toda Alemania; en Berlín tenían un nutrido círculo de amistades y disfrutaban de su condición de pilares de la comunidad. Mudarse a Ámsterdam de manera tan abrupta e inesperada fue duro para los dos, pero ser deportados de esa forma tan indigna, a punta de pistola y hacinados en vagones de ganado, y acabar en aquel puesto remoto debió de ser especialmente desconcertante (y desgarrador) para ellos.

«Algún día los alemanes entrarán en razón, no les queda otra», repetía mi Oma todos los días cuando nos juntábamos en el hospital alrededor de la cama de Gabi; habían pasado meses y aún no se le habían curado los oídos. Era el mantra de mi Oma, y mi Opa siempre asentía con la cabeza; aún mantenía la imagen del elegante abogado con traje a medida aunque tuviera que sacudirse la arena y la suciedad. Pero empecé a fijarme en que a veces miraba hacia otro lado con expresión de dolor en la cara. Sé que sentía que la Alemania que él conocía lo había traicionado. Creo que perdió toda esperanza de que los alemanes recuperaran la cordura.

El tiempo pasaba y me sentía frustrada. Llegamos allí en junio. Yo en cierto modo pensaba que todo habría terminado para entonces y que estaría de vuelta en la escuela a comienzos del nuevo curso. A Sanne y a mí nos preocupaba quedarnos demasiado rezagadas una vez que retomáramos los estudios. Ambas asistíamos varias veces a la semana a clases reducidas de entre ocho y diez personas de nuestra edad. Los maestros eran buenos y me gustaba aprender, pero no era la escuela.

Llegué a adorar a los chiquillos del orfanato, pero tenía predilección por Sarah Eva, una niña menuda con el pelo largo y moreno. Tenía siete años y su hermano también estaba allí. Me imaginé a sus padres escondiéndolos en una granja holandesa creyendo que estarían más seguros, sin vecinos cerca que advirtieran su presencia por los gritos o las risas y pudieran delatarlos. Supuse que ellos seguirían a salvo en la clandestinidad, porque no habían aparecido por Westerbork. Me gustaba imaginarme su reencuentro con Sarah Eva y su hermano una vez concluyera aquel disparate. Mientras tanto, pensaba, cuidaría de ellos, sobre todo de Sarah Eva, que dormía en mi litera. Por las mañanas le trenzaba su pelo castaño oscuro. Por las noches la arropaba y le daba un beso. Durante la jornada, si yo estaba en el orfanato, me seguía y me tiraba de la falda. Era un juego que teníamos, porque ella sabía que yo me daría la vuelta y la perseguiría para cogerla. «¡Hanneli, estoy aquí!», decía riendo, y se escondía corriendo detrás de una litera. Me encantaba su risa. Era pura y transparente como unas campanadas. Viéndola jugar me acordaba de cuando Anne y yo teníamos su edad y corríamos detrás del aro en la plaza de Merwedeplein, libres y sin cargas. También me aliviaba un poco el pinchazo que me provocaba la ausencia de Gabi, que seguía al cuidado de las enfermeras.

El miércoles 10 de noviembre, sin habernos desembarazado aún de la tristeza demoledora que nos había dejado la partida del tren del día anterior, empecé a jugar al escondite con Sarah Eva y otros niños para distraerme. Apenas llevábamos un rato cuando vi a la señora Birnbaum que se dirigía hacia mí con resolución. Percibí un lenguaje corporal diferente al habitual: su andar no era tan alegre y brioso.

«Hanneli, tengo que hablar contigo», me dijo. Se me heló la sangre. ¿Era por Gabi? ¿Estaba bien? «Es por tu abuelo. Le duele el corazón. Está en el barracón-hospital».

Me fui corriendo para allá. Mi Oma y mi padre ya estaban junto a su cama. Ella lo tenía cogido de la mano. Vi a mi abuelo muy pálido. Los médicos estaban intentando reanimarlo, pero parecía inconsciente. Una enfermera se percató de que había una niña mirando y me sacó de allí. Me llevó a una silla en la otra punta del barracón. Unos minutos después apareció mi padre. En cuanto vi su mirada gacha y sus pasos lentos y derrotados, supe que no traía buenas noticias.

Me eché a llorar.

«Te quería muchísimo, Hanneli —me dijo pasándome el brazo por encima—. Tenía el corazón débil y aquí la tensión es abrumadora».

Luego, de pie al lado de mi Oma, que casi no podía ni hablar, me quedé en estado de conmoción. No pude evitar pensar que mi familia estaba menguando. Hacía apenas un año éramos seis; ahora solo quedábamos cuatro. Y Gabi seguía hospitalizada.

Los jóvenes sionistas a quienes mi Opa les daba charlas y con los que hizo buenas migas estaban muy apenados por su muerte e insistieron en escoltar el féretro hasta el crematorio. Luego mandaron las cenizas al cementerio judío donde habían enterrado a mi madre hacía apenas trece meses. Le organizaron un servicio conmemorativo en el barracón 84, que era donde había pasado sus últimos meses de vida. Allí, de pie entre mi Oma y mi padre, asistí al homenaje que le rindieron sus compañeros y amigos, entre ellos prominentes rabinos e intelectuales, como el doctor Albert Lewkowitz, quien se había encargado de pronunciar el elogio de mi madre. Cantaron varias oraciones, pero la más conmovedora fue *El Malé Rajamim* («Dios está lleno de compasión»), una oración judía por los difuntos que era tradición declamar en los funerales. La cantó a pleno pulmón Mendel Rokach, el otrora jazán de Róterdam, un hombre de treinta y tantos años, canoso y con perilla. Su voz reverberaba en las literas y el suelo de madera y se propagaba por aquel lugar tan insólito dotándolo de cierta santidad. Le apreté la mano a mi Oma. Como el hijo de mi Opa, mi tío Hans, estaba en Suiza, mi padre se ofreció a recitar el Kadish, la oración del duelo. Nos dio un poco de paz saber que habían enviado las cenizas a Ámsterdam, donde descansarían en el mismo cementerio en el que estaba enterrada mi madre.

Mi Oma escribió a Edith, la bondadosa dentista refugiada checa con la que se había comprometido mi tío Hans hacía poco, para pedirle que le transmitiera la espantosa noticia de la muerte de su padre: «Te pido que, con el amor y la habilidad que te caracterizan, lo prepares para la noticia tan horrible de la que debo informarte».

Después de enterarse, mi tío Hans mandó un telegrama a Leeds, a mi tía Eugenie: «Nuestro querido Alli murió tras espasmo cardiaco 10 de noviembre por la tarde, informa la pobre Theschen». (Alli era el apodo que usábamos en la familia para referirnos a mi abuelo Alfred. Theschen era el de mi Oma).

Eugenie y su marido contestaron con otro telegrama: «Nues-

tros pensamientos están en Westerbork único consuelo si es
posible Alli no será deportado abrazo pobre sola Theschen
niños Hans».

Dos días después del servicio conmemorativo, aún asimilando que Opa ya no estaba, llegó otro temido lunes. El campo estaba atestado y oímos que en teoría iban a deportar a dos
mil quinientos judíos al día siguiente, más del doble de lo habitual. Pero de las veinticinco mil personas más o menos que
había en el campo por entonces, la mayoría contaba con algún
tipo de exención. Albert Konrad Gemmeker, el comandante
de las SS de Westerbork, que tenía fama de al menos parecer
humano (según los estándares de un campo de concentración),
sentía la presión de tener que cumplir con su cupo de deportados. Así que decidió anular todas salvo dos de las aproximadamente cuarenta «listas palestinas»: registros de gente como
nosotros que tenían un certificado palestino y, por lo tanto, derecho a que los canjearan por prisioneros de guerra alemanes en
manos de los británicos.

Mi padre fue a buscarme, consciente de que yo estaría
preocupada por nuestra situación. Me aseguró que estábamos
en una de las dos listas que no habían anulado. Nuestra condición de protegidos seguía intacta.

—¿Y qué pasa con los Ledermann? —pregunté.

Ellos también estaban en una lista.

—No lo sé —contestó él, más encogido y triste que
nunca.

Le di un abrazo fugaz y me fui corriendo.

Parecía que de momento seguíamos a salvo, pero entonces
me enteré de algo horrible. El señor Birnbaum se había dejado la piel intentando que los niños del orfanato se librasen y
había logrado que los incluyeran en las listas de intercambios.
Hasta entonces había funcionado, pero Gemmeker ya no cedió: los huérfanos se quedaban fuera. Desestimó las súplicas

desesperadas de Birnbaum, que aludía a su corta edad (mandaban al este incluso a criaturas muy pequeñas).

Llegó al orfanato la noticia de que a la mañana siguiente meterían a la mayoría de los huérfanos en un tren. Yo no lo entendía. Durante mi estancia nos habíamos convertido en una gran familia. Me mareé y por un momento pensé que iba a vomitar. Recuperé el equilibrio apoyándome en una litera. ¿Por qué se llevaban a niños inocentes? ¿Le habían hecho algo a alguien? ¿Qué clase de tarea de provecho podían hacer en un campo de trabajo? Pensé en sus pobres padres, personas valientes que habían hecho el sacrificio más grande dejándolos en manos ajenas para que los cuidaran en la clandestinidad. Qué decisión tan atroz y qué gesto tan altruista. No podía parar de pensar en esas despedidas angustiosas ni en todo el tiempo que llevaban separados. Fui a buscar a Sarah Eva. Por suerte, parecía ajena a las noticias que circulaban por Westerbork y estaba con una amiga jugando a las cartas. Me quedé un rato mirándola, preferí no perturbar ese momento de inocencia. Me sequé las lágrimas que habían empezado a caerme por las mejillas. Entonces vi que la señora Birnbaum se dirigía hacia mí. Me percaté de que ella también intentaba contener el llanto.

Con voz apagada pero tranquila, me dijo:

—Hanneli, necesitamos que nos ayudes a preparar paquetes con sándwiches y un jersey para los críos.

—Claro —repuse yo.

Respiré profundamente y me dispuse a seguirla. Queríamos hacer lo que estuviera en nuestra mano por mantenerlos abrigados y alimentados durante el viaje. Agradecía ser de utilidad.

Mi siguiente tarea, entre otras, fue preparar las cosas de los niños. Era como si estuviera en trance, ahí sentada en el suelo metiendo camisas, pantalones, vestidos, calcetines diminutos y alguna que otra cinta de pelo en mochilas. Los niños eran conscientes de que a la mañana siguiente iban a hacer un viaje en tren y algunos tenían miedo y preguntaban. Otros se me subían a la espalda mientras preparaba el equipaje y jugaban con mi pelo. Uno o dos chiquillos intentaron echarse en mi regazo. Los Birnbaum habían creado un ambiente muy acogedor y estable. Ahora se adentrarían en terreno desconocido. Intenté concentrarme en la misión que tenía entre manos.

«No lo pienses. Sigue con la tarea», me dije.

Esa noche estuvo lloviendo sin parar. Después de cenar juntos en el comedor, los Birnbaum pidieron a los doscientos niños del orfanato que se levantaran y se acercaran. Les presentaron al rabino Vorst, que había ido a bendecirlos antes del viaje. Las doscientas criaturas se apiñaron delante de aquel hombre de unos cuarenta años con barba. Por un momento volví a la sinagoga de Ámsterdam, cuando el rabino invitaba a las niñas a subir al altar para cantar una oración de clausura. Me fijé en sus caras: una chiquilla pelirroja con pecas que le cogía la mano a otra más mayor; un niño con hoyuelos que era uno de los mejores jugadores de fútbol del orfanato. Busqué a Sarah Eva. Era tan menuda que no la veía, pero ella sí me vio a mí y me sonrió y me saludó discretamente.

El rabino Vorst preguntó si todo el mundo estaba listo para recibir una bendición muy especial.

«Vamos a bendecir el consuelo, la paz, la unión con Dios —dijo a los niños—. Acercaos, acercaos».

Desplegó su manto de oración de lana hilada con rayas negras y lo estiró al máximo por encima de las cabezas infantiles. Cuando empezó a recitar en hebreo, noté que se le quebraba la voz:

> Que Dios te bendiga y te guarde.
> Que Dios te muestre el favor y te sea amable.
> Que Dios te muestre bondad y te conceda paz.

Sentí un escalofrío en la espalda.

A las siete de la mañana del día siguiente se presentaron en el orfanato varios OD con su capa oscura de lana para llevarse a las criaturas al tren; con ese aspecto macabro y amenazante se disponían a hacer el trabajo sucio de los alemanes. Unos maestros valerosos se habían ofrecido voluntarios para acompañar a los niños y subirse al tren con ellos y no dejarlos solos. Yo me fui con los pocos que no iban a ser deportados, entre ellos los hijos de los Birnbaum, al Boulevard des Misères, hasta donde nos dejasen llegar. Hacía frío y el camino estaba embarrado porque había llovido por la noche. Cogí a un chiquillo en brazos y le llevé la bolsa. Había gente cantando por delante de nosotros; nos unimos al río humano que avanzaba como podía hacia el tren. Se oían himnos patrióticos holandeses y también el Shemá, la oración hebrea más conocida entre los judíos.

¿Estaría escuchándonos Dios? Yo iba como en trance, sin apenas reparar en la gente plantada delante de los barracones a lo largo del camino, asistiendo una vez más a la marcha de los desafortunados.

Un oficial de las SS con un fusil en la mano me sacó de mi estupor estando ya cerca del andén. «¡A partir de aquí, solo quien vaya a subir al tren!», gritó.

Con delicadeza, entregué al niño y su equipaje a uno de los profesores acompañantes. Sarah Eva estaba a mi lado, con las trenzas asomando por debajo de su gorro de lana. Me agaché para darle un beso en la frente, igual que cuando la arropaba por las noches.

«Que Dios te guarde, bonita mía», susurré.

Me quedé mirándola fijamente mientras avanzaba, antes de que la engullera la multitud que subía al tren. «El viaje desde Ámsterdam fue caluroso e incómodo, pero solo fueron unas horas; hasta Polonia son varios días», pensé. Permanecí allí un rato, con los pies plantados en el barro congelado, hasta que llegaron más guardias y me empujaron hacia atrás.

Muchos amigos y conocidos también fueron arrastrados a ese tren. Entre ellos, me enteré después, Sanne y sus padres. Ni siquiera pudimos despedirnos. Me pregunto qué nos habríamos dicho. Sanne siempre fue una persona animada y alegre. Pensé en su carácter afable, en los poemas tan bonitos que componía. Me costaba entenderlo. ¿Y si se hubiera quedado con Barbara y hubiera vivido también en la clandestinidad?

Su madre envió una postal de despedida a su hija mayor y demás familiares. Los comandantes de las SS del campo animaban a la gente que mandaban al este a escribir a sus seres queridos. Mucho tiempo después leí la postal que redactó la señora Ledermann aquella mañana lluviosa, el 16 de noviembre de 1943:

> Mis seres queridos, estamos juntos… haciendo nuestro primer viaje desde hace mucho tiempo…
>
> No estéis tristes por nosotros, mantenemos la esperanza y lo único que conseguiría vuestra pena es aumentar el dolor. Tenemos que volver a vernos.
>
> Barbel, hija mía, cuídate. Qué delicia los últimos paquetes. Llevamos gachas de avena. También el albornoz de papá, la lana y todo lo que le mandaste a la abuela.
>
> Aquí hay gente amable. Nadie tiene el certificado todavía. Nos vamos. Adiós, queridos.
>
> Con amor, os deseamos lo mejor. Adiós.

Entré en el barracón del orfanato, mudo y sin niños. Oí a lo lejos el silbido agudo del tren. Me desplomé en la litera. Sin contar cuando nos dejó mi madre, aquel fue el día más triste de mi vida. Jamás me había sentido tan sola. Me dolía el corazón. Me dolía todo el cuerpo mientras me balanceaba rodeada

de un silencio demoledor. Nunca había sido un sitio tranquilo. Ni siquiera de noche; siempre había alguien revolviéndo-
se, cambiando de posición en la cama, tosiendo o gimoteando
en sueños porque echaba de menos a su madre y a su padre.
Noté la ausencia de Sarah Eva, tan tierna y cándida, y también
la de los demás niños. ¿Cómo era posible que una ausencia
tuviera tanta presencia? Me dio pena perder a Sanne y su familia; me los imaginé intentando encontrar hueco para sentarse
en el tren sin que los pisotearan. Me desconcertaba que una
lista de nombres mecanografiada tuviera la potestad de decidir
quién se quedaba en suelo holandés y quién tenía que emprender ese temido viaje.

Si a los Ledermann les había tocado subirse a ese tren,
también podría haberle tocado a mi familia; podríamos haber
acabado en uno de esos vagones de ganado sin ventilación,
lanzados a lo desconocido. Aunque muy diferentes unos de
otros, para los alemanes éramos todos lo mismo; les daba igual
que hubiera ortodoxos, laicos, bautizados, sionistas, socialistas, holandeses, alemanes que ahora eran apátridas, vendedores de patatas, comerciantes de diamantes, médicos, maestros,
jugadores de fútbol, arquitectos, tenderos, gente mayor, adolescentes, niños, recién nacidos… Hitler y sus partidarios nos
consideraban enemigos. El enemigo judío. No entendía qué
estaba pasando. ¿Qué habíamos hecho? ¿Por qué nos castigaban? Que yo supiera, nuestro único pecado era ser judíos.

Ignorábamos qué ocurría exactamente en esos campos de
trabajo, pero sí sabíamos que no era nada bueno. Cuando intentaba imaginarme qué tipo de «trabajo» podría desempeñar-
se en ese lugar remoto e inhóspito, la única referencia que tenía era lo que veía en Westerbork, donde te asignaban toda
clase de labores, desde manejar maquinaria y coser hasta fabri-
car escobas, trabajar en la cocina o cosechar patatas. A lo mejor, pensaba y esperaba, allí sucedía lo mismo. Pero ¿cuál era

el objetivo? Sabía que Hitler despotricaba contra los judíos; nos consideraba chusma y nos declaró la «guerra», pero ¿por qué tanta miseria? ¿Qué pretendía conseguir mandando familias enteras a campos de trabajo?

Empezaba a hacer mucho frío y el invierno estaba a la vuelta de la esquina, así que no quería ni imaginarme cómo sería en Polonia. Ni siquiera en Westerbork lograba entrar en calor, pero es que en el este el hielo y la nieve duraban meses. ¿Cómo iban a soportar ese clima gélido? Ojalá Sanne, Sarah Eva, Ilse, Alfred y todos los amigos que ya llevaban allí una temporada larga hubieran encontrado la forma de mantenerse calientes. Y sanos. Fue pensar en ellos y ponerme a temblar. Daba gracias por que al menos Anne estuviera calentita y a salvo en Suiza.

Las semanas pasaban y vivíamos en un bucle espantoso. Cada martes presenciaba la partida de otros tantos trenes. Y nunca dejó de parecerme atroz. Ser testigo era en sí una forma de tortura.

Seguía invirtiendo horas y horas, junto con mi padre, en persuadir a Gabi para que tomara un poco de caldo o puré de patatas. Cualquier cosa que pudiera tragar. Su otitis no remitía. Releí hasta la saciedad la biografía de Florence Nightingale que me había enviado la señora Goudsmit y me la aprendí de memoria. Reflexioné sobre el esfuerzo, la pericia y el cuidado necesarios para ayudar a una persona enferma. El cuidado del que se hablaba en el libro y que presencié en el hospital era imposible de reconciliar con las escenas que veía todas las semanas de gente caminando a duras penas por el Boulevard des Misères.

Poco podíamos hacer, pero intentábamos mantenernos sanos. En Westerbork eran habituales la tuberculosis, el sarampión, la difteria, la fiebre amarilla, la tos ferina y la escarlatina. No resultaba fácil evitar los piojos. El temor a caer enfermo era una constante, y eso que estar en cuarentena significaba librarse temporalmente de ser deportado. También había casos de gente desesperada que intentaba suicidarse; por lo general se daban los lunes por la noche, cuando salían las listas de nombres para los traslados. A quienes fracasaban en el intento de suicidio los mandaban a recuperarse al pabellón psiquiátrico, ubicado en el barracón 3.

El orfanato volvió a llenarse de niños enseguida. Yo ayudaba dándoles la bienvenida y cuidando de ellos. Pero no me olvidaba de Sarah Eva ni del resto; su ausencia pesaba mucho.

Los jóvenes del campo, que en su mayoría rondaban la veintena, se repartían en grupos para cuidar de nosotros, sedientos todos de organización y distracciones. Montaron un coro infantil, partidos de fútbol y otros eventos deportivos y clases sobre todo tipo de cosas, desde relatos bíblicos hasta las próximas vacaciones, pasando por escritores famosos. Así no se nos olvidaba que no éramos infrahumanos como los alemanes querían hacernos creer; teníamos un patrimonio muy rico que celebrábamos e indagábamos. Y lo hacían a pesar de que en su propia esfera las mermas eran constantes por culpa de las deportaciones.

Antes de Janucá, en diciembre, los mentores hicieron regalitos para los más pequeños y nos juntaron para contarnos la historia de la festividad. Explicaron a su entusiasta público infantil que el rey de los griegos sirios fue Antíoco IV. Este gustaba de llamarse a sí mismo Epífanes, que quiere decir «Dios manifestado». Algunos judíos de esa época lo llamaban «el Loco». Quería acabar con el judaísmo, lo cual formaba parte de su plan para imponer la cultura griega. Prohibió guardar el Shabat, estudiar religión, cumplir las leyes dietéticas del judaísmo y la circuncisión. A quienes oponían resistencia los mataban. Las tropas sirias levantaron estatuas de sus dioses en Jerusalén y tiraron abajo las puertas del templo a base de hachazos; luego vertieron sangre de cerdo sobre los textos sagrados y los quemaron. El milagro de Janucá, por el cual el aceite del templo de Jerusalén estipulado para una sola jornada duró ocho días con sus respectivas noches, ayudó a nuestro pueblo a reconsagrarlo tras la profanación. Nos dijeron que era una parte fundamental de la historia de nuestros antepasados; contra todo pronóstico, un grupo reducido pero poderoso de soldados, los macabeos, consiguieron derrotar a los griegos sirios. «Janucá» es el término hebreo para «consagración».

—¿Sabéis qué hacemos para no olvidarnos de que debemos consagrarnos a nuestra comunidad y a nuestra propia fortaleza? —preguntó uno de los jóvenes.

—¡Encender las velas de la menorá! —exclamaron varios críos.

—¿Y qué decimos luego?

—¡Un gran milagro ocurrió allí! —gritaron los chiquillos, repitiendo lo que habían aprendido.

El último día de Janucá hubo una fiesta por la noche. Para la ocasión, Clara Asscher-Pinkhof, la autora infantil que tanto me gustaba, compuso una canción que luego cantó Susanne, la hija de trece años de Hans Kreig, un compositor muy respetado que dirigía el coro infantil y enseñaba música y canto. Siempre llevaba su guitarra a cuestas y cantaba para levantar la moral de la gente. También adaptaron y representaron una obra de Schiller. Esa noche nos reunimos todos los críos cerca de la menorá, algunos ataviados con sombrero y abrigo marcado con la estrella amarilla, y un mentor, Leo Blumensohn, fue encendiendo las velas una por una.

Todos los niños, yo incluida, nos quedamos embobados por las llamas, por la luz en la oscuridad, tanto en sentido físico como espiritual. También era, que yo recuerde, la primera vez que celebraba Janucá en un sitio que no fuera nuestro piso de Ámsterdam. Allí poníamos la menorá en el mirador de la fachada para que la gente viera el resplandor. Al igual que en casa, después de encenderla, oramos juntos: «Encendemos estas luminarias por los milagros, las maravillas y las redenciones».

Hablar de milagros hacía que anhelásemos uno para nosotros.

Al mes siguiente, en enero, mi padre me dijo que tenía buenas noticias:

—En breve nos mandan a Bergen-Belsen, en Alemania. Es un «campo ideal», con buenas condiciones.

—¿Un «campo ideal»? —pregunté yo—. ¿Eso qué significa?

Mi padre me contó que los oficiales de Westerbork les habían dicho a él y a unos cuantos más que nos tratarían bien allí, y que tanto el alojamiento como la comida eran buenos. Es decir, no iban a enviarnos a un campo de trabajo en el este, sino que se trataba de un lugar decente donde esperar mientras llegaba nuestro intercambio.

—Van a trasladarnos en trenes de verdad, no te preocupes —me dijo para tranquilizarme—. Es un campo para prisioneros de guerra; nos tendrán allí hasta que seamos canjeados por prisioneros de guerra alemanes.

Ya llevábamos siete meses en Westerbork. Aunque estaba lista para irme de allí, me inquietaba mucho la idea de salir de Holanda. La gente se dejaba la piel intentando evitar la deportación de los martes. Pero mi padre estaba perceptiblemente aliviado y emocionado y eso me tranquilizaba. Teníamos un rumbo. Íbamos a ir a un «campo ideal». Gabi seguía en el hospital, pero él confiaba en que se recuperaría cuando estuviésemos en otro lugar en mejores condiciones.

El lunes 14 de febrero de 1944 anunciaron nuestros nombres: Hans Goslar, Hannah Elisabeth Goslar, Rachel Gabrielle Ida Goslar y Therese Klee. Aunque siempre supe que ese momento llegaría, se me revolvió el estómago cuando la policía judía del campo leyó la lista de los deportados del día siguiente y nos mencionó. A pesar de las palabras tranquilizadoras de mi padre, yo estaba aterrada. En esa ocasión, la bestia ferroviaria de los martes nos estaría esperando a nosotros.

11

Bergen-Belsen

Me desperté antes de que amaneciera de lo nerviosa que estaba. Ese día nos tocaba a nosotros recorrer el Boulevard des Misères; el viento gélido me daba en la cara y llevaba en la mano mi maleta de color burdeos, uno de los últimos vestigios tangibles de mi hogar. Pensé que en un rato yo misma estaría franqueando la altísima alambrada de espino que nos rodeaba, dejando atrás las torres y los focos reflectores y pasando por encima del foso lleno de agua. Westerbork había sido nuestro «hogar», por llamarlo de alguna forma, durante ocho meses y sentí una punzada de... no era exactamente nostalgia; más bien temía perder la camaradería y la seguridad relativa que había encontrado allí, en Holanda, no en el «este» insondable. Pero no nos quedaba otra. Lo único que podía hacer era esperar que el sitio al que nos mandaban estuviera en buenas condiciones, que nos alimentaran y que nos mantuviéramos sanos hasta que se produjera el intercambio.

Cuando mi padre recogió a Gabi del barracón-hospital, me quedé consternada al ver que el vendaje de las orejas estaba manchado de pus. Las enfermeras habían hecho todo lo posible por mantenerlas limpias a pesar de la escasez de material médico. Desprendían un leve olor nauseabundo. El paseo por el campo se nos hizo largo. Pero cuando alcanzamos el tren, nos adentramos de lleno en el barullo que hasta entonces solo había presenciado de lejos. La policía, también la judía, nos gritaba y nos azuzaba entre padres que cargaban con niños llorando y gente haciendo equilibrios con el petate y la maleta. Subimos a un vagón de tercera clase (que no fueran vagones de ganado ya era buena señal) y me fijé en las filas de asientos de madera y en que las persianas estaban bajadas para que no viéramos nada. Hacía casi el mismo frío en el interior del tren que fuera y me arrimé a Gabi, dando gracias por el calor que desprendía. No tengo recuerdo de que hablásemos mucho, ni entre nosotros ni con el resto. Aunque el vagón iba a rebosar, reinaba un silencio angustioso.

Todos los que subimos a ese tren rumbo a un «campo de intercambio con privilegios» teníamos la documentación adecuada, ya fuera porque estábamos en una lista palestina o porque teníamos pasaporte de América del Sur u otro país, o vínculos en el extranjero, como el llamado «Grupo Diamante»: trabajadores, y sus respectivas familias, de la industria del diamante. También había gente con una mezcla de raíces judías y no judías. Gabi y yo constábamos en el pasaporte paraguayo de mi padre; abajo del todo había una foto de cada uno. Nuestro certificado palestino era un documento de la Cruz Roja Internacional de Ginebra donde se afirmaba lo siguiente: «El señor Hans Goslar y su familia están inscritos en la lista de sionistas veteranos para inmigrar a Palestina y ser objeto de intercambio». Esos papelajos nos habían ayudado a retrasar la deportación desde Ámsterdam y a quedarnos en Westerbork mucho más tiempo que otros. Al parecer, ahora nos habían concedido un pasaje para ir a un sitio donde, según nos habían asegurado, nos tratarían bien. Pero ¿cuándo iban a dejarnos en libertad?

Había unos guardias de las SS recorriendo el tren que no eran como los que se veían en Westerbork. Me daban pavor, tan jóvenes y ya con la cara curtida. Uno de ellos gritó: «Al que tire algo por la ventanilla lo mato». El corazón me palpitaba muy fuerte. Miré a mi padre, que intentó tranquilizarnos con la mirada a Oma, a Gabi y a mí mientras el soldado avanzaba por el vagón. Cuando se fue, nos explicó que lo que pretendía era asustar a la gente para que no lanzara notas por la ventanilla con la esperanza de que algún holandés o alemán amable se topara con la petición de auxilio en las vías del tren o transmitiera el mensaje a los seres queridos sin pasar por el filtro de la censura de Westerbork.

Mis esperanzas se tambalearon otra vez cuando los alemanes nos confiscaron la mermelada y las salchichas que nos había entregado la gerencia judía de Westerbork; solo nos dejaron el pan. Al final subsistimos los tres días de viaje con unas pocas rebanadas de pan para cada uno; el tren iba dando tumbos y paró en varios sitios, de noche en dos ocasiones.

—¡Tengo sed! —gritó Gabi casi al principio, pero teníamos poca agua; no tardó en entrarnos sed a todos.

—Papá, ¿cómo vamos a tener privilegios en Bergen-Belsen si ya en el trayecto nos falta el agua y la comida? —le pregunté a mi padre.

Él intentó tranquilizarme:

—No te preocupes. Los alemanes necesitan que estemos bien de salud para los intercambios. Tienen que responder por nosotros ante otros países.

Me quedé pensando en eso mientras miraba el paisaje de reojo. Atravesamos lentamente el noroeste de Alemania, pasando por campos y bosques nevados. El pus se filtraba a través del vendaje de Gabi y olía tan mal que me mareaba. Tenía mucho frío y estaba muy inquieta, así que no conseguí dormirme.

Cuando el tren llegó a la estación de Bergen-Belsen hacia el mediodía, yo estaba exhausta tras el viaje de tres días. Nos encontrábamos como a sesenta y cinco kilómetros al norte de Hannover, la ciudad donde nació mi padre. Al bajar al andén, los guardias de las SS, fusil con bayoneta en mano, nos gritaban para que nos moviéramos más rápido. Iban acompañados de pastores alemanes que ladraban y gruñían. Siempre me habían dado pavor los perros; me enganché al brazo de mi padre y abracé a Gabi. Mi Oma no se separó de nosotros.

La estación era un andén en medio de la nada, no un edificio como tal en el recinto del campo. Este estaba a ocho kilómetros de allí, por lo que los adolescentes y los adultos sanos, con sus pertenencias a cuestas, tardarían como poco dos horas en llegar a pie. Como Gabi era muy niña y estaba mala, nos subieron juntas a un camión donde iban las madres con hijos pequeños. Los guardias de las SS gritaban porque no estaban contentos con el ritmo al que iban quienes ya habían empezado a marchar. Los maldecían y los llamaban «débiles».

«Nos vemos allí», me dijo mi padre intentando sonar alegre, entre el griterío y el caos. Me los imaginé a él y a Oma desapareciendo a nuestra espalda mientras avanzábamos a trompicones por una pista de tierra que cruzaba un pueblo. ¿Cómo iba a encontrarlos en el campo? Había muchísima gente.

«Hanneli, ¿adónde vamos?», me preguntó Gabi por enésima vez. Le había dicho que íbamos a un lugar nuevo y decente donde estaríamos juntos y tendríamos una cama cómoda y sopa caliente. Yo creía en la esperanza de mi padre y ella creía en la mía.

Nada más llegar al campo vi unos edificios grises rodeados de píceas y extensiones de hierba. Quizá era ahí donde iban a alojarnos, pensé, esperanzada. Pero luego vi un cartel que indicaba que era para el regimiento SS Totenkopf. «Regimiento Calavera». O sea que ahí se alojaban las SS. El camión siguió avanzando hasta una barrera roja y blanca custodiada por guardias con ametralladora y la insignia con la calavera y las

tibias cruzadas en la parte derecha del cuello. Después de fran-
quearla, bajamos del camión; el cielo estaba nublado y gris. Lo
primero en lo que me fijé fue en que estábamos rodeados por
una alambrada de espino. Había torres de vigilancia con focos reflectores por doquier. Escapar de allí parecía imposible.
Al otro lado de la alambrada había unos abetos imponentes.
Y pasados los abetos, una extensión de campo cubierta de
nieve. Era un entorno natural muy tranquilo mancillado por
la silueta sombría de los enormes barracones de madera.

«Ya estamos en Alemania», me dije, y sentí una punzada
de dolor al saberme relegada del resto del mundo, de la apa-
rente seguridad de Holanda.

Junto con otras mujeres y niños, nos condujeron a una sala
de duchas enorme y fría con el suelo de cemento.

«Quitaos la ropa», nos dijo un guardia de las SS. Se quedó
ahí plantado al lado de otros guardias, dejando claro que iban
a presenciar cómo nos desnudábamos. Yo dudé, pero una mujer me dio un codazo y me dijo: «Venga. Haz como si no estuvieran».

Pero no podía hacer como si nada; nos miraban fijamente.
Aunque me moría de ganas por ducharme después del viaje,
me daba tanta vergüenza, tanto bochorno, que quería que me
tragara la tierra. Me centré en Gabi; le dije que no metiera la
cabeza debajo del agua, me preocupaba que se le mojara el
vendaje.

Sentí alivio cuando noté el agua tibia, pero al poco ya estaba temblando otra vez en una sala mucho más fría y húmeda. Solo nos dieron una toalla minúscula y, medio tapadas,
tuvimos que esperar en fila para que un médico comprobara si
teníamos piojos.

Después nos llevaron al campo Sternlager («Estrella»), que
se llamaba así por la estrella amarilla que llevábamos los prisioneros judíos. Ese era el pregonado «campo de intercambio con

privilegios», uno de tantos en aquel complejo enorme. Bergen-Belsen se fue conformando improvisadamente, pero cuando llegamos había tres secciones principales: un campo de prisioneros de guerra que acogía a miles de soldados capturados y recluidos, muchos de ellos soviéticos; el «campo residencial», con varios subcampos para «judíos de intercambio», donde estaba el nuestro; y un «campo de prisioneros» más pequeño para reclusos no judíos de toda Europa.

Para los alemanes éramos *Schutzjuden*, «judíos protegidos», y nos mantenían apartados del resto porque, como teníamos pasaporte extranjero, éramos candidatos para un posible canje por prisioneros alemanes en manos de los aliados. Cada recinto del campo tenía su propia población, desde presos políticos hasta polacos judíos, pasando por delincuentes y prisioneros de guerra rusos. El nuestro estaba dividido en tres secciones: hombres, mujeres y niños, y hospital. La arteria principal, apodada «High Street», atravesaba el recinto y conectaba las distintas áreas. El campo Estrella albergaba a unas tres mil personas repartidas en dieciocho barracones. Pregunté si podía ver a mi padre y a mi abuela y me dijeron que Gabi y yo teníamos que quedarnos en el barracón de mujeres, pero que los veríamos más tarde.

A pesar de ser «valiosos» para los alemanes, enseguida me quedó claro que no íbamos a tener ningún trato especial. Al entrar en el barracón me estremecí de frío; la temperatura era casi la misma que fuera. No soportaba pasar frío y allí hacía mucho más que en Westerbork. Di gracias una vez más por la insistencia de la señora Ledermann para que metiera en la maleta los abrigos de lana. El barracón olía a desinfectante y repollo. Casi todo el espacio estaba ocupado por hileras de literas triples, parecidas a las de Westerbork. La separación entre ellas era tan estrecha que tenía que pasar de lado. En total nos alojábamos allí unas ciento setenta personas entre mujeres y niños. En la parte de delante había una mesa alargada y sillas para las comidas. Y un horno. Me acerqué con Gabi para intentar calentarnos, pero había varias mujeres apiñadas y no paraban de desplazarnos hacia un lado.

Encontré dos literas contiguas libres en el nivel inferior. Los colchones de paja estaban sucios y eran más finos que los de Westerbork; me senté en mi nueva cama plana y dura. El ambiente estaba cargado, denso. Vi una rata correteando por el suelo.

No tardé mucho en descubrir que allí abundaban las pulgas infecciosas.

—¿Dónde está papá? ¿Y Oma? —me preguntó Gabi mientras la arropaba.

—Seguro que mañana los vemos.

Ambas estábamos terriblemente cansadas, pues apenas habíamos dormido unas horas desde que salimos de Westerbork. El cuerpo me pedía a gritos que durmiera y creo que me quedé inconsciente en cuanto apoyé la cabeza. Cuando me desperté al amanecer, con las primeras luces del alba bañando la madera rayada del suelo del barracón, estaba sudando a pesar del frío que hacía. Al principio me quedé desconcertada. «¿Por qué tengo tanto calor si me sale vaho de la boca?», dije para mí. Me incorporé y acto seguido me entraron náuseas. Justo entonces me sacudí hacia delante, asomé la cabeza por el lateral de la cama y vomité. Me quedé sobrecogida del susto: ¿estaba enferma?

Una mujer mayor que conocía de Ámsterdam, de nuestro barrio, se acercó y me dijo:

—Tú no te ves y aquí no hay espejo, pero tienes la cara amarilla, hija. Creo que es ictericia.

—¿Ictericia? —repetí yo—. ¿Qué hago?

—A los alemanes les aterran las enfermedades. Y si tienes ictericia a lo mejor eres portadora de algo contagioso. Deberías ponerte en cuarentena —me dijo.

—No puedo estar mala, tengo que cuidar de mi hermana —solté.

Ni siquiera me había ubicado todavía en aquella cárcel húmeda y espeluznante que, al menos de momento, no tenía nada de «ideal». No sabía dónde estaban mi padre y mi Oma ni cómo encontrarlos. Me sudaba el cuello de los nervios y la fiebre. Las náuseas eran constantes. Me habría gustado estar en cualquier otro sitio menos allí. Miré a Gabi, con el aparatoso vendaje en las orejas. Tampoco sabía cómo cambiárselo. «¿Qué hago con Gabi?», pensé angustiada.

La vecina volvió enseguida con una mujer que, según dijo, era su sobrina. Nada más verla me fijé en lo alta que era; debía de ser muy ortodoxa, porque llevaba el pelo tapado con un pañuelo atado en la nuca.

«Soy la señora Abrahams. Yo me encargo de tu hermana. No te preocupes, se queda en buenas manos. Mi hija Lily, la pequeña, es de la misma edad y pueden jugar juntas. Tengo otros seis, pero más mayores; una es como tú. —Me tocó la frente; ella tenía la mano fría y yo estaba ardiendo—. Tienes que ir al hospital».

Al principio pensé que no la había entendido bien: ¿de verdad se estaba ofreciendo a acoger a una niña pequeña en proceso de recuperación? Le dije que era demasiado. Pero ella repuso que había oído hablar de mi padre y de sus buenas obras para con mucha gente y que sería un honor corresponder a nuestra familia. «Gabi se queda en buenas manos —insistió—. Tú lo que tienes que hacer es ponerte bien. Vete».

Nunca me había sentido tan aliviada y agradecida.

El hospital del campo, contando con el barracón para las cuarentenas, lo conformaban cinco bloques y estaba cercado por una alambrada de espino. El personal médico y de enfermería eran prisioneros judíos. Cuidaban a los pacientes con mucha entrega y consideración, aunque lo normal era que no tuvieran los medicamentos y el material necesarios para atenderlos en condiciones. Me metieron en un barracón de piedra con corrientes de aire que en otra vida fue un establo para caballos. Dormía en una litera superior; las dos primeras semanas me encontraba fatal, pero la fiebre fue bajando poco a poco y se me pasaron las náuseas y los dolores de cabeza. Para matar el tiempo, escuchaba la lluvia caer e intentaba no pensar en el frío penetrante, y leía y releía la biografía de Florence Nightingale que me había mandado la señora Goudsmit. Estábamos bien alimentados; según nos dijeron, allí llevaban más comida que al resto de los barracones. Pero era muy insípida y se limitaba a sucedáneo de café (sin leche ni azúcar) por la mañana y por la noche y, para la comida principal, a mediodía, sopa con tropezones de colinabo y una rebanada de pan. También nos daban un poco de margarina o mermelada para el pan un par de veces a la semana.

Mi padre y mi Oma se enteraron de que estaba en cuarentena y al cabo de un tiempo les dieron permiso para visitarme. También fue a verme la señora Abrahams. Me alegré muchísimo cuando me dijo que Gabi estaba bien. Tenía mejor los oídos, con menos pus, y ella y Lily enseguida se pusieron a jugar y se hicieron amigas. Años después, un médico me contó que era probable que el clima de Bergen-Belsen, relativamente más seco, ayudara a que se le curasen.

Cuando regresaba a pie al barracón del que había salido hacía un mes, aún con flojera y tembleque en las piernas, escuché que los aviones sobrevolaban en lo alto. Me pregunté qué estaría pasando en el exterior. «Ojalá nos dejaran recibir cartas y leer el periódico», me dije. ¿Serían bombarderos británicos rumbo a Berlín u otra ciudad para atacar? Me desorientaba estar tan aislada, pero al menos me reuniría con Gabi otra vez. Me moría de ganas. No le habían dejado visitarme durante mi recuperación; la eché mucho de menos y me tuvo muy preocupada, aun teniendo novedades favorables por parte de mi familia y de la señora Abrahams.

«¡Hanneli!», gritó cuando me vio entrar en el barracón. Era una de las niñas más pequeñas de las que vivían allí, pero tenía la voz fuerte y la oí enseguida. Echamos a correr la una hacia la otra y me colmó de besos y abrazos.

La señora Abrahams se acercó a saludarme y me llevó a una zona del barracón donde había hecho una choza improvisada con su hermana, la señora Emanuel, para ellas y sus hijos, y una de las literas era de Gabi. Me puse triste cuando me di cuenta de que no me habían reservado una cama, pero la señora Abrahams le preguntó a la mujer de la litera contigua si me dejaba dormir ahí. Aliviada, dejé la mochila y empecé a sacar mis cosas. Mi maleta seguía ahí, con las pertenencias de ambas. Como nos consideraban moneda de cambio, nos otorgaron ciertos privilegios que los demás reclusos de Bergen-Belsen no tenían, como conservar nuestras pertenencias, usar nuestra ropa y no cortarnos el pelo. Me quedé impactada la primera vez que vi a prisioneros de otras secciones de Bergen-Belsen con la cabeza rapada y un uniforme grueso de rayas azules y grises.

La señora Abrahams me presentó a sus cinco hijas, desde Lily, la compañera de juegos de Gabi, hasta Helena, la mayor, que tenía quince años, igual que yo.

«Quédate con nosotras y viviremos como si fuéramos una familia, juntas», dijo.

Me inundó una sensación de calidez. Una vez más, me asombré de la suerte que había tenido de conocer a alguien con un fondo tan bueno como la señora Abrahams. Me acordé de la historia judía que me había contado mi padre sobre los *lamed-vovniks*. Se decía que estas treinta y seis personas honradas, santos de carne y hueso, vivían en el mundo sin que nadie reparara en ellas porque eran muy humildes, pero a su vez el destino de la humanidad estaba en sus manos. Me pregunté si la señora Abrahams sería una de esas personas. Era como un milagro.

Acto seguido empezó mi instrucción sobre el día a día fuera del barracón-hospital de Bergen-Belsen. El frío del suelo te traspasaba incluso con los calcetines puestos; en vez de las mantas suaves de casa, teníamos unas de pelo de caballo de color azul y gris; hasta ese pequeño gusto nos arrebataron los alemanes en su afán de uniformidad. Las luces estaban encendidas desde las cinco de la mañana hasta las nueve de la noche.

Ese primer día fui con Gabi a las letrinas que había fuera, donde tuvimos que soportar la humillación de sentarnos sobre una tabla de madera alargada llena de agujeros. Había tal hedor que me costó no vomitar. Di gracias en silencio por que Gabi hubiera aprendido a usar el baño en Ámsterdam. Al principio me daba miedo que se colara por el agujero y acabara en ese abismo hediondo, pero ella ya sabía que tenía que sentarse en el borde con cuidado. De vuelta en el barracón, me lavé la cara con agua fría e hice lo propio con Gabi, me tomé un sucedáneo de café amargo y volví a la litera; entonces la señora Abrahams me enseñó cómo llevar a cabo la misión prioritaria de las mañanas: hacer la cama según dictaban las normas. Eso implicaba meter mi pijama y el de Gabi en mi maleta, ponerla con mi mochila encima del fino colchón, cubrirlas con una manta y estirar los bordes y la parte de arriba hacia abajo hasta que quedase lisa y recta. Lo complicado era aplanar, o mejor dicho disimular, los bultos. Hasta que las camas no estuvieran hechas de acuerdo con aquel riguroso estándar de perfección (y con el visto bueno de un oficial de las SS), no pasaban lista. La señora Abrahams me contó que si una cama no estaba perfecta, el oficial de turno a veces cogía las sábanas y el equipaje y los tiraba al suelo.

Todos los días pasaban lista a las seis de la mañana. En alemán lo llamaban *Appellplatz* (o *appell* para abreviar), palabra que aprendí allí. Ese era el principal (y más temido) precepto cotidiano.

«Hanneli, date prisa. No podemos retrasarnos —me dijo la señora Abrahams, apremiándome para que terminara de hacer la cama a tiempo—. Si llegan y no has acabado, te pueden castigar».

«Raus! Raus!» («¡Venga, fuera!»), gritó un guardia que entró bruscamente por la puerta justo cuando salíamos corriendo.

Imité a la señora Abrahams y me puse en la hilera de gente para que nos contaran. Hacían recuento en todo el campo, siempre en una explanada cerca del barracón. Teníamos que formar filas de cinco y cuadrarnos; es decir, adoptar la postura de firmes. Gabi se puso a mi lado, aunque ella ya era veterana, pues llevaba un mes haciéndolo en mi ausencia. ¿Qué habría pensado mi madre si la hubiera visto así, cuadrándose cual niña soldado? Prisionera, mejor dicho.

Empezó a lloviznar; la lluvia estaba helada y acabó arreciando. Gabi no lloró ni gimoteó; al parecer había aprendido que no debía hacerlo. Hacía un frío que calaba los huesos y me empezaron a castañetear los dientes. Me quedé mirando a los oficiales de las SS, que pasaban por delante de nosotros a caballo o andando, según. Su uniforme me llamaba la atención tanto como me intimidaba: botas negras, gorra con visera y abrigo de lana largo. Algunos portaban látigo o porra, y a veces los usaban con quienes consideraban «culpables» de algo, desde tener una mala postura hasta llevar la ropa sucia o manchada.

«Ochenta, ochenta y uno, ochenta y dos...», iban contando las otras prisioneras. Cuando llegó mi turno, grité en alemán bien alto y claro: «¡Ochenta y nueve!». Y luego señalé a Gabi y dije yo su número: «¡Noventa!». Nadie nos preguntó nuestro nombre. Para qué, éramos meros números, no seres humanos.

Todos los días lo mismo. Ya podía llover, nevar, granizar o soplar viento fuerte que, hasta que la cifra final no coincidiera con la que ellos consideraban pertinente, no podíamos movernos de allí. Si no les parecía correcta, vuelta a empezar con el recuento. El suplicio podía durar hora y media o prolongarse hasta ocho horas. Cuando el recuento no cuadraba, te castigaban quitándote los víveres de ese día o dándote una paliza. Si necesitabas ir al baño, tenías que hacerlo en bragas.

Se supone que debíamos guardar silencio absoluto mientras pasaban lista, pero a veces, cuando los guardias estaban haciendo el recuento en la otra punta, algunas mujeres se susurraban «noticias». Claro que no teníamos forma de saber si eran reales, rumores sin más o una mezcla de ambas cosas. Me encantó descubrir que hasta había un apodo para referirse a esas informaciones: la IPA, de Israelite Press Association (Asociación de la Prensa de Israel).

Supuestamente, la idea de pasar lista era asegurarse de que no faltaba nadie, pero hasta Gabi sabía que más bien se trataba de una forma de intimidarnos y humillarnos. Y no nos quedaba más remedio que aguantar el sufrimiento hasta que dieran por «válido» el recuento. Era sabido que algunos miembros de las SS, tanto hombres como mujeres, se equivocaban aposta para prolongar dicho sufrimiento. Los recuentos resultaban especialmente crueles para los críos, la gente mayor y los enfermos.

No sé quién se plantearía huir teniendo en cuenta que eso podía conllevar (y conllevaba) que te pegaran un tiro. ¿Hacia dónde huir si lograbas escabullirte por esa verja altísima rematada con espino y eludir las ametralladoras? ¿Adónde iba a ir yo? Además, no podía poner a Gabi en peligro intentando escaparme con ella. Me imagino la cara del campesino alemán que nos encontrara al ver a dos niñas harapientas con el pelo apelmazado y una estrella amarilla en el abrigo, visiblemente pequeño ya.

Cuando por fin terminaba el recuento, los adultos y los adolescentes de mi edad en adelante nos poníamos en marcha para empezar la jornada de once horas. Al principio trabajé haciendo bolsas con pliegos de celofán. Me tiraba horas en un taller con otras mujeres. Nuestra tarea consistía en retorcer el celofán para hacer trenzas y transformarlas en bolsas. Trabajábamos sin parar hasta primera hora de la tarde; entonces un par de mujeres traían una cuba de sopa hirviendo con los consabidos tropezones de colinabo flotando en la superficie y, con suerte, unas preciadas patatas en la base. Siempre intentábamos que nos sirvieran un cucharón del fondo. Pasadas unas semanas, como yo solo tenía quince años y una hermana menor que me necesitaba, me eximieron de trabajar, así que me pasaba los días en el barracón y aledaños cuidando de Gabi y de otros críos de su edad.

Había un abanico variado de tareas. Las relacionadas con el funcionamiento del campo, como trabajar en las cocinas, por muy extenuantes que fueran, eran las más codiciadas porque implicaban tener acceso puntual a más comida. Los «batallones de trabajadores» se ocupaban de las tareas más agotadoras: construir carreteras, transportar carbón y, el *Stubenkommando*, cavar y arrancar árboles del suelo congelado. Era una labor peligrosa que causaba bajas. Las palizas eran habituales, y la mayor parte se la llevaban los trabajadores de la construcción, entre ellos una cantidad desproporcionada de gente mayor y debilitada. Las SS supervisaban a todo el mundo armadas con un palo o un bate. Llegó a mis oídos que daban tales palizas que la gente acababa con lesiones muy graves, o incluso muerta. Había otro batallón encargado de limpiar la residencia de los oficiales de las SS. Era una tarea selecta, ya que allí había mucha comida, aunque si osabas coger algo y te pillaban podían matarte.

La labor de mi padre era dura. Estaba en el «batallón zapatero». Trabajaba en una fábrica donde había pilas y pilas de botas militares de los alemanes. Ese calzado había prestado servicio activamente y lo normal era que estuviera lleno de barro endurecido, suciedad y hasta sangre. Me contó que tenían que desmontarlas y luego remendar los retales de cuero aprovechables para hacer botas nuevas con ellos. Todos tenían asignado un cupo poco realista, por lo que, según decía, era un trabajo muy estresante. El ambiente estaba cargado de polvo y suciedad que se les adhería a los pulmones. Mi padre volvía al barracón por las tardes con tos seca. Yo daba gracias por poder verlo al final del día aunque fuera fugazmente, y también a mi Oma, pero empecé a inquietarme porque cada vez lo veía más pálido y débil.

«No te preocupes, Hanneli. Solo necesito descansar. Es temporal. Tenemos que aguantar hasta que nos canjeen», me dijo.

Se acercaba la primavera y los días empezaban a ser más cálidos. El aire olía a tierra y gracias a eso nos sentíamos más optimistas. Todo el mundo creía que el intercambio sería en verano.

Mi padre se había hecho famoso en su barracón por dar clase a los niños sobre pensamiento judío y contarles historias de la Torá, especialmente durante el Shabat y demás festividades. Intentaba transportarlos a un espacio espiritual, lejos de la realidad del día a día. Cuando las condiciones en el campo empeoraron (menos comida, más hambre y enfermedades generalizadas), él cogía y se sentaba en la litera más alta, la tercera, y daba sus charlas. En Shabat solía hablar de la sensación de fuerza y santidad que producía descansar ese día. Un chico algo mayor que yo me dijo: «Tu padre nos ayuda a salir de la desesperación».

El judaísmo te enseña que, por muy desalentado que estés,

hay esperanza en la redención y en ver la luz de Dios. Y mi padre, a pesar de que su propia salud se estaba debilitando, encontró la forma de ser esa luz.

De las casi cuatro mil personas que había en el campo Sternlager, la mayoría eran deportados de los Países Bajos, incluidos nosotros. Pero también había un grupo reducido de judíos griegos con funciones de liderazgo. En el barracón de los hombres, mi padre retomó el contacto con Zvi Koretz, un judío alemán que conocía de Berlín. Aunque no era griego, había sido rabino mayor de la ciudad portuaria de Salónica, en el norte de Grecia, que albergaba la población judía más amplia del país. Había tantos judíos que el puerto cerraba en Shabat. Los alemanes ocuparon la ciudad en abril de 1941.

El rabino Koretz, mirando por mi padre, lo nombró su adjunto y lo puso al mando del barracón de hombres ancianos y discapacitados. Así que se mudó allí, lo que implicaba una ventaja fundamental: no tenía que someterse al recuento diario. Eso le vino como anillo al dedo, porque últimamente mi padre se movía más despacio.

A los niños menores de tres años les daban dos tazas de leche a la semana aparte de la ración de comida estipulada. Gabi ya tenía tres años y medio, así que se quedaba sin ellas. Pero estaba débil, cada vez más. La mujer del rabino Koretz, Gita, a quien yo conocía como «Rebetzin Koretz», era la encargada de repartir la leche e insistía en darle también a ella. Su marido le había hablado de mi padre y de sus buenas obras. Creo sinceramente que mi hermana sobrevivió gracias a esa leche. Era como si le diera fuerzas. A mi parecer, vivimos dos milagros en Bergen-Belsen: conocer a la señora Abrahams, nuestra santa de carne y hueso, y que Gabi se salvara gracias a la leche.

No era fácil describirlo, pero todos estábamos inmersos en

una lucha por la supervivencia. No solo en lo relativo al cuerpo, sino también al alma: queríamos seguir siendo humanos a pesar de las condiciones pésimas e infrahumanas en las que vivíamos. Y había varias maneras de hacerlo: mi padre daba charlas sobre pensamiento y religión judíos, la gente dibujaba y hasta pintaba cuadros que escondía debajo del colchón, y había quien escribía poemas o un diario. También cultivábamos el alma con coloquios sobre arte y música. Y los maestros enseñaban cosas a los chiquillos. Una de las actividades favoritas de Gabi era la «clase de arte» que organizaba una madre en el barracón. Le daba un palo a cada crío y les enseñaba a dibujar mariposas y flores en la tierra. Yo ya no pensaba tanto en la escuela, pero se me venía a la mente cuando oía a reclusos intercambiando clases de francés, inglés o física.

Las raciones iban disminuyendo y siempre teníamos hambre. Las mujeres de mi barracón recitaban menús pormenorizados de varios platos para cenas festivas y contaban de memoria sus recetas favoritas de sopas, salsas y tartas de chocolate de siete pisos. Yo no tenía ni idea de cocina, pero me quedaba absorta escuchándolas. Mi fantasía culinaria era muy sencilla: tostadas con mantequilla y un huevo pasado por agua. Me imaginaba desayunando en la cama, regocijándome en un colchón cálido y suave, acurrucada bajo unas sábanas limpias con mantas calentitas. Y también anhelaba darme un buen baño caliente yo sola.

Los guardias alemanes, que tenían una imaginación infinita cuando se trataba de ser crueles, adquirieron el hábito de hacerse una cacerola de *goulash* que olía de maravilla a sabiendas de la tortura que era para nosotros. Llegué a oír que a veces abrían la puerta para que los judíos mendigaran y a continuación, después de darles un poco, les soltaban un pastor alemán. Cuando oía esas cosas, me ponía a temblar de la rabia y el asco que me daban. Estaba desesperada por volver a casa.

También era horroroso soportar los insultos que nos lanzaban, sobre todo las guardianas de las SS (las Aufseherinnen) y los delincuentes ucranianos prisioneros en Bergen-Belsen. Nos gritaban «judía guarra», «cerda asquerosa» y cosas por el estilo. Los kapos ucranianos parecía que disfrutaban especialmente de ejercer poder sobre nosotros, un pueblo que, según les dijeron, era «inferior» al suyo.

Pero creo que lo que más aborrecía de vivir en el campo eran las letrinas y tener que ducharme bajo la mirada de los guardias de las SS. Ambas experiencias resultaban humillantes y me sentía expuesta y abochornada, justo lo que pretendían. Nunca me acostumbré. Las letrinas eran unas tablas de madera muy largas con agujeros que usaban tanto hombres como mujeres. No había privacidad, ningún tipo de cerramiento. El olor te aturdía, una mezcla de desinfectante y residuos corporales. Yo intentaba contener la respiración, pero olía tan mal que me entraban ganas de vomitar. Me daba pena que Gabi no se acordara de lo que era estar sentada en el baño de casa, limpio, fresco y revestido de azulejos. No nos daban papel higiénico. Teníamos prohibido salir del barracón pasadas las nueve de la noche, por lo que tampoco podíamos usar las letrinas después de esa hora. Así que había una olla dentro por si teníamos que hacer nuestras necesidades por la noche. Yo no menstrué durante mi estancia en Bergen-Belsen, probablemente porque estaba desnutrida, pero a las mujeres no les facilitaban paños higiénicos. A veces se agenciaban trapos en el trabajo y luego los cortaban en tiras para tal fin. Pero los guardias de las SS se distinguían por su carácter deshumanizador y lo consideraban «ilegal»; recuerdo oír cómo exigían a las mujeres que sacaran las tiras de trapo del fondo de las letrinas.

Queríamos estar limpios a toda costa, por dignidad y para protegernos de piojos, pulgas y demás parásitos. La única agua templada de la que disponíamos era la del sucedáneo de café, hecho de achicoria o bellotas, así que la usábamos para lavarnos el pelo una vez a la semana. Cada vez nos daban menos tiempo para ducharnos. Y la colada teníamos que hacerla con agua fría. Cuando lavaba la ropa de Gabi y la mía, se me ponían los dedos morados de tenerlos sumergidos en agua helada.

Pero aun así era consciente de que podría ser peor. No nos dejaban juntarnos ni comunicarnos con los prisioneros de los otros campos. Teníamos prohibido hablar entre nosotros, lo cual estaba penado con la muerte. Pero los veía al otro lado de la alambrada de espino y, a pesar de la distancia, era evidente que estaban en peores condiciones que nosotros. A la hora de pasar lista, los ancianos y la gente enferma o frágil que se encontraba mal no podían quedarse dentro, mientras que nosotros sí. Los pobres desgraciados hacían acto de presencia tirados en el suelo.

Llovía sin parar y pasear al aire libre era como vadear un mar de lodo. Pero eran de agradecer las temperaturas más cálidas y el estruendo de los aviones estadounidenses que nos sobrevolaban, normalmente bastante bajo; suponíamos que era porque sabían que estaban pasando por encima de un campo de concentración. Al principio me impresionaba oír los bombarderos retumbando, porque revivía el día que los alemanes invadieron los Países Bajos. Pero, claro, ahora representaban la esperanza. El domingo de Pascua de 1944, un día soleado, los aviones se acercaron muchísimo y ametrallaron el campo. Me tiré al suelo, imitando al resto. Oí que en algunas zonas los judíos tuvieron que refugiarse codo a codo con guardias de las SS, todos tumbados en la misma cuneta. Después, como a finales de abril, la esperanza revivió con las sirenas antiaéreas, que empezaron a oírse con regularidad. La gente especulaba y en la «Asociación de la Prensa de Israel» proliferaban rumores y habladurías. Según la sabiduría popular, los británicos estaban avanzando a base de atacar Alemania.

Una tarde de mayo, Gabi y yo fuimos a ver a mi padre y a Oma y me sobresalté. Llevaba varios días sin verlo y me di cuenta de lo desmejorado que estaba. Se quedaba sin aire al hablar y tenía tos seca. Le echó la culpa al ambiente cargado de polvo y suciedad de la nave del batallón zapatero; se tiraba allí todo el día. Él y los demás tenían que bregar mucho para cumplir el cupo diario de botas desmontadas: cuarenta.

«Me duele el pecho al respirar y cuando toso o estornudo —dijo—. También tengo un dolor que parece que aumenta cuando muevo cualquier parte del tronco superior, sobre todo los hombros y la espalda».

Mi Oma le recomendó que fuera al barracón-hospital a que lo viera un médico. Pero a él le preocupaba dejar de vernos si le hacían quedarse allí, lo cual seguramente pasaría, pensé yo por el aspecto que tenía. Pero a finales de mes ya no le quedó más remedio. Le diagnosticaron pleuresía. Según me explicó, eso quería decir que tenía inflamadas las capitas de tejido que separan los pulmones de la pared torácica. Por eso le dolía el pecho.

Yo estaba muy asustada, con el corazón en un puño todo el rato, pero, a pesar de su temor inicial, iba a verlo casi a diario al barracón-hospital. Hasta disfrutábamos de cierta intimidad durante esas visitas, ya que él mismo echaba la cortina que había alrededor de la cama y se sentaba y hablábamos. Parecía que hubiera encogido; cuando estaba tumbado era como si se lo tragara el pijama. Le encantaba ver a Gabi, adoraba su espíritu. A mi hermana le gustaba cantar y tenía un don para la música, como mi madre. Entonaba cancioncillas y a veces, en vez de hablar, canturreaba lo que estaba haciendo o pensando.

«Veros y sentarme con vosotras es la mejor medicina», decía mi padre.

Pero pasaban las semanas y no lo soltaban.

Me dijo que no perdiera la esperanza, que quedaba poco para el intercambio. También nos animaban las noticias que llegaban a través de la IPA, aunque nunca sabíamos si eran ciertas o solo rumores. A finales de junio empezó a correrse la voz de que los aliados habían desembarcado en la costa noroeste de Francia. ¿Era posible que por fin fuese a terminar la guerra, después de todo? Mientras tanto, seguíamos en nuestro extraño limbo, una combinación de aburrimiento, trabajos forzados, sesiones para quitarnos los piojos y las liendres del pelo y del cuello de la ropa, y episodios de diarrea acuclillados en las letrinas junto a otros que estaban pasando por lo mismo.

En julio llegó una buena noticia: se acercaba el intercambio de quienes tenían el certificado palestino para ir a Eretz Yisrael, nuestra tierra imaginaria de leche y miel y, al parecer, un puerto seguro. ¿Estaría mi familia en la lista?

Al final nos enteramos de que mi abuela sí, pero nosotros tres no. Supusimos que nos habían eliminado porque mi padre estaba hospitalizado y a lo mejor no lo consideraban apto para viajar. Era bueno y malo a la vez, pero en cualquier caso doloroso. Llevábamos mucho tiempo anhelando ese momento y, ahora que quedaba tan poco, resultaba que no podía ir toda la familia. Seguir en el destierro cuando los demás se preparaban para recuperar la libertad fue un golpe duro. Era un contraste tremendo: unos se quedaban dentro de la alambrada de espino mientras los otros partían hacia la Tierra de Israel.

—Oma, ¡estamos emocionadísimos por ti! —le dije.

Y era verdad, aunque también me daba miedo quedarme allí sin ella. No es que coincidiéramos mucho, pero cuando nos veíamos sentía una pizca de consuelo, porque personificaba el hogar, a mi madre y el amor. Había estado viviendo en las literas para mujeres mayores, pero la hicieron mudarse para guardar cuarentena antes del traslado, así que era la última vez que la veíamos antes de su partida.

—Os estaré esperando en Eretz Yisrael y os daré la bienvenida cuando lleguéis —dijo—. Pensad en ello y grabáoslo en la mente.

Gabi y yo la abrazamos largo y tendido. Ella nos dio un beso de despedida en la frente. Eso era todo; lo único que podíamos hacer era rezar por nuestro reencuentro en Jerusalén.

Pero a las dos semanas nos quedamos atónitos: la sacaron de la cuarentena y la mandaron de nuevo a nuestro campo. Había abordado a un oficial de las SS (lo cual fue muy valiente por su parte, porque dirigirse a ellos estaba estrictamente prohibido y podrían haberla castigado) y le había contado que su yerno estaba enfermo en el hospital y que tenía dos nietas a las que no quería dejar solas. Le pidió que la sacaran de la lista de intercambio.

—¡Ay, Oma! ¡Si ya casi eras libre! —me lamenté.

Ella me miró, sonrió y me dijo:

—Era lo que tenía que hacer. Así estoy cerca de vosotras, de ti y de Gigi.

Hacia el final del verano, las condiciones se hicieron insostenibles. El flujo de recién llegados era constante y eso se traducía en que los barracones estaban más llenos que nunca. A principios del verano de 1944 empezaron a llegar cada vez más judíos, tanto en tren como a pie, desde otros campos de Polonia. Iban vestidos a rayas blancas y negras y algunos solo con la manta, todos con la cabeza rapada y escuchimizados. Tenían un aspecto tan horrible que no podía evitar apartar la mirada. Se corrió la voz de que los alemanes los mandaban allí porque el ejército ruso se acercaba, pero ellos estaban dispuestos a privar a toda la gente que pudieran de una posible liberación.

«Liberación». Me costaba pronunciar esa palabra. La tenía grabada en la cabeza, aunque era como un sueño ilícito que ni siquiera podía plantearme.

Echaron abajo la valla que separaba el campo de los hombres del de las mujeres porque necesitaban algunos barracones para los recién llegados. Redujeron el número de barracones para los «judíos de intercambio», y nos vimos obligados a dormir de dos en dos en las literas. Por suerte, yo pude mudarme con Gabi. Dormíamos cabeza con cabeza.

En nuestro barracón entró un grupo reducido de judíos libios de Bengasi. Solo hablaban italiano y árabe, así que era difícil comunicarse con ellos. No tenían ropa de abrigo para combatir aquel frío que, una vez terminado el verano, decidió instalarse demasiado rápido. Me daba muchísima pena verlos con esa ropa tan fina. Uno de ellos, un maestro joven muy religioso que vivía en un barracón de hombres cercano, reunía fuera a un grupo de niños y les daba clases de hebreo; ellos se sentaban en círculo con las piernas cruzadas y atendían.

Yo escuchaba las lecciones: «*Einayim* significa "ojos". *Reglayim* significa "piernas"».

El comandante Kramer, el oficial de las SS que había asumido recientemente el mando de Bergen-Belsen y que antes, según teníamos entendido, estuvo en el campo de Auschwitz, afirmó que cualquier persona que estuviera sin permiso en High Street, la calle central del campo, sería fusilada. Su afición por pegar y torturar a los prisioneros de Bergen-Belsen, hasta el punto de arrojarlos a los perros, le granjeó el apodo de «la Bestia de Belsen».

Los alemanes siempre buscaban formas de atormentarnos, incluso usando en nuestra contra las festividades judías. Se salieron con la suya en Yom Kipur, que ese año cayó a finales de septiembre. Para nosotros es el día más sagrado del año; incluso los judíos no practicantes lo veneran. Es la culminación de diez días de arrepentimiento durante los cuales los judíos le piden perdón a Dios por sus pecados. Se supone que debemos vivir como ángeles, sin necesidad de comer ni bañarnos. Hay que centrarse en la vida espiritual para recibir con los brazos abiertos la oración y la santidad. Los judíos practicantes no se bañan en Yom Kipur, pero ese día, cómo no, los guardias alemanes nos llevaron a las duchas.

En mi barracón nos dio mucha rabia que nos obligaran a ducharnos precisamente ese día, y eso que nos moríamos de ganas por asearnos. Me quité la ropa y entré en la sala de duchas con Gabi a mi lado. Como de costumbre, me sentí humillada ante la mirada de los guardias de las SS, pero también disgustada e indignada por ser Yom Kipur.

La primera helada no se hizo esperar. Durante las eternas sesiones de recuento luchábamos contra el frío, cada vez más gélido. La gente no paraba de enfermar. Había menos comida. La ración de pan había pasado a ser un cubito de cuatro centímetros que cortaban con hilo y que recibíamos tras hacer una cola eterna. Me rugía tanto el estómago que ya era parte de mi ruido de fondo. Gabi se dio cuenta de que no podía pedir más comida porque sencillamente no había más. El 12 de noviembre de 1944 cumplí dieciséis años. No hubo ninguna celebración, quizá un trozo extra de pan. El día de Navidad pusieron algún que otro trocillo de carne en la sopa aguada. Nadie preguntó de qué; ya daba igual ser *kosher* o no, era más importante comer proteínas, las que fueran. Pero recuerdo que el maestro libio la rechazó. Así de devoto era.

Seguí visitando a mi padre a diario. Parecía que, en vez de mejorar, empeoraba. Durante esas visitas él se limitaba a escuchar y asentir mientras Gabi, Oma y yo hablábamos. Él no lo sabía, pero yo guardaba mis raciones de pan para comprarle pas-

tillas de penicilina a un hombre que las había traído de Westerbork. Se las habían dado los médicos. Yo confiaba en que lo
curasen, pero la tos persistía, tenía fiebre a veces y seguía muy
débil.

«Queda poco para que acabe la guerra —le dije, pues eso
había oído a través de la IPA—. Te vas a recuperar y vamos a
ser libres».

12

Anne

El flujo de gente recién llegada siguió creciendo mientras nos adentrábamos en otro invierno gélido. Daba la sensación de que durante las semanas anteriores habían recalado en Bergen-Belsen decenas de miles de personas. A muchas las llevaban en tren, pero a otras, según oímos, las obligaron a ir caminando. Los alemanes habían evacuado los campos de concentración donde estaban retenidas y las habían mandado al oeste para alejarlas de las fuerzas aliadas. Hubo gente a la que emplearon como mano de obra esclava en fábricas. Me costaba imaginar cómo habían conseguido soportar las caminatas bajo el aguanieve y las ventiscas con esa ropa raída. Sin refugio y con poca comida. Los escoltaban guardias armados. Nos enteramos por la IPA de que si alguien se tropezaba, se caía o intentaba huir, le pegaban un tiro. ¿Cuánta gente se habría quedado por el camino?

Entre los recién llegados había mujeres y niñas que vivían hacinadas en tiendas de campaña en el campo contiguo. Las veíamos desde nuestro lado de la alambrada de espino. Al igual que el resto, venían del este, de Auschwitz. En mi campo las llamaban las *Zeltfrauen*, «las mujeres de las tiendas». Algunas lonas salieron volando durante una fuerte tormenta con mucho viento. Las que se quedaron desprotegidas, acabaron caladas hasta los huesos, muertas de frío. Me daban muchísima pena.

Di gracias una vez más por disfrutar de unas condiciones mínimas. La Cruz Roja justo había enviado a los prisioneros del campo Sternlager unas cajitas de comida del tamaño de un libro y nos dieron una a cada uno; contenían pan tostado y frutos secos. Cuando las repartieron en nuestro barracón, lo celebramos someramente: aquellas provisiones eran un salvavidas de otro mundo donde la gente, pensábamos, algo debía de saber de nuestra complicada situación. Resultaba alentador sentirse menos invisible, pero nos preguntábamos por qué solo nos daban una. Seguro que la Cruz Roja había enviado más, así que ¿dónde estaban? Lo más probable era que se las hubieran quedado los alemanes.

Se hacía difícil seguir dando gracias por lo poco que teníamos. Antes había seis lavabos grandes, pero cuando llegó el invierno solo quedaban dos para todo el campo Sternlager, que usaban hombres, mujeres y niños. Doce grifos para casi cuatro mil personas... Aparte de los judíos holandeses, griegos y libios que vivían en nuestro campo, se unieron cientos de Albania y Yugoslavia. Las letrinas estaban abarrotadas y se usaban por encima de sus posibilidades, así que hubo gente que dejó de utilizarlas. Cuando me despertaba por las mañanas y veía (y olía) los montones de excrementos, me entregaban ganas de vomitar.

Los días se tornaron insoportables, pero no solo por la inmundicia. Nuestra vida diaria era un cúmulo de injusticias difíciles de digerir: una madre castigada a pan y agua durante tres días por intentar cocinar algo blando en un hornillo para su bebé; un recluso sangrando porque un guardia le había soltado un pastor alemán por trabajar demasiado despacio. Un señor mayor del batallón zapatero fue objeto de un castigo especialmente cruel por quedarse dormido encima de una bota que estaba desmontando. Lo obligaron a permanecer de pie, inmóvil, debajo de una gotera y el agua le caía sin parar en la misma zona del cuello. En Bergen-Belsen, el mal era arbitrario y atroz. Mi única esperanza residía en hacerme lo más pequeña e invisible posible y no dar pie a que ningún oficial de las SS reparase en mí; así Gabi y yo estaríamos a salvo.

Tampoco contábamos ya con ningún liderazgo judío en el campo, pues el grupo se disolvió a finales de 1944. En su momento les encargaron ayudar a mantener el orden y, aparte de escuchar nuestras inquietudes y desgracias, habían hecho todo lo posible por facilitarnos la vida.

Había mucha gente enferma o demasiado débil para trabajar y la cifra de muertos iba en aumento, así que apenas quedaban batallones de trabajo. Estoy segura de que las SS no sabían qué hacer con nosotros. De hecho, nos tirábamos casi todo el día en el barracón. Los había que miraban fijamente al vacío desde su litera, como si ya no les importara si vivían o morían. Era espeluznante ver esas miradas de apatía que hacía apenas unas semanas desprendían tanta vitalidad.

Llegó febrero de 1945. Ya había pasado un año desde que abandonamos Westerbork y el suelo holandés, y casi dos desde que nos deportaron de Ámsterdam. En la vida me habría imaginado que la guerra iba a alargarse tanto y que viviría en tales condiciones. Ya casi ni me acordaba de Ámsterdam, aunque iba allí a menudo cuando soñaba despierta, deseosa de estar con Anne, Sanne, Ilse y mis demás amigas. Entretenía a Gabi como podía hablándole de cuando vivíamos allí. Le conté cómo era el dormitorio que compartíamos y que nuestra madre jugaba a los bloques con ella y nos llevaba de paseo al parque. Quería que la recordara y que no se olvidara de lo mucho que la adoraba. Gabi me dijo que se acordaba de Sjors y de los ratos que se divertían en el arenero. Le respondí que cuando fuéramos libres jugaríamos en el arenero más grande del mundo y que luego iríamos a la playa a jugar con las olas.

Un día vi que la valla que nos separaba de las tiendas estaba rellena de paja. Fue desconcertante. Alguien me dijo que era para que no nos viéramos, pero todos teníamos sed de información y la gente se la jugaba y se acercaba, tanto por solidaridad como por curiosidad, incumpliendo la orden directa de no comunicarse con ese campo. Allí llegaban los que trasladaban de otros campos y a veces traían noticias frescas.

«Hay holandesas entre los nuevos, las escuché hablar en holandés», afirmó una mujer en nuestro barracón un día de febrero.

Se armó mucho revuelo. Todo el mundo quería saber si había parientes o amigos al otro lado, gente a la que vimos por última vez en Westerbork o en nuestra ciudad natal. Las mujeres de mi campo empezaron a acercarse a la valla cubierta de paja y a gritar en holandés para intercambiar información. Al poco vino a buscarme una conocida de mi familia de Ámsterdam. Jamás habría imaginado lo que iba a decirme: Anne Frank estaba en el grupo de mujeres y niñas holandesas que había al otro lado.

«¿Anne está aquí? —repetí, incapaz de asimilar lo que acababa de oír—. ¿Dices que Anne está a unos metros? ¿Aquí? ¿En Bergen-Belsen?».

Intenté procesar la información. Me parecía imposible. Anne estaba en Suiza, a salvo, calentita en una casa con calefacción, yendo a la escuela, seguro que rompiéndole el corazón a algún chico y disfrutando de la vida con su familia, su abuela y sus primos. Ella no había padecido aquel tormento. Eso creía yo desde aquel lejano y caluroso día de julio de 1942, cuando fui a su casa y no había nadie aparte de su queridísimo Moortje y el inquilino crispado. Estábamos en febrero de 1945. ¿Cómo demonios había terminado Anne allí? Además, si venía de un traslado era porque había estado en un campo de concentración polaco. No entendía nada.

Pero si Anne realmente estaba a unos metros de mí, ¿cómo no ir a su encuentro, aunque eso implicara correr el riesgo de que me castigaran? Tenía muchas preguntas y mucho que contar. Estaba tan emocionada por verla que tenía el corazón desbocado. De repente, la impresión se transformó en algo muy distinto: una tristeza profunda y lúgubre. Mi amiga Anne, tan animada y lista... Si estaba allí significaba que tampoco era libre. Para mí había sido un consuelo imaginármela en Suiza. De hecho, era la única amiga que no me preocupaba, aparte de Jacque, que seguía en Ámsterdam. Los demás judíos que conocía (amigos, parientes, maestros, vecinos...) tenían un lugar en mi pensamiento y no sabía qué sería de ellos.

Debía intentar verla. Normalmente procuraba no correr riesgos. Mi seguridad y la de Gabi eran lo más importante. Pero no podía no hacer nada. Así que decidí que me escabulliría del barracón antes del toque de queda de las nueve de la noche.

La señora Abrahams y otras amigas se mostraron consternadas.

—Es muy peligroso —me advirtió la señora Abrahams.

—Te pueden disparar —dijo alguien más.

—¿Y qué pasa con Gabi? —repuso otra—. ¿Y si te ocurre algo?

Les hablé de Anne, de su chispa y de su capacidad para maravillarse y divertirse; les conté que crecimos juntas en Ámsterdam y que teníamos un vínculo vital, al igual que nuestras respectivas familias. Que pensaba que habían huido a Suiza, por lo que era un misterio cómo había acabado allí deportada.

—Tendré cuidado, no os preocupéis —dije, aunque era consciente de que nadie se lo creía—. Anne es como mi hermana. Tengo que verla.

Antes de irme arropé a Gabi en la estrecha litera que compartíamos y le canté al oído la oración de todas las noches: el

Shemá. Esa vez no solo recé por ella, sino también por mi propia seguridad. Le hablé de Anne, le recordé que ella y su hermana Margot la adoraban y que cuando era bebé la trataban como si fuera una muñeca.

«Te paseábamos en el cochecito y nos peleábamos por cogerte», le dije. Ella se rio. Me encantaba la risa de Gabi, sonaba a campanitas.

Estuve un ratito acariciándole la espalda, hasta que empezó a quedarse dormida. La miré una vez más y respiré hondo. Me puse el abrigo mientras repasaba mentalmente las advertencias de la señora Abrahams y las demás. Abrí la puerta. La noche era gélida y hacía mucho viento. Había empezado a llover y me escocían las mejillas por la lluvia. Me arrebujé bien con mi abrigo ajado. Me asomaban las muñecas huesudas por las mangas. Desde que lo doblé y lo metí en la maleta hacía casi dos años, había crecido a pesar de seguir bajando de peso. Seguro que estaba igual de demacrada que el resto del barracón.

El camino estaba embarrado y resbalaba, así que me concentré en no caerme. Según me acercaba con cuidado a la valla, seguía asimilando que en breve a lo mejor veía a Anne. Aún no me lo creía; me costaba deshacerme de las imágenes difuminadas que tenía de ella en Suiza, lejos de la enfermedad y de la muerte que había allí.

Tenía muy presentes las torres de vigilancia, con sus guardias de las SS ametralladora en mano; también patrullaban con pastores alemanes a ambos lados de la alambrada. Estábamos cercados y a la vez divididos. No se me olvidaba que un posible castigo por hablar con los prisioneros que había al otro era la muerte. Temblaba de frío y de miedo. Pero también pensaba en Anne, así que seguí caminando y llegué a los cinco minutos.

Olía a la paja fresca embutida en la valla y, según me acercaba, empecé a tranquilizarme; la rocé con las manos. «No te entretengas», me dije.

—¿Hola? ¿Hola? —pregunté bajito—. ¿Hay alguien ahí?

—¿Sí? —respondió en holandés una voz que me resultó familiar—. Soy Auguste van Pels —añadió la mujer.

¡La señora Van Pels! Ella, su marido y el hijo iban de visita a casa de los Frank. Vivían en nuestra calle y sabía que él trabajaba con el padre de Anne.

—Yo soy Hannah Goslar —dije.

—Seguro que quieres hablar con Anne —respondió ella al instante—. Voy a buscarla. Margot también está aquí. Pero no va a poder venir, está muy mal.

Cómo me alegraba haber encontrado tan rápido a alguien que me trajera a Anne. Pero… ¿Margot también estaba allí? ¿Y enferma? Nerviosa, miré a mi alrededor, agachándome para evitar las luces de las torres de vigilancia que peinaban el campo. Me latía el corazón tan fuerte que me sorprendió distinguir un hilo de voz hablando bajito:

—¿Hanneli? ¿De verdad eres tú?

—¡Sí, Anne, soy yo! —respondí.

Ambas nos echamos a llorar bajo la misma lluvia fría, cada una a un lado de la dichosa alambrada. El tiempo apremiaba, así que le pregunté entre lágrimas:

—¿Por qué estás aquí? Te hacía con tu abuela en Suiza.

Me contó que no se fueron a Suiza. Que la historia esa era un ardid. Le noté la voz más débil, más floja; ya no sonaba bulliciosa y confiada. Anne me explicó deprisa y corriendo dónde habían estado.

—Nos escondimos en la oficina de mi padre, en unas habitaciones secretas. Vivimos allí más de dos años. Estuve dos años sin salir —dijo atropelladamente.

Retrocedí a aquellas tardes de domingo en el número 263 de Prinsengracht, cuando jugábamos con los teléfonos y le tirabamos agua a los transeúntes que pasaban por la acera. Gracias al escondite, me dijo, se habían librado de los nazis, de la deportación y de los campos. Pero en agosto los delataron; fue un mazazo. Los detuvieron y los mandaron a Westerbork y luego a Auschwitz.

—Me cortaron el pelo —dijo con voz aún incrédula.

Percibí su indignación. Su pelo moreno y sedoso... Se lo cepillaba constantemente y se lo ondulaba con rulos; era su rasgo favorito. Y estaba helada, me dijo, pues iba vestida con harapos. La imagen de Anne expuesta al viento gélido y a la lluvia era estremecedora. Margot tenía tifus; lo pasaba muy mal y no podía moverse de la cama. Me contó una noticia horrible: sus padres estaban muertos. Seguramente los habían gaseado, me dijo.

Seguía sin entender nada. ¿Gaseado? ¿A qué se refería? Había visto a gente morir de hambre o por enfermedad en Bergen-Belsen y sabíamos que intentar escapar (y es posible que también hablar entre nosotros, como estábamos haciendo ella y yo) conllevaba que te pegaran un tiro, pero ¿gaseados? Había oído rumores sobre asesinatos en otros campos por boca de otras compañeras prisioneras, pero ¿gasear a la gente premeditadamente?

Eso escapaba a mi entendimiento. La voz de Anne pertenecía a otro mundo lejos de allí, a nuestra plaza de Merwedeplein, donde nos pasábamos las tardes absortas jugando y echando a volar la imaginación, donde nunca se pasaba hambre y donde dormíamos en una cama caliente, arropadas por nuestros cariñosos padres. Pero esa misma voz que tan bien conocía me estaba diciendo que en Auschwitz mataban a la gente gaseándola, que eso era lo que les había pasado a sus padres. ¿Cómo podía ser?

Eso era lo que hacían, me explicó. Sobre todo a las personas mayores de cincuenta años, como su padre. Había visto las volutas de humo saliendo del crematorio, donde terminaban nuestros seres queridos. Me quedé estupefacta, aunque yo también hubiera visto cosas que jamás me habría imaginado estando en Ámsterdam: golpes y patadas al azar, latigazos y culatazos. Crueldades horribles. Y últimamente cada vez más muertes. Los cuerpos empezaban a acumularse. La primera vez que contemplé las pilas de cadáveres desvié la vista; nunca más volví a mirar.

Tenía muchas preguntas que hacerle, pero no podía entretenerme demasiado, era peligroso. Podían pillarnos en cualquier momento. Así que, entre susurros presurosos, intercambiamos noticias sobre muertos y vivos. Le dije con la voz quebrada que mi madre había muerto tras dar a luz. Ella solo sabía lo de mi hermano recién nacido, pero lo de mi madre lo desconocía. Le conté que mi padre se encontraba muy mal, pero no me dio tiempo a explicarle por qué estaba tan asustada por él. Le conté que mi abuelo había muerto de un infarto en Westerbork.

—Pero Gabi está bien. Y mi abuela está aquí también —añadí.

—Yo no tengo a nadie.

Sus palabras se me clavaron como un cuchillo.

Las dos sollozábamos. Éramos dos chicas aterradas bajo un cielo nocturno empapado por la lluvia, separadas por una barrera de paja y alambre de espino. ¿Cómo habíamos llegado a ese punto?

—Estoy muerta de hambre. ¿Tienes comida? ¿Puedes traerme algo? —me preguntó Anne.

—Sí, lo intento —respondí, pensando mientras tanto cómo iba a hacerlo—. Nos vemos dentro de dos noches. Espérame.

Ella dijo que sí. Nos despedimos deprisa con tristeza. Miré a mi alrededor y, antes de volver al barracón, atisbé la periferia de la alambrada por si había guardias. Me temblaba todo el cuer-

po de la emoción por haberme reencontrado con Anne, pero
también me dolía el corazón. Mi amiga estaba rota, era la sombra de la persona que yo conocía.

—Gracias a Dios que has vuelto, Hanneli —dijo la señora
Abrahams, que se me acercó corriendo en cuanto entré en el
barracón.

—Sí que es Anne —les dije a ella y a unas cuantas que se
habían arrimado para saber más—, pero está helada; solo tiene
el uniforme andrajoso de prisionera. Y se muere de hambre,
mucho más que cualquiera del campo Sternlager.

Les conté que Anne era la persona más dinámica y segura
de sí misma que conocía. Mis amigas se rieron cuando les conté lo que decía mi madre de broma: «Dios lo sabe todo, pero
Anne sabe más». Pero ahora estaba consumida, muy cambiada, les expliqué. Me fijé en cómo me miraban, con los ojos
llenos de empatía y pena. Supuse que quizá estaban pensando
en sus propias amigas, desaparecidas por culpa de esa guerra
horrorosa, preguntándose dónde estarían.

Les dije que tenía que volver dentro de dos noches para
llevarle comida a Anne. Pero no sabía cómo iba a conseguirla.

—No te preocupes, haremos lo que podamos para que le
lleves algo —repuso una mujer.

Y luego se ofrecieron más para ayudar. Y eso que ellas
apenas tenían nada y ni siquiera conocían a Anne. Me quedé
abrumada con tanta amabilidad. Durante los dos días posteriores se pasaron por mi litera para darme sus ofrendas. Con-
tribuyeron con parte de lo que habían guardado de los paque-
titos de la Cruz Roja. Allí las hogazas de pan se dividían en
trozos de cuatro centímetros que se repartían entre varias familias y tenían que durar dos días. Pero aun así ellas colabora-
ban como podían, ya fuera con un calcetín o un guante.

Al día siguiente quería ir al barracón-hospital a visitar a mi
padre. Tenía que contarle que había visto a Anne; iba a llevar-

se una sorpresa cuando se enterase de que ella y Margot estaban allí. Además, quería preguntarle si había oído algo de las cámaras de gas de Auschwitz. Nos insistía a Gabi y a mí en que no perdiéramos la esperanza, que acabarían intercambiándonos, que tuviéramos paciencia, que aguantásemos, que esperásemos... ¿Sabía que los alemanes, aparte de dejar morir a los judíos, como pasaba en Bergen-Belsen, también los estaban asesinando? Pensé en su pesimismo inherente. Y en el optimismo del señor Frank; al final fue él quien se puso en lo peor y urdió un plan para esconderse.

Mientras me dirigía al hospital me vino un olor ácido, como a pegamento hirviendo. Salía del crematorio, o eso me habían dicho; estaba a las afueras de Bergen-Belsen. Allí incineraban los cadáveres de la gente que se desplomaba por culpa del hambre, la enfermedad, el agotamiento o todo a la vez. Después de hablar con Anne caí en la cuenta de que yo era una chica de dieciséis años que debería estar en la escuela estudiando historia y geografía, mis asignaturas favoritas, y riéndome con Anne y las demás amigas por alguna tontería. Sin embargo, estaba en un campo de concentración dirigiéndome a visitar a mi padre enfermo para preguntarle si de verdad mataban a los judíos en cámaras de gas.

Lo encontré encogido en la cama, con la cara gris como el cielo nublado. Se le veía muy débil y se despertaba a la mínima. Casi siempre tenía sus ojos de color azul grisáceo abiertos y a mí me parecía que me miraba, y que me veía y me entendía. Pero a veces lo notaba ausente, como ido. Ese día los tenía cerrados y me llevé una desilusión. No obstante, eché igualmente la cortina de la cama y me senté a su vera. Lo solté todo de golpe, casi sin respirar: que había visto a Anne, que los Frank no se habían ido a Suiza, que se escondieron con los Van Pels y un amigo dentista en un ático secreto que había detrás de la oficina del señor Frank, pero que alguien los delató y acabaron en Auschwitz. Le conté que Anne estaba derrotada, que no tenía nada que ver con la persona que yo recordaba. Respiré hondo, le apreté la mano y le pregunté: «¿Es verdad? ¿Gasean a los judíos en las duchas?». En ese momento tenía los ojos abiertos y parecía que me estaba escuchando, pero no hubo respuesta. No dijo nada. ¿Acaso no podía hablar? Le costaba respirar. Maldije su trabajo agotador e inútil en el batallón zapatero, que le había arrebatado la salud.

«Papá, sé fuerte —le dije, igual que él me decía a mí—. Queda poco para que nos canjeen a los cuatro. Solo tenemos que ser pacientes, ¿de acuerdo?».

Conté a las mujeres del barracón lo que me había dicho Anne de que en Auschwitz mataban a la gente con gas. Algunas ya lo habían oído, pero ninguna nos lo creíamos. Pensábamos que quienes venían de allí habrían perdido la cabeza por culpa de las horribles marchas o los viajes en tren. En esos trayectos apenas comían, los dejaban morir de frío o de hambre, o les pegaban un tiro si iban demasiado despacio. Debían de estar muy muy trastornados para creerse esa historia y difundirla. Incluso los alemanes, por muy psicóticos que fueran y por mucho que se deleitaran con nuestro sufrimiento, no serían capaces de algo así.

La tarde del día siguiente, que era cuando había quedado con Anne, ya tenía una mezcla de fruta deshidratada, pan tostado y unas cuantas esquinas de galletas saladas de las valiosas, si bien escasas, cajas de la Cruz Roja. Metí la preciada recolecta y el guante dentro del calcetín. Así envuelto era del mismo tamaño que una pelota pequeña.

Arropé a Gabi, como todas las noches. Luego me arrebujé con mi abrigo y me calé el sombrero para taparme las orejas; hacía mucho frío otra vez, pero por lo menos no llovía. Eché a andar despacio, atenta por si había guardias. Al llegar a la valla, llamé a Anne. También hice nuestro silbido de cuando éramos pequeñas, los primeros compases del himno nacional holandés. Oí pasos.

—Estoy aquí, Hanneli —respondió ella.

Esa vez no nos pondríamos en peligro hablando de más.

—Te traigo comida. Te la lanzo, ten cuidado.

—Vale, listo —respondió.

Lancé la pelotita hacia el cielo y me quedé mirando cómo volaba por encima del alambre de espino. Me invadió la adrenalina.

Entonces escuché unos gritos. Era Anne. Oí una breve discusión y que alguien huía.

—Anne, ¿qué ocurre? ¿Qué pasa?

—¡Me la ha quitado una mujer y no me la devuelve! —gritó ella entre sollozos.

—Anne, otro día vuelvo. Seguro que encuentro algo —dije para calmarla. Hablaba demasiado alto y me di cuenta de que estaba muy agitada, llorando. Me puse nerviosa; quería hacer algo para consolarla, lo que fuera—. Te prometo que voy a traer más comida. No pasa nada.

Pero no sabía cómo. Mientras regresaba al barracón, me entró mucha ansiedad. ¿Cómo iba a salir del paso? Parecía que, al aumentar el número de prisioneros, cada vez había menos comida; era como si la estructura del campo se estuviera viniendo abajo. Ya solo nos daban un plato de sopa aguada al día y los cuatro centímetros de pan un día sí y otro no. La sopa nunca sabíamos cuándo iban a traerla. Unas veces llegaba a las ocho de la mañana y otras a las siete de la tarde.

«¿Cómo ha ido? —me preguntaron en cuanto puse un pie en el barracón—. ¿Le ha gustado el paquete a Anne?».

Por un momento pensé que yo también me echaría a llorar. Les expliqué lo que había pasado, que Anne estaba muy alterada porque le habían arrebatado la comida. Se mostraron todas muy consternadas. Me quedé atónita cuando se prestaron a ayudarme otra vez. A los dos días ya tenía un par de trozos de pan tostado y fruta deshidratada, todo guardadito en unas medias y listo para entregárselo. Cuando llegué a la valla, me concentré, dispuesta a conseguir que recibiera el paquete.

—Anne, Anne... ¿Hola? ¿Anne? —Para mi alivio, me oyó y se acercó corriendo—. Te traigo un paquete. Di hola para saber dónde estás exactamente —le indiqué.

—Hola, hola —contestó.

—Vale, prepárate para cogerlo que te lo lanzo.

—Listo —oí al otro lado.

Yo no era muy deportista y estaba más débil y hambrienta que nunca, pero hice acopio de fuerzas y, guiándome por su voz, la visualicé. Le lancé el paquete por encima de la valla y me quedé mirándolo mientras sobrevolaba la paja y el alambre de espino.

Oí un ruido sordo cuando aterrizó sobre la tierra fría.

—¡Lo tengo! —exclamó; su voz ya se parecía más a la de siempre.

Suspiré.

—Tengo que irme —le dije, pues era arriesgado demorarse en la alambrada—. Pero vendré en breve, Anne.

Regresé al barracón con sigilo bajo la noche despejada y fría, con el corazón desbocado durante todo el camino. Qué alivio y qué emoción tan grandes cuando supe que había cogido la comida. ¡Lo había conseguido! Miré el cielo y vi las estrellas titilando. Me acordé de nuestro club La Osa Menor Menos Dos y sonreí.

Cuando llegué, Gabi ya estaba profundamente dormida. Me agaché con cuidado para meterme en la litera. Me fascinaba que pudiera dormir con tanto ruido de fondo. Ahora había cientos de personas en el barracón y las voces rebotaban en las vigas. Siempre había jaleo. Ya hacía tiempo que habían retirado las mesas de madera alargadas para dejar hueco a las literas nuevas…, sumando así más miseria a la miseria.

Había muchas mujeres enfermas. Algunas gemían postradas en su cama mugrienta y otras gritaban, supongo que por los horribles dolores que les causaban los edemas de brazos y piernas. Otras se consumían en la litera, incapaces de moverse y agotadas por la diarrea. Oí que el crematorio se había quedado pequeño para la cantidad de cadáveres que había que incinerar. Cuando moría alguien por la noche en el barracón, a veces el cuerpo se quedaba ahí hasta la mañana siguiente. Había una niña con la piel sequísima de tanto rascarse por culpa de los piojos, y una noche, al volver de coger la sopa para su madre enferma, se la encontró muerta.

Las enfermedades se multiplicaban; no solo porque estábamos famélicas, sino porque era muy difícil mantenernos aseadas. Casi no teníamos acceso a agua corriente. A esas alturas, solo una vez al día, pero aun así me las apañaba para que Gabi y yo pudiéramos estregarnos a diario. También le quitaba los piojos y las liendres del pelo y de la ropa, y procuraba hacer lo propio conmigo misma. Por la noche cantábamos el Shemá juntas, cara a cara. Gabi estaba desarrollando una vocecita de soprano muy dulce. Las palabras hebreas que solía cantar por las noches con mi madre hacían las veces de bálsamo.

Una mañana después de pasar lista, un oficial de las SS se quedó en la entrada del barracón y se puso a gritar nombres, entre ellos el mío y el de Gabi. Tardé un momento en asimilar que eso significaba que estábamos en la lista para ser canjeadas por prisioneros alemanes retenidos por los aliados. Pero ¿cuándo? ¡Mañana! ¿Mañana? El oficial dijo que teníamos que personarnos enseguida en la enfermería del campo para que nos examinara el médico y confirmara si estábamos sanas para el intercambio. Me costó mucho contener la alegría y la sorpresa. ¡Mi padre tenía razón! ¡Por fin iban a canjearnos! No podía parar de sonreír. Pero también me sentí cohibida, porque muchas amistades se quedaban; aun así nos colmaron de felicitaciones, entre ellas la señora Abrahams y la señora Emanuel. Pero Anne y Margot seguirían allí, famélicas y enfermas, y no podían hacer nada. Tenía el corazón dividido entre el alivio y el dolor.

Fui al barracón-hospital con Gabi de la mano y con Oma y allí nos examinó un médico de las SS, alto y ancho de espalda. Fue muy rápido; luego fuimos las tres con él hasta la cama de mi padre. Estaba más pálido que el día anterior y me desalenté al verlo con los ojos cerrados. Ni siquiera respondió cuando lo llamé. Pero tenía la respiración estable. No tosía ni esputaba, como venía siendo habitual. Eso me dio esperanza. Me fijé en las manos del médico mientras le examinaba el corazón con el estetoscopio. Hasta yo me di cuenta de que en su estado era imposible que le dieran el visto bueno para viajar y hacer el canje. El médico de las SS me miró a los ojos y yo no me atreví a preguntárselo con palabras, ya que estaba prohibido. Así que le supliqué con la mirada y recé por que me entendiera: «Déjelo venir con nosotras».

Vi en su expresión que sabía perfectamente lo que estaba en juego. Nos quedamos todos quietos, mudos. «Hans Goslar: autorizado», anunció, y tachó su nombre de la lista que llevaba en el portapapeles.

Un médico de las SS, un oficial, nos había mostrado un poco de humanidad, de gracia. No me lo podía creer. Recité mentalmente Al Hanisim, una oración hebrea para agradecer los milagros.

Esa noche, el médico y la enfermera judíos que con tanta amabilidad habían atendido a mi padre le quitaron el pijama y le pusieron su traje gris entallado, preparado para el viaje en tren con salida a primera hora del día siguiente.

El 25 de febrero, Oma, Gabi y yo llegamos al hospital con nuestras maletas, pero mi padre no estaba en la cama. «¿Y papá? ¿Dónde está?», gorjeó Gabi.

El médico, al oírla, entró y nos dijo en voz baja y suave que mi padre había fallecido esa noche.

«Pero si nos vamos ya, van a canjearnos. Por fin van a canjearnos. Por fin, por fin, por fin. Nos vamos a Eretz Yisrael, a la Tierra de Israel, como él quería», le dije con desesperación al doctor, que me miraba con lágrimas en los ojos. No podía ni moverme de la impresión. Sus palabras flotaban en el aire, congeladas e imposibles de asimilar. Aun así notaba que mi padre se había ido.

«*Meine lieben Mädchen*», dijo mi Oma, «mis queridísimas niñas». Nos estrechó a Gabi y a mí entre sus brazos huesudos. Intentó explicarle la situación a mi hermana, desconcertada por nuestro llanto y esforzándose por seguir la conversación. Y cuando entendió que su padre ya no estaba se puso a llorar también. Salimos las tres juntas con la cabeza gacha y nos recibió el aire gélido de la mañana. Solo me consolaba una cosa: murió pensando que finalmente seríamos libres, que iban a canjearnos y nos permitirían entrar en Eretz Yisrael. Su sueño de toda la vida iba a hacerse realidad. Me dolió que él no fuera a ser parte de ella.

Nos tapamos la boca como pudimos para evitar el hedor de los cadáveres acumulados al borde de los caminos cubiertos de nieve, que los prisioneros recogían y trasladaban en carretillas. Desvié la mirada. Había visto brazos y piernas sobresaliendo de dichas carretillas y lo último que quería era reconocer el cuerpo de mi padre. El instinto me dijo que debía protegerme de esa imagen espeluznante.

Seguimos avanzando a duras penas, yo cargando con la

mochila y la maleta, hacia el edificio administrativo donde debíamos personarnos para el intercambio. Al llegar vimos una
fila muy larga de gente que también estaba en la lista. Buscamos el final y esperamos. Gabi se quejó de que tenía las manos
frías. Yo también las tenía como témpanos de hielo, al igual
que los pies. Intentamos calentarnos a base de zapatazos en el
suelo y dando palmas. Estuvimos allí plantadas casi cuatro horas bajo una temperatura glacial. El frío paralizante al menos
me ayudó a olvidarme de la conmoción y el dolor por la pérdida de mi padre.

De pronto salió un oficial de las SS. Nos volvimos hacia él
con la esperanza de que nos diera buenas noticias. En cambio, como el médico esa mañana, pronunció unas palabras
inconcebibles:

«Se ha suspendido el intercambio».

No dijo por qué.

«¡Volved a los barracones!», gruñó.

Aún en estado de estupor, nos recompusimos como pudimos y regresamos al barracón, Oma al suyo y Gabi y yo al
nuestro. Se me revolvió el estómago cuando abrí la puerta y
vi ese sitio y a esas personas de las que me había despedido
hacía unas horas. Volver era peor que haber aguantado allí el
último año. Había una mujer en nuestra cama. La señora Abrahams, al vernos la cara, intuyó la sensación de derrota y nuestro pesar. Me oí a mí misma contándole lo que yo aún estaba
intentando asimilar: «Mi padre ha muerto y han suspendido el
intercambio».

Ella susurró algo a la mujer que se había mudado a nuestra
litera y esta se fue. Gabi y yo nos tiramos en la cama y cerra-
mos los ojos.

Allí no había tiempo ni lugar para llorar a los muertos, para
guardar los siete días de la tradicional *shivá* judía. Pero al menos podía quedarme en la litera llorando a mi padre a mi ma-

nera, a excepción de cuando pasaran lista. Ya ni siquiera hablábamos de la posibilidad de que nos liberasen, sino de que
esperábamos conseguir más comida, aguantar un día más. Yo
no contemplaba la opción de no sobrevivir. Como siempre,
tenía que mantener a Gabi con vida.

Días después de la muerte de mi padre, me propuse volver
a la valla a buscar a Anne. Quería hablar con ella, contárselo y
compadecernos juntas. Al acercarme, vi a través de unos agujeros en la paja que las tiendas ya no estaban. Anne, Margot, la
señora Van Pels… No quedaba nadie. Se habían esfumado. Era
como si nunca hubieran estado allí.

13

El tren perdido

Cuando alguien moría en nuestro barracón, dejaba algún vestigio de la persona que fue. Mientras retiraban las pertenencias de una chica joven que había fallecido la noche anterior, vi un pañuelo de seda amarillo con unas iniciales colgando de su litera. Era conocida por su belleza. Recuerdo que otra mujer, una física, guardaba un libro de ecuaciones debajo de la almohada. A veces el recordatorio era una persona: una hermana, un hijo o una hija pequeños o una mejor amiga, alguien que seguía en el mundo de los vivos, si es que aquello era vivir.

Los bultos desnudos del campo se envolvían con una manta y luego se llevaban al crematorio. Pero en las zonas de los prisioneros trasladados de campos de concentración polacos, como Anne y Margot, sacaban los cuerpos arrastrándolos con una cuerda atada a las piernas y luego los apilaban en uno de los montones, que no paraban de crecer entre los barracones o delante de ellos. Al parecer no había hueco para enterrarlos ni recursos suficientes para incinerarlos. Así que se quedaban ahí; era una pesadilla repugnante, inconcebible incluso para el peor de los enfermos mentales. Yo procuraba no mirar y quedarme dentro con Gabi para no tener que verlo, pero había pilas y pilas de cadáveres y esa imagen me perseguía; no me la sacaba de la cabeza, ni siquiera cuando estaba debajo de la manta e intentaba no pensar en ello.

A esas alturas ya casi ni me acordaba de lo que era no tener hambre. Parecía que el tiempo se dilataba entre cada bocado de pan y cada hilillo de sopa. Robar comida estaba castigado con la muerte, pero la gente estaba tan desesperada que había quien ponía su vida en riesgo porque había visto colinabos al otro lado de la alambrada de nuestro campo. Unas veces regresaban, pero otras no. Había entre poca y nada de agua, así que casi siempre teníamos sed. Cuando Gabi venía con su taza esmaltada y me pedía agua, yo negaba con la cabeza y le decía: «Ahora no, espero que pronto». Ansiaba beber y comer, pero también un poco de soledad, por mínima que fuera. Ya debíamos de ser mil entre mujeres y niños en un espacio para unas ciento cincuenta personas, a lo sumo trescientas. Siempre había alboroto; nuestro sufrimiento hacía un ruido que no cesaba nunca. Así que también anhelaba silencio, aunque solo fuera un momento de paz.

Mi Oma al menos seguía en condiciones de visitarnos y a veces íbamos nosotras al barracón donde vivía con otras señoras de sesenta años en adelante. Ella tenía sesenta y siete. Su cara, otrora redonda, cada vez estaba más chupada, y la piel arrugada y seca (otra huella del hambre) se le pegaba al hueso. No era la única, todo el mundo estaba en los huesos, pero era muy doloroso ver una cara tan familiar transformarse en un espectro. Gabi y yo fuimos a verla un día de finales de marzo y lo único que había comido en varios días eran unos cubitos de pan; ella, con lo que disfrutaba con mi abuelo tomándose una taza de café bien fuerte con un trozo de tarta en uno de sus cafés favoritos. Nos sentamos al pie de su litera y ella y Gabi repasaron los números, y luego hablamos de que cuando estuviéramos en Eretz Yisrael comeríamos chocolate en la orilla del mar.

Un par de días después, un amiga de Oma fue a buscarnos al barracón.

«Traigo noticias muy tristes», dijo.

Yo la entendí perfectamente.

«Vuestra maravillosa Oma ha muerto esta noche. Os adoraba, siempre estaba hablando de sus niñas. Al menos ha dejado de sufrir. —Me puso en la palma de la mano un anillo de oro, su alianza—. Ahora es vuestro. Que la memoria de tu abuela sea una bendición».

Mamá, Opa, papá y ahora Oma. Mamá, Opa, papá, Oma. Lo repetía como un cántico. «Mi familia está muerta». Era el 25 de marzo de 1945; hacía justo un mes que había muerto mi padre. Aunque estaba en los huesos, sentí de repente una carga enorme sobre mí. Quería cerrar los ojos y llorar, pero lo único que podía hacer era soportar ese peso de plomo. Fue como si me hubiera hundido en lo más profundo del núcleo de la Tierra. Solo quedábamos Gabi y yo. Las lágrimas acabaron recorriendo mis mejillas, calientes y saladas, hasta alcanzar la lengua. Me quedé mirando al vacío, aturdida.

Tras enterarse de la noticia, la señora Abrahams fue a nuestro encuentro con su hermana, la señora Emanuel. Se sentaron con nosotras y nos acariciaron el pelo. Lloramos juntas la pérdida de Oma. Sentimos que, al igual que antes, seguíamos siendo una familia. Recordé uno de mis relatos bíblicos favoritos, la historia de Rut. Cuando su marido murió a muy temprana edad, le dijo a Noemí, su suegra israelita: «Tu pueblo será mi pueblo».

La señora Abrahams me apretó la mano.

Ese mes de abril llovió a cántaros. A veces el cielo se despejaba y un levísimo aroma a primavera penetraba en el hedor nauseabundo de los cadáveres y el humo del crematorio. Me dio fiebre de golpe. Se me paró el corazón. Ese temido momento. «No puedo coger tifus», me había repetido como si fuera un conjuro de magia. Pero estaba por doquier y se propagaba por todos los campos de Bergen-Belsen, incluido el nuestro. Sabíamos que había dos tipos. Uno era más mortal, la fiebre tifoidea, que la transmitían las pulgas, y el otro afectaba al estómago. Tenía náuseas y un dolor de tripa horrible, así que la señora Abrahams creía que era el segundo. Yo recé por que así fuera. No podía permitirme ponerme mala, Gabi estaba a mi cargo.

«Pobre, seguro que te encuentras fatal», dijo la señora Abrahams, tocándome la frente con su mano fría.

Me costaba mucho salir de la litera. Solo me levantaba para ir a la letrina, y eso ya era difícil. Gabi jugaba por allí cerca en el suelo sucio y cantaba con Lily, la hija pequeña de la señora Abrahams. Ya no se hacían cuarentenas, así que no había ningún sitio donde mi hermana estuviera a salvo de contagiarse a través de mí o de quien fuera. El ruido incesante retumbaba en aquel barracón cavernoso y me palpitaba la cabeza.

Una parte de ese ruido eran lamentos. Madres de luto por sus hijos. Una hermana que había perdido a su hermano mayor. Niños que se habían quedado huérfanos porque el padre había muerto, seguido por la madre una semana después, incluso días. Como yo en su momento, estaban empezando a entender que la muerte era una pérdida irreversible. Cuando eres crío, eso es como que te despojen del sentimiento de seguridad más básico y primordial; el suelo que pisas deja de ser estable.

Por muy abrumada y débil que estuviera, seguía con interés las noticias de la IPA: soldados británicos y estadounidenses estaban en camino. Me dejé llevar por aquel atisbo de esperanza. Pero ¿llegarían a tiempo de encontrar más vivos que muertos? ¿Qué estrategia usarían las SS cuando el enemigo se aproximara a la alambrada? Y estaba preocupada por Anne y Margot y por la gente de los campos polacos, que se hallaban en un entorno peor que el nuestro. Quería saber qué les había pasado, pero me encontraba demasiado mal para intentar averiguarlo y tampoco podía hacer mucho. Solo llevarlos en el corazón y rezar por ellos.

Poco después escuché algo sobre unos trenes. Al parecer, esa era la respuesta a la pregunta sobre qué nos deparaba el futuro. Iban a evacuar el campo. Nos dijeron que recogiéramos nuestras pertenencias, que iban a trasladarnos y que los trenes estaban esperando. Nos aterraba la idea del traslado. Nuestra situación ya era horrible, pero seguro que donde nos llevaban sería peor. La mayoría sospechábamos que subirnos al tren significaba que íbamos a morir, sobre todo si lo de las cámaras de gas era cierto. Miré a Gabi, que, como de costumbre, estaba correteando con Lily por allí cerca. Su pelo de color miel estaba lacio y greñudo de no lavárselo y tenía la ropa apelmazada y sucia.

No nos dijeron nada más, pero se extendió el rumor de que querían llevarnos al campo de concentración checoslovaco de Theresienstadt para gasearnos. Yo consulté con la señora Abrahams qué podíamos hacer para quedarnos. ¿Sería más seguro intentar no subir al tren y confiar en que los británicos y los estadounidenses llegaran en unos días? Pero enseguida quedó patente que no teníamos elección. Nos evacuaban a todos sin excepción, salvo a la gente más débil o muy enferma de tifus, fiebre tifoidea, tuberculosis o disentería; a esos quedó claro que iban a dejarlos allí.

Nos ordenaron que fuésemos andando hasta el andén, que estaba a ocho kilómetros. Pero ¿cómo? La mayoría no aguantaría una mínima parte de eso. Al final nos llevaron a algunos en camión. El primer grupo salió el 8 de abril de 1945. Fui testigo de la partida forzosa de gente que había conocido allí, gente a la que quería. Hijos que no tenían más remedio que dejar allí a sus padres achacosos, y padres que querían quedar-

se con sus hijos enfermos de gravedad y fueron obligados a
punta de pistola a tomar al tren.

El turno de mi grupo llegó dos días después. La señora
Abrahams nos ayudó a Gabi y a mí a guardar nuestras pertenencias. Una vez más preparé la misma maleta burdeos que
hice por primera vez dos años antes con la señora Ledermann.
La ropa se nos había quedado pequeña, pero no teníamos
otra. Metí los cuencos y las tazas esmaltados, uno para cada
una, y alisé la portada del libro de Florence Nightingale, un
recuerdo de la señora Goudsmit y del resto del mundo. Solo
tenía una manta muy fina para las dos.

Me costó cargar con la maleta, pero estábamos todos igual,
débiles y bregando con nuestras pertenencias. Me preocupaba
qué sería de Gabi si yo me desplomaba. La señora Abrahams
ya tenía bastante con sus siete hijos; ya se había reencontrado
con los dos varones y con su marido. Me sentí aliviada cuando nos subieron a Gabi y a mí con nuestro equipaje a la parte
de atrás de un camión. Nos hicimos hueco entre la gente, niños la mayoría. Miré hacia atrás, hacia el campo Sternlager, y
pensé que allí fue donde vi a mi padre y a mi Oma por última
vez. Ahora partíamos sin ellos. Gabi y yo nos habíamos quedado sin madre, luego sin hogar y después, uno a uno, sin los
demás miembros de la familia. Cuando nos deportaron, mi
hermana tenía dos años, era prácticamente un bebé, así que
había vivido media vida en un campo. Intenté no pensar en ello
y me concentré en llegar al tren. Ya tenía suficiente agotamiento encima.

Abrieron la verja del campo y levantaron la barrera roja y
blanca. Vi los edificios grises y los cuidados terrenos de los
oficiales de las SS y su campo de fútbol. Sentimos el abrazo del
cálido sol primaveral. Me percaté de que los guardias llevaban
un uniforme de verano más ligero. Recorrimos a trompicones
la misma carretera irregular por la que habíamos llegado a Ber-

gen-Belsen. El camino estaba salpicado de cadáveres esqueléticos con el uniforme de prisionero de rayas blancas y negras. Me encogí y me fijé en los abetos que se veían al fondo de la carretera y en el cielo abierto y desvaído.

Nos dejaron en el andén y estuvimos horas esperando; llegaron más camiones, pero los que iban a pie se quedaban rezagados. La gente ni siquiera tenía energía para hablar. Repartieron pan y margarina para el viaje. Algunos también tenían un par de remolachas o nabos. Busqué a Anne entre la multitud, preguntándome si ella y Margot se subirían al mismo tren. Cuando quedamos en la valla solo escuché su voz, así que no sabía si la reconocería sin su maravilloso pelo, en tan mal estado e igual de desnutrida que los demás.

Un soldado alemán de los que habían enviado para escoltarnos sonrió cuando vio a Gabi. Venían de combatir en el frente, no de vigilar campos de concentración.

—¿Quieres una galleta? —le preguntó.

—¿Qué es una galleta? —repuso ella.

Entonces a él se le descompuso el rostro. Algo me dijo que fue en ese momento cuando comprendió el grado de deshumanización al que nos había sometido su gente. Fue como si hablara con la cara: «¿Qué hemos hecho?».

Gabi se comió la galleta y no dejó ni una migaja.

Mientras esperábamos, el sol se escondió y se hizo de noche. La gente se tumbó y se durmió. Yo, aún febril, me puse la cabeza de mi hermana en el regazo y la mecí. Hacia la medianoche, nos subieron a los vagones de ganado; había alrededor de cuarenta y cinco. Cuando los soldados nos azuzaron, perdí de vista a la señora Abrahams y a la señora Emanuel con sus respectivas familias. Gabi y yo encontramos hueco en el suelo empajado y nos sentamos al lado de la puerta corredera. Había un rendija y pensé que nos sentaría bien el aire fresco. Pero cuando el tren empezó a traquetear por las vías, el viento

se volvió más frío y riguroso. Me estremecí y me arrebujé con
la mantita; luego me recosté para acurrucarme con Gabi. Casi
no tenía fuerzas para estar sentada. El tren estaba a oscuras; no
se podía encender ninguna luz, para no exponernos a los bombardeos. Me tumbé e intenté ignorar los quejidos de los pasajeros. No había «servicios». A la gente no le quedaba más remedio que orinar en su propia ropa interior. Menos mal que
la brisa que entraba por la puerta mitigaba el insoportable
olor.

Unos reclusos me dijeron que viajábamos entre dos fren-
tes; al parecer, los estadounidenses y los británicos estaban al
norte, y los rusos, más al sur. Por eso se oía el fragor de la batalla cada vez más cerca. También vi por la rendija de la puerta
el resplandor del fuego y supuse que era consecuencia de los
bombardeos y los sistemas antiaéreos que se escuchaban alrededor. En un momento dado se oyó una sirena y el tren
paró de golpe. Al rato dejó de oírse, pero no reemprendimos
la marcha. La luz de la luna caía sobre nuestro lado del vagón,
ya en silencio por fin. Más tarde se oyó una explosión cerca y
nos espabilamos todos del susto. El cielo cada vez estaba más
rojo. Algunos pensaban que habían bombardeado una ciudad
próxima.

Cuando amaneció, la gente empezó a bajar sigilosamente
del tren. Teníamos todos muchísima sed y unos cuantos se dis-
pusieron a buscar agua tras percatarse de que los soldados alemanes a cargo de vigilar a la desdichada multitud no estaban
disparando a nadie. Los que fueron en busca de agua no eran
muchos, pues casi nadie tenía energía para ponerse a deambu-
lar y cumplir dicha misión; yo desde luego no la tenía. Pero ni
siquiera en caso contrario habría corrido el riesgo de separarme de Gabi.

Alguien nos ayudó a ambas a bajar del tren cuando fue evidente que íbamos a estar allí un rato. Contemplé aquella esce-

na tan rara. Algunos prisioneros habían hecho fogatillas y estaban asando remolachas. Otros dormían profundamente en la hierba. Respiré hondo. Primavera. Estábamos en mitad de una pradera de tierra fértil y oscura y asomaban las primeras flores.

—¡Gabi, mira! ¡Un pájaro! ¿Lo ves? —le dije.

No tenía recuerdo de haber visto ni oído pájaros en Bergen-Belsen.

—¡Un pájaro! —exclamó ella.

Me encantó verla sonreír. Sacudí la manta mugrienta y una mujer me ayudó a sacar los abrigos de invierno de la maleta; con ellos hice un nidito para descansar. Nos tumbamos, cerré los ojos y sentí la maravillosa luz del sol en la cara. El cielo era de un azul intenso.

«¡Al tren!», ordenó alguien. Abrí los ojos de golpe. Los soldados alemanes estaban pisoteando las hogueras y tirando las cacerolas llenas de remolacha. La gente recogió sus cosas apresuradamente y volvió al tren corriendo o cojeando. No sé de dónde saqué las fuerzas, pero hice lo propio y me dirigí a nuestro vagón lo más rápido que pude, sin soltar en ningún momento la manita a Gabi. Ya en el tren, en el mismo hueco al lado de la puerta, empezó de nuevo la miseria. En mi cabeza seguíamos en Bergen-Belsen, en una versión ambulante de aquel infierno.

Esa primera parada y la orden exaltada de volver a subirnos eran un presagio de lo que estaba por venir. Avanzar y parar. Avanzar y parar… Unas veces una hora, y otras, el día entero. Cuando nos deteníamos en una estación, hacíamos cola en la fuente para beber agua. No siempre conseguía llenar las tazas antes de que nos avisaran de que había que regresar al tren. Notaba la garganta seca y agostada; me la imaginaba como un desierto cuarteado por el sol.

En una de las paradas vi que los soldados alemanes ataban

sábanas blancas y banderas en las puertas del convoy y por el techo. Querían que los bombarderos británicos y estadounidenses pensaran que era un tren civil, no un objetivo militar. Cuando el avión se acercaba demasiado, parábamos y nos ordenaban salir otra vez. ¿Cuánto más iba a durar aquello? ¿Adónde íbamos?

«¡Al suelo! ¡Al suelo!», gritaban los soldados.

Era desconcertante pasar del avance monótono del tren, del traqueteo, los ojos cerrados y la incertidumbre de cuándo llegaría el final misericordioso de las toses y los quejidos, a verme arrastrada al exterior de repente.

«¡Al campo, fuera del tren! ¡Rápido!», me gritó un soldado, metralleta en mano.

Acababa tirada en el suelo sobre Gabi mientras las bombas retumbaban cual truenos aproximándose. Nos sobrevolaban los aviones y oíamos el eco aterrador de las explosiones. También había fuego de artillería y la gente gritaba. Me sentía muy expuesta y lo único que podía hacer para mantener a raya el terror era rezarle a Dios. Para estar a salvo y para que cesaran las bombas, aunque era consciente de que significaban que los «buenos» estaban intentando liberarnos.

«¡Vale, todo despejado! ¡De vuelta al tren!», gritaban los soldados cuando el bombardeo al fin había terminado, pues a veces se demoraban hasta hora y media.

Todos los días moría gente en el vagón. Intentábamos enterrar los cuerpos consumidos en los laterales de las vías. Eran entierros fugaces, pero, si daba tiempo, un pariente varón o, en su defecto, un desconocido recitaba delante de la tumba el Kadish, la oración judía por los difuntos.

Los soldados que nos vigilaban eran bastante pasivos; muchos eran mayores, pero todos tenían cara de cansancio y el ceño fruncido. Algunos incluso decían abiertamente que la guerra había terminado y que lo único que querían era irse a casa. Era insoportable verlos con sus provisiones cuando, a esas alturas, a ninguno de nosotros nos quedaba comida. Gabi me pedía algo de comer, pero no tenía nada que darle. Lo que sí teníamos todos eran punzadas de dolor por el hambre mientras el viento nos azotaba a través de la rendija de la puerta, un aluvión de aire frío y constante que no tenía piedad con nuestros cuerpos temblorosos y nos hacía castañetear los dientes.

Los soldados ya no nos amenazaban para que no escapáramos. De hecho, en una ocasión que estuvimos parados mucho rato, nos dijeron que podíamos ir a buscar comida al bosque o acercarnos a una aldea a pedirles algo a los campesinos. Pero eso ni siquiera era concebible para la mayoría. Esqueléticos, con la estrella amarilla en la ropa andrajosa y la cabeza y las cejas llenas de piojos, no teníamos fuerzas para eludir peligros potenciales. Además, ¿adónde íbamos a ir? En mi caso, tampoco habría dejado sola a Gabi ni aunque ya me hubiera recuperado del todo. Así que seguíamos siendo prisioneros, pues carecíamos de la fuerza, la ropa, el dinero y la documentación necesarios para soñar siquiera con salir corriendo hacia la libertad.

En nuestro vagón iban los Finkel, que tenían siete hijos. Llevábamos ya un rato parados en mitad del campo cuando, en un momento dado, oí que Ida Finkel le dijo a su hijo mayor que fuera a buscar algo de comer a una granja que se veía a lo lejos.

«Jackie, ve a por comida. Por fin se ha terminado. La libertad nos espera».

Vi a Jackie y a su padre bajar del vagón de un salto y dirigirse a la granja para pedir pan, patatas…, lo que fuera. El señor Finkel regresó con unas patatas, pero Jackie aún no había vuelto cuando los soldados empezaron a cerrar la pesada puerta del tren. Lo vimos que venía corriendo campo a través.

«¡Un momento! ¡Paren! —les gritó la señora Finkel—. ¡Mi hijo está fuera! ¡Abran la puerta! ¡Abran la puerta!».

La mujer daba golpes con los puños y gritaba. Lo sentí en el alma por ella y por la familia. No podíamos más que presenciar su agonía. El marido intentó consolarla: «Seguro que nos alcanza enseguida, cuando pare el tren. Ya verás».

Pero el tren siguió avanzando y no paró hasta que se hizo de noche. La pobre señora Finkel, tirada en el suelo, dijo entre gemidos: «¿Dónde está Jackie? ¿Qué le ha pasado a mi Jackie?».

No supe qué decir. Le rogué a Dios en silencio que lo protegiera.

Estaba oscuro cuando el tren se detuvo en lo que nos dijeron que era Berlín. ¡Berlín! La ciudad donde yo nací y que tanto querían y añoraban mi madre y mi padre. Pero ahora, según nos acercábamos a las afueras, se veía parcialmente en ruinas. Pensé en el elegante edificio donde vivíamos antes, enfrente del Tiergarten, y me pregunté si seguiría en pie. Me levanté del suelo de madera sucio e intenté asomarme para ver mejor: edificios arrasados, otro quemado de arriba abajo hasta el punto de verse la calle de atrás. Apenas vi transeúntes y los que había eran casi todos soldados o bomberos buscando entre los escombros. «Con lo grande que es la ciudad y está totalmente destruida», pensé. Un sentimiento desconocido brotó dentro de mí: venganza. Me di cuenta de que me alegraba de que la ciudad hubiera sufrido.

El tren atravesó Berlín de estación en estación y volvimos a salir al campo. Según pasaban los días, cada vez nos costaba más caminar unos pasos e incluso incorporarnos. A esas alturas ya había perdido la cuenta del tiempo que llevábamos en esa ratonera. ¿Una semana? ¿Más? ¿Por qué tardábamos tanto en llegar a donde fuera?

La gente que me rodeaba había empezado a intercambiar de todo por comida: la chaqueta de cuero de un padre querido ya difunto, joyas, relojes..., hasta fragmentos de oro. Durante una parada, busqué en el fondo de la mochila la alianza de mi Oma; la había escondido ahí. Cuando la encontré, examiné de cerca, embelesada, la banda lisa de oro intenso y el diamantito brillante en el centro. Mi Opa le puso ese anillo en el dedo en ese mismo Berlín calcinado y bombardeado por el que acabábamos de pasar.

En la siguiente parada, varias mujeres de mi vagón y yo juntamos los anillos que teníamos, abordé a un soldado alemán y le dije: «Queremos intercambiarlos por comida».

Él volvió con un conejo recién sacrificado. Hicimos el trueque por seis anillos de oro. Una mujer encendió enseguida una fogatilla en un círculo de piedras y asó nuestro trofeo. Nos reunimos alrededor y compartimos la preciada carne, sin importarnos que estuviera correosa. Se la di a Gabi desmenuzada. Era primordial que las dos nos comiéramos lo que nos correspondía.

«Come, Gigi. A saber cuándo volveremos a conseguir algo», le dije. Ese día no fue quisquillosa y se lo comió todo.

En el tren cada vez había más personas enfermas. Se quedaban dormidas y ya no se despertaban; los entierros fugaces junto a las vías se convirtieron en algo casi rutinario. El olor dentro del vagón era tan desagradable como los sonidos de la miseria que albergaba: un coro de gemidos, críos reclamando a su madre y plegarias. Yo misma estaba muy mal, pero sabía que tenía que sobrevivir por Gabi. Aunque ya no distinguiera el día de la noche, mi empeño era llegar al día siguiente. No quería ser un *Muselmann*, término que usábamos en Bergen-Belsen para referirnos a la gente que se había convertido en un bulto famélico y desesperanzado, sin ningún destello de vida ni ganas de sobrevivir.

Durante nuestro lento avance la tierra seguía temblando por el fragor de la guerra: el zumbido de los aviones, el martilleo de la artillería y el estruendo descomunal de las bombas. «¿Por qué nos torturan así? Si quieren acabar con nosotros, ¿por qué seguimos vivos?», me preguntaba yo.

A nuestro lado iba sentado un húngaro con gafas que rondaría la treintena. Se veía que estaba muy enfermo, seguramente de disentería y puede que también de tifus. Tenía diarrea y orinaba en un recipiente. Estando el tren en marcha, se acercó cojeando a la rendija de la puerta que teníamos al lado para vaciarlo, con tan mala puntería que los desechos cayeron justo sobre nuestra manta, con nosotras tumbadas debajo. Y además nos salpicó. Yo, pese a estar muy débil, pegué un chillido y me puse a llorar. Gritaba con tanta rabia y tan alto que la gente se sobresaltó. Estaba histérica y me costó un rato calmarme. «¿Cómo vamos a limpiarlo?», me lamenté.

Había intentado por todos los medios que la única manta que teníamos estuviera lo más limpia posible; la sacudía en todas las paradas y procuraba que no se ensuciara ni se llenara de piojos. Ahora tanto la manta como nuestra ropa desprendían un hedor pútrido. Si en el tren no había agua para beber, mucho menos para lavarnos nosotras y limpiar nuestras cosas.

En el que más tarde me enteré de que era el decimotercer día de nuestro recorrido errante, me desperté y el tren estaba parado otra vez. Miré a mi alrededor y no había nadie en el vagón.

—Gigi, ¿qué ha pasado? —le pregunté, pero ella meneó la cabeza sin más—. ¿¡Donde está la gente!? —grité muy asustada.

—¡Los rusos! —dijo alguien—. ¡Nos han liberado los rusos! Nos hemos despertado y los soldados alemanes no estaban. Habían desaparecido. Los rusos se han topado con el tren abandonado y se han puesto a hablarnos, pero nadie los entendía. Un judío ruso que hablaba yidis nos ha dicho que por fin éramos libres.

Liberación. Llevaba soñando con ese momento desde que me desperté sobresaltada cinco años atrás por culpa de los aviones alemanes que nos invadían; había rezado para que llegara ese día y fantaseado con él, pero ya casi había perdido la esperanza. ¿Así acababa todo? ¿No iba a poder regocijarme viendo a los soldados alemanes esconderse en la noche? ¿Me habían privado de escuchar a los soldados del bando amigo, nuestros héroes, diciéndonos que éramos libres? ¿No iba a oír los vítores de quienes durante tanto tiempo habían sido mis compañeros de fatigas, expresando juntos nuestro alivio?

Me sentí frustrada, como si me hubieran robado.

Fui a rastras hasta la puerta del tren y me asomé al exterior para ver dónde estábamos.

14

Liberación

Intenté estirar las extremidades. Las notaba flácidas y pesadas. Mi cuerpo entero era de plomo. El suelo del tren estaba pegajoso por los excrementos y salpicado de paja sucia, y, a pesar de tener el estómago vacío, aquel olor repugnante me dio náuseas. Casi no quedaba nadie en el tren; la mayoría había ido a la aldea más cercana a buscar comida y refugio. Vi que estaban Robert Heilbut y su madre. Creo que él tenía un año menos que yo; la liberación también lo había pillado dormido, igual que a mí. Cuando se enteró de que unos soldados rusos a caballo habían dicho que éramos «libres», él repuso refunfuñando: «No es la primera vez que oigo eso». Luego se dio la vuelta y siguió durmiendo.

En Ámsterdam, los Heilbut vivían enfrente de nosotros e íbamos a la misma sinagoga. Nuestros padres se llevaban bien. Me enteré de que su padre y sus dos hermanos mayores no habían sobrevivido. Así que ahora solo quedaban él y su madre. Unos días antes la había visto a ella darles a los soldados los respectivos relojes de su marido e hijo mediano a cambio de unas conservas de carne enlatada y un poco de queso. Aun con esas, la señora Heilbut seguía demasiado débil para salir del tren. Y la señora Finkel lo mismo; estaba muy enferma. Como era de esperar, su hijo Jackie no consiguió dar alcance al tren, que era lo que le aseguró su marido. De momento, ella y la señora Heilbut se quedarían allí. Pero los demás teníamos que irnos. Queríamos alejarnos de ese tren y necesitábamos comer.

Me arrastré hasta el borde del vagón. Los soldados rusos nos habían ordenado a todos los pasajeros ir a buscar comida y requisar una casa en Tröbitz, el pueblo más cercano. Así que Robert, Gabi y yo echamos a andar confiando en que íbamos en la dirección adecuada. Pero... ¿cómo que requisar? La idea de apoderarme de la casa de un alemán me pareció absurda. «¿Usted me ha visto?», pensé. Era una chica de dieciséis años escuchimizada incapaz de recorrer distancias cortas. ¿Cómo iba yo a apropiarme de nada?

Aun así, empezamos a bajar por un sendero a través de un bosque frondoso. Por suerte, el pueblo no se hallaba muy lejos, pero estábamos tan débiles que tardamos un rato. Llegamos a un claro cercano al pueblo y me fijé en las hileras de casas de muros de estuco blanco y tejas rojas que bordeaban una calle empedrada. En muchas ventanas se veían sábanas blancas a modo de banderas.

Había gente del tren rondando entre las casas. Cuando vi que llevaban tarros de conservas y pan, me quedé de piedra. Nos cruzamos con una persona que nos dijo que habían saqueado varios sótanos llenos de comida. A pesar de llevar años en guerra, los sótanos daban fe de la abundancia: tarros de verduras (maíz, guisantes, encurtidos...), mermelada, hogazas de pan, cuñas de queso, carne... Los supervivientes del espeluznante tren metían todo lo que podían en sacos vacíos de harina y azúcar. Al pasar por delante de la panadería del pueblo vimos que el escaparate estaba hecho añicos; en su desesperación, lo habían reventado para coger pan. Hubo incluso quien comió estofado y sopa hirviendo directamente de la olla que estaba en los fogones. Más tarde me enteré de que mucha de esa gente que se dio el atracón en aquel paraíso recién descubierto se puso malísima; algunos hasta murieron. Después de tanto tiempo sin comer, los cuerpos famélicos se vieron abrumados. Qué crueldad más grande librarte de morir de inanición y acabar muriendo cuando por fin consigues llenar el estómago.

A esas alturas yo tenía más hambre que miedo, así que entramos los tres en una casa. Encontré queso y leche en la cocina, pero la mujer alemana que vivía allí, con los ojos desorbitados de terror, y seguramente por la repulsión que sintió al vernos, dijo con tono de súplica: «Es lo único que tengo para mi bebé y para mí». Robert y yo nos miramos y al final no cogimos la comida. Bajamos las escaleras e inspeccionamos el sótano. Buscamos por doquier, pero apenas encontramos nada. Los del tren ya habían saqueado ese hogar. También descubrimos que en Tröbitz no quedaban casas libres; ya estaban todas llenas. Los supervivientes no habían «echado» a los alemanes de su morada; más bien la compartían con ellos y convivían forzosamente. No había hueco para nadie más, así de simple.

Era rarísimo que ahora los alemanes nos tuvieran miedo, aunque creo que la palabra adecuada era «rechazo». Nos miraban horrorizados mientras deambulábamos pidiendo comida, andrajosos y esqueléticos. Cuando aparecíamos, reculaban, también por las enfermedades, no me cabe ninguna duda. Me enteré de que los rusos les daban pavor. Una mujer del pueblo nos dijo que estaba convencida de que iban a meterlos a todos en la iglesia y a prenderle fuego con ellos dentro. Se habían creído la propaganda de sus dirigentes: los rusos eran asesinos violentos. Posteriormente, cuando tuve un poco de tiempo para asimilar el panorama de aquel día, me pregunté por qué no estaban enfadados con el Gobierno por habernos tratado como lo había hecho.

No supe qué hacer. Me frustró mucho habernos quedado

rezagados en la carrera por encontrar un sitio donde hospedarnos. Al poco aparecieron unos soldados rusos, los primeros que veía con mis propios ojos. Me di cuenta de que les causó mucha impresión nuestro aspecto, igual que a los aldeanos alemanes. Algunos se echaban a llorar cuando nos veían. Pero también era evidente que procuraban mantener las distancias, pues no querían que les contagiáramos el tifus, la disentería o lo que fuera que pudiéramos tener. Nos ordenaron que fuéramos a Schilde, un poblado agrícola que había cerca. Cuando llegaron los rusos, la mayoría de los habitantes de Tröbitz izaron banderas blancas y se rindieron, pero no se movieron de allí. Sin embargo, en Schilde hubo gente que huyó, así que había hogares vacíos.

Cuando llegamos, nos mandaron a la casa del alcalde, un ferviente miembro del Partido Nazi que había huido con su familia. Ahora era nuestra. Tuvimos suerte y encontramos algo de comida en el sótano, aunque no mucha. Así que no había posibilidad de que nos atiborrásemos de suculentos alimentos hasta morir sin darnos cuenta. Había sobre todo patatas y algo de mermelada. Los fogones estaban encendidos, así que pusimos una olla al fuego y hervimos las patatas. Una vez cocidas, se deshacían en la lengua. Gabi devoró su ración con ansia. Nos supieron a gloria después de lo que habíamos hecho algunos en el tren: masticar hojas y hasta chupar corteza de árbol.

Una madre y su hija reclamaron una parte de la casa. Nos prometieron que se encargarían de que la otra mitad siguiera en nuestras manos, pues había mucha gente disputándose las viviendas. Así que nos fuimos y volvimos despacito al tren para recoger a la señora Heilbut y llevarla a la casa del alcalde nazi. Vimos una carreta pequeña, una especie de carretilla, y la cogimos para transportarla.

A esas alturas ya estaba empezando a asimilar nuestra nueva realidad.

—Gabi, por fin somos libres —le dije.

Ella frunció el ceño y repuso:

—¿Libres?

—Sí, libres. Se acabaron el campo y el tren. ¡Esta noche dormiremos en una cama de verdad!

En el trayecto de vuelta a Schilde, ya sin punzadas de hambre gracias a esa primera comida de suculentas patatas, me abandoné a la cálida caricia del sol. Se filtraba a través de los árboles y bañaba las flores silvestres. El mero hecho de mentarle la palabra «primavera» («¡Estamos en primavera!») a Gabi ya era emocionante. Le señalé el luminoso cielo azul; le dije que había flores de todos los colores y que a veces desprendían una fragancia maravillosa. No estaba segura de que recordara lo que eran las flores. Respiré profundamente el aire puro, ya sin rastros de humo del crematorio.

Di un respingo al darme cuenta: «No tengo frío ni hambre». Me lo repetí mientras intentaba asimilar ese hecho.

De vuelta en la casa requisada, recogimos como pudimos los cristales que habían roto quienes entraron previamente buscando comida. La señora Heilbut, a pesar de seguir débil, nos ayudó a organizarnos. Que teníamos que lavarnos lo tuve claro cuando pensé qué habría dicho mi madre que debíamos hacer a continuación. Senté a Gabi en una silla en el baño y procedí a quitarnos la ropa sucia e infestada de piojos. Primero la lavé a ella y luego me tocó a mí; el agua salía fría. No dejaba de temblar mientras me lavaba el pelo, aunque en realidad apenas tenía frío. Fue muy emocionante despojarme de varias semanas de roña y sudor y sentir de nuevo lo que era estar limpia. Me quedé embobada con los ojos de Gabi, que destacaban en su cara suave y recién lavada.

Cogí un vestido rojo de lana con dibujos geométricos negros que encontré en un armario. Era de mi talla. Supuse que sería de una chica que vivía allí antes. No era nada especial, un

vestido normal y corriente. Pero no tenía piojos. Me lo puse
por los pies despacito y por un momento me deleité con aquella sensación tan novedosa. No picaba, no estaba pegajoso y no
apestaba.

Ahora que ya estábamos limpias las dos, ropa incluida, re-
tiré el edredón blanco de la cama que había en la habitación
que íbamos a compartir Gabi y yo. Acaricié las sábanas blancas y palpé la tela suave de algodón mientras inhalaba el aroma a recién lavado. Era de una blancura tan inmaculada que
deslumbraba. Se había hecho realidad lo que soñaba cuando
estaba en el barracón de Bergen-Belsen: dormir en una cama
limpia y suave. Acomodamos nuestro cuerpo demacrado en
el colchón. Tiré del edredón para taparnos y me arrebujé con
él, completamente eufórica. A Gabi le dio la risa tonta. ¡Qué
impresión estar las dos solas en una habitación privada y tranquila! Sin el alboroto ni el ruido incesante del barracón atestado.

Contemplé la estancia desde la cama y me fijé en que el
verde claro de las paredes en realidad era papel pintado. Tenía
un patrón geométrico. De repente me di cuenta de lo que era:
cruces gamadas.

No daba crédito. La habitación en la que íbamos a dormir
la primera noche tras ser liberadas estaba empapelada con es-
vásticas.

Los primeros días los pasamos sobre todo en la casa y los alrededores mientras recuperábamos fuerzas poco a poco. En total éramos seis: la señora Heilbut y Robert, Gabi y yo, y The-
resa y Ursula Klau, madre e hija, todos judíos alemanes que
otrora nos refugiamos en Ámsterdam. La señora Heilbut se
fue recuperando día a día. Era una mujer de recursos y descubrió que en el jardín había una planta comestible, así que nos

hizo una nutritiva sopa con ella. Siempre nos advertía que comiéramos despacio y sin pasarnos.

Lo peor del tren fue ver a Gabi tan impasible. Parecía una muñeca de trapo; no se quejaba ni lloraba. Estaba muerta de hambre, como todo el mundo, y era incapaz de hacer nada aparte de existir. La única actividad que compartíamos como hermanas era quitarnos los piojos y aplastarlos con las uñas. Para mí era un alivio verla en nuestro hogar temporal metiéndose cucharadas de sopa en la boca; había recuperado el brillo de los ojos.

Los soldados rusos, que vestían uniforme de un verde apagado y llevaban una gorra con la estrella roja de cinco puntas (el símbolo del Partido Comunista), nos dejaron prácticamente a nuestra suerte. La barrera idiomática ponía trabas a la comunicación con ellos, pero nos dieron cartillas de racionamiento para comprar alimentos básicos en las tiendas del pueblo: margarina, queso, leche y pan. También instalaron un modesto hospital de campaña. Obligaron a las mujeres alemanas del pueblo a recoger a los enfermos graves que se habían quedado rezagados en el tren. Los transportaban en carretas y en camillas improvisadas hechas con mantas.

Aunque éramos libres, la cifra de muertos no hacía más que aumentar. El suelo de ambos pueblos estaba salpicado de cuerpos cubiertos con mantas a la espera de recibir sepultura.

A Gabi y a mí nos separaron de los Abrahams en el tren, así que estaba desesperada por saber qué había sido de ellos. Intenté no perder la esperanza y empecé a preguntar por ahí. No era fácil conseguir información, fuera la que fuese. Pero al final averigüé que la señora Abrahams, su marido y su hijo mayor murieron de tifus el día posterior a la liberación. Qué crueldad... Me quedé sin habla un momento. Hizo mucho por nosotras. No sé cómo me las habría apañado sin su ayuda para cuidar de Gabi mientras estuve en el hospital al poco de llegar a Bergen-Belsen. Nos acogió en su núcleo familiar y me abrazó cuando nos dejó mi Opa, luego mi padre y después mi Oma. Ella fue nuestra *lamedvovnik*, nuestra sosegada santa de carne y hueso.

Las cifras de aquella odisea las supe más tarde. De las dos mil quinientas personas que fuimos obligadas a subirnos a ese tren en Bergen-Belsen, murieron quinientas sesenta y ocho. Estuvimos circulando trece días mientras los rusos y los británicos se acercaban. Por entonces no tenía ni idea de cuánto tiempo pasamos dentro; era una pesadilla que no acababa nunca. Aunque es posible que el final previsto hubiera sido peor que el viaje: con el tiempo, los Finkel me contaron que el maquinista le dijo al señor Finkel que tenía órdenes de llevar el convoy hasta el borde de un puente y dejarlo caer al agua.

De hecho, salieron otros dos trenes de Bergen-Belsen más o menos a la vez que nosotros, rumbo al gueto de Theresienstadt (o Terezín), en Checoslovaquia. Uno sí llegó, pero el otro fue liberado por los aliados. Al nuestro lo apodaron «el tren perdido».

Por las mañanas contemplaba la primera luz del día bañando la habitación empapelada con cruces gamadas. Gabi y yo ya empezábamos a adaptarnos, reviviendo los colores y los olores de la primavera y de la vida. Percibía el aroma del café haciéndose en la cocina y acariciaba las toallas y las sábanas limpias. Todo me maravillaba.

Daba la sensación de que los rusos habían ocupado ambos pueblecitos, Tröbitz y Schilde. Los soldados recorrían las callejuelas a pie, a caballo y en camión. Incluso llegamos a ver una columna de tanques atravesando Tröbitz. Eran nuestros salvadores. Oficialmente eran «soviéticos», claro, pero para nosotros eran «los rusos». Yo no tuve ninguna mala experiencia con ellos, pero los aldeanos les tenían pánico porque pensaban que veían a las mujeres y las niñas alemanas como su «botín de guerra». Era un temor justificado. En el campo de batalla, el Ejército Rojo era conocido por creer que su papel en la liberación de Europa les daba derecho a comportarse como les diera la gana.

Era comprensible que las mujeres de nuestra casa desconfiaran de ellos y que fueran protectoras conmigo y con Ursula, la otra adolescente que vivía allí. Por lo visto habían violado a dos mujeres del tren que murieron poco después. Había algunos trucos para evitar dicho peligro. Una chica de dieciocho años había aprendido a decir en ruso que solo tenía catorce. Contó que, cuando se le acercaba un grupo de soldados, eso parecía funcionar, porque ellos reculaban. La madre de Ursula puso un cartel en la ventana con puntos rojos; eso significaba que en esa casa había escarlatina, pero no era verdad. Es muy posible que funcionara, porque no recuerdo que los soldados intentaran entrar.

Así que allí estábamos, en dos aldeas agrícolas remotas, al borde de un bosque, rodeados por una mezcla variopinta de rusos, abrumados por la tarea de supervisarnos y a los que temíamos por si nos violaban, y de alemanes, que nos odiaban. A nosotros, no a los nazis que nos habían hecho aquello. Estábamos todos ansiosos por irnos de Alemania y volver a los Países Bajos. Pero nos dijeron que había que esperar. Un matrimonio joven no quería seguir esperando y decidieron robar unas bicicletas y volver a Holanda pedaleando: unos seiscientos cincuenta kilómetros.

Ni siquiera tengo recuerdo de enterarme de lo del 7 de mayo, que fue cuando Alemania capituló sin condiciones ante las tropas aliadas. Luego supe que Hitler se suicidó el 30 de abril, justo una semana después de que el tren se detuviese y nos informaran de que éramos libres.

Como a las seis semanas, hacia finales de junio, inquietos
ya y listos para pasar página, los soldados rusos nos dijeron por
fin que debíamos personarnos con nuestras pertenencias en el
centro de Tröbitz a las ocho de la mañana del día siguiente.
Iban a llevarnos de vuelta a Holanda, pasando primero por
Leipzig, una ciudad del oeste, a ochenta kilómetros. La noticia que tanto esperábamos. Pero también fue doloroso para
quienes dejaban atrás a seres queridos que no sobrevivieron a
los primeros días, como les pasaba a los hijos de la señora Abrahams. Enterraron a su madre, junto con otras tantas personas,
en una parcela nueva del cementerio de Tröbitz, específica
para toda la gente del tren que murió tras la liberación.

«¡Gabi, volvemos a Holanda!», le dije. ¡Holanda! Ella sabía
que éramos de allí, pero no se acordaba de su vida en Ámsterdam. Ya tenía cuatro años y medio. Yo había intentado mantener viva la memoria de nuestros padres contándole anécdotas
de ellos y también le hablaba de mis amigas (Anne, Sanne,
Ilse, Jacque...), de las cosas a las que jugaba con ellas y de
nuestras bromas. Ahora que ya vislumbraba la vuelta a Holanda, empecé a fantasear con el reencuentro. Agradecía enormemente haber visto a Anne. No sé por qué, pero estaba convencida de que había sobrevivido. «Seguro que también está a
punto de volver a Ámsterdam», pensé.

No había gran cosa que meter en mi ajada maleta. El día
de la partida llevaba puesto mi único vestido: el rojo y negro de
lana que encontré en un armario. Al llegar al centro de Tröbitz vimos una hilera de camiones militares rodeados de soldados estadounidenses paseándose, los cuales se hacían llamar
«GI», según supe después. Subimos a uno junto con la señora
Heilbut y Robert. Los estadounidenses eran muy diferentes
de los soldados rusos. Estaban de buen humor, pues ellos mismos también volvían a casa en breve. Se reían mucho y hacían
por hablar con nosotros en inglés.

Fuimos campo a través hasta Leipzig, dando tumbos en el camión. Aparte de lo que había entrevisto por la rendija del vagón del tren, hasta entonces solo habíamos visto propiamente Bergen-Belsen y los pueblecitos de Tröbitz y Schilde, así que fue un gusto contemplar campos, valles y campanarios de iglesia. Cuando entramos en Leipzig, los escombros y los edificios arrasados daban fe de la intensidad de los bombardeos a los que estuvo sometida la ciudad. Empecé a darme cuenta de lo devastadora que había sido la guerra, más allá de la visión limitada que yo tenía.

Nos llevaron a una escuela reconvertida en un albergue provisional para nosotros, con hileras de catres y cocinas improvisadas. Me encontré otra vez con los Finkel y ayudé al padre a llevar unas mantas enrolladas a la escuela. Allí también se alojaba gente de otros campos de concentración, así que iba fijándome en todas las caras por si veía a Anne y a Margot. Estuvimos allí unos días y luego nos trasladaron en un tren-hospital de la Cruz Roja a la frontera con Holanda.

Gabi me miró algo indecisa en cuanto lo vio. «Este tren es bueno, Gigi. No te preocupes», le dije.

Con nosotros viajaban unas enfermeras estadounidenses muy simpáticas que nos acomodaron en camas mullidas. Yo aún estaba sumamente delgada. Pesaba solo treinta kilos, y eso que había estado varias semanas en Schilde recuperándome, así que casi siempre me sentía cansada.

Para comer, las enfermeras nos dieron carne de cerdo enlatada. Yo seguía la dieta *kosher*, así que nunca había comido cerdo. Pero sabía que el principio del *pikúaj néfesh* anula cualquier ley judía en favor de la preservación de la vida humana. Pensé que quizá fuera mi única oportunidad de probar esa carne tan sabrosa para muchos y que en cualquier otro caso me estaba prohibida.

«Uf», pensé al abrir la lata y ver un trozo de jamón con

grasa; tenía entendido que no estaba tan rico como el beicon que le había tocado a una amiga que era mucho más religiosa que yo. Me lo comí y no me supo mal, pero me quedé con ganas de probar el beicon.

Los siguientes setecientos kilómetros hasta la frontera holandesa transcurrieron por el valle del Elba, entre paisajes montañosos y pueblos agrícolas, y pasamos por Weimar, ciudad de nacimiento de Goethe, tan estimado por mi madre, y donde se firmó la primera constitución democrática de Alemania, la que dio nombre a la querida República de Weimar de mi padre. Llegamos enseguida a Limburgo, una provincia fronteriza en el sudeste de los Países Bajos cuyo paisaje ondulante estaba salpicado de pueblos y ciudades devastados por la guerra. ¡Ya estábamos en suelo holandés! Me invadió un gran alivio. Casi no me lo podía creer.

La primera parada fue en un castillo antiguo rodeado de cerezos. «Aquí van a haceros un reconocimiento médico y a despiojaros», nos dijeron las enfermeras.

Cuando descendimos del tren, dos hermanas autóctonas de veintipocos años nos recibieron con unos dulces; nos encantó ese gesto, fue muy conmovedor. Pero luego nos encontramos con un panorama desconcertante: una fila de hombres y mujeres holandeses custodiada por soldados de Estados Unidos y Canadá.

—¿Quiénes son? —pregunté.

—Nazis holandeses del NSB —respondió alguien.

Al parecer los habían detenido hacía poco y estaban a la espera de juicio. Pensé en los padres de Lucie, mi amiga de la escuela, y me pregunté cómo habría vivido ella la guerra. ¿Estarían sus padres en la fila? A los detenidos les cambió la cara cuando nos vieron. Varios judíos del tren de la Cruz Roja se pusieron a insultarlos a gritos.

Yo estaba indignada y confundida a la vez. «¿A quién se le

ocurre juntar a nazis y a judíos retornados en el mismo sitio?»,
me dije. Soñábamos con una vuelta a Holanda cordial y al ver
a los nazis patrios nos sobresaltamos, porque pensábamos que
nos habíamos librado de ellos al abandonar Alemania.

Había mucha gente haciendo cola para recoger ropa limpia. Cuando me la dieron, aspiré por la nariz; aquella fragancia tan maravillosa era superior a mis fuerzas. También me
proporcionaron calzado. ¡Unos zapatos de piel de mi talla
que no me apretaban los dedos de los pies! Y luego nos des-
piojaron, lo que implicaba rociarnos con unos polvos especiales.

La siguiente misión era esperar en otra fila para inscribirnos. Entonces caí en la cuenta de que Gabi y yo éramos «apátridas». Solo habíamos tenido la ciudadanía alemana, pero, dada
nuestra condición de judías, nos la quitaron cuando Hitler
llegó al poder. Yo me crie en Ámsterdam y en la escuela hablaba holandés. Pero en términos oficiales no era holandesa.
Y me repugnaba la idea de que nos considerasen alemanas.
Aunque mis padres siempre se habían sentido alemanes y yo
hablaba el idioma con fluidez, pues era mi lengua materna, los
teutones me daban miedo. Los funcionarios holandeses del
registro se vieron desconcertados ante la cantidad de judíos
«apátridas» nacidos en Alemania. No sabían qué hacer con nosotros.

Qué alegría me dio cuando el médico que examinó a Gabi
me dijo que no tenía nada: «Está bien». Luego se volvió hacia
mí para reconocerme y me puso el estetoscopio en el pecho y
en la espalda. Me pidió que respirase hondo y noté un dolor
agudo. Le conté que a veces me dolía al toser.

«Me temo que tus pulmones están dañados —afirmó—.
Es pleuresía; tienes los pulmones inflamados».

Me dijo que iba a mandarme a un hospital de Maastricht,
cerca de allí. Como Gabi estaba bien, ella sí podía irse. «¿Qué?».

No íbamos a separarnos, solo nos teníamos la una a la otra. Intenté explicárselo, pero el médico dijo que no. Gabi no podía quedarse conmigo.

Empezó a invadirme el pánico. Era una sensación familiar, la misma que cuando me enteré de que tenía ictericia nada más llegar a Bergen-Belsen. Los pensamientos se me agolpaban en la cabeza. ¿Cómo iba a separarme de Gabi? ¿Quién se ocuparía de ella? Me acordé de la bondad de la señora Abrahams y sentí una punzada de pena.

Pero, una vez más, alguien vino en mi auxilio. La señora Heilbut me dijo que no me preocupase, que ella llevaría a Gabi a Laren, en las afueras de Ámsterdam, y se encargaría de que estuviera bien. Allí la dejaría al cuidado de los Birnbaum, los «ángeles» que gestionaban el orfanato de Westerbork. No daba crédito a lo que estaba escuchando. Milagrosamente, ellos y sus seis hijos habían sobrevivido y se encontraban en Laren, donde continuaban su labor desinteresada cuidando de niños judíos huérfanos. Acordamos que los Birnbaum cuidarían de Gabi hasta que yo fuese a por ella.

El 1 de julio me despedí de mi hermana con un largo abrazo. Le froté la cabeza; le habían cortado los rizos. Me dijeron que era la única forma de deshacerse de los piojos, ojalá que para siempre; yo, por suerte, me libré de esa humillación. Así que, a pesar de haber conservado su pelo durante su estancia en el campo de Sternlager, en Bergen-Belsen, ahora Gabi tenía la cabeza rapada.

«En nada estaremos juntas», le prometí mientras se aferraba a mí.

Fue una separación angustiosa. Estábamos entrelazadas. Siempre dormíamos juntas; despertarme por las mañanas y verla fue lo que me obligó a seguir adelante incluso en los momentos más aciagos. Hice todo lo que estuvo en mi mano por mantenerla con vida y eso me ayudó a no darme por vencida. Gracias a Dios que los Birnbaum se ocuparían de ella, porque, de no ser así, no sé qué habría hecho.

«Ratoncita, te prometo que iré a buscarte en cuanto salga del hospital», le dije mientras se disponía a subir al tren rumbo a Ámsterdam, a ciento sesenta kilómetros de allí, en la otra punta de los Países Bajos.

Yo tenía que invertir mi tiempo en recuperarme. Cuando llegué al hospital católico de Maastricht, me recibió una monja en los escalones de la entrada. Me quedé impresionada al ver el tocado blanco almidonado y el hábito negro, pero su sonrisa consiguió que me relajara. Lo que más recuerdo de mi estancia allí son las sábanas limpias y frescas y la luz del sol estival, largos días destinados a la recuperación. Aún no tenía los pulmones limpios y necesitaba coger peso, lo cual conseguía a base de comer cuencos de avena. Las enfermeras y los médicos me hablaban de trivialidades, pero nadie me preguntaba qué me había pasado. Todavía no sabía cómo abordar lo que había padecido durante los dos últimos años. Fue una pesadilla inconcebible, pero yo la tenía muy presente por mucho que quisiera que desapareciera. No recuerdo muy bien si intenté buscar las palabras adecuadas para dotarla de sentido. En el hospital, con sus impolutos pasillos y sus habitaciones tranquilas, los barracones (infestados de piojos, oscuros, sucios y siempre ruidosos) a veces se me presentaban como una aparición espantosa.

Compartía habitación con Erica, una chica de mi edad que también había estado en Westerbork, donde trabajamos juntas en el orfanato, y en Bergen-Belsen. Hicimos buenas migas enseguida. Era genial hacernos compañía mientras nos recuperábamos.

Una de las primeras cosas que hice fue escribir a las únicas personas que me quedaban vivas: la señora Goudsmit, en Ámsterdam; mi tío Hans, en Suiza, y mi tía Eugenie, en Inglate-

rra. Había memorizado la dirección de mis tíos con la esperanza de ponerme en contacto con ellos una vez que fuéramos
libres, pero hasta entonces solo había conseguido mandarles
postales breves.

Respondieron rápido, la primera la señora Goudsmit, que
me escribió el 14 de julio. Sus primeras palabras fueron: «Nos
alegró saber de ti desde la primera carta, si bien también nos dio
pena. Vimos vuestro nombre en una lista y nos pusimos a in-
vestigar. Luego llegaron dos postales y hoy hemos recibido las
tres cartas».

Y lo siguiente que decía era que su marido había visto al
señor Frank. No daba crédito a lo que estaba leyendo. Anne
estaba convencida de que lo asesinaron en Auschwitz. Tenía
esas palabras grabadas en los oídos: «Yo no tengo a nadie».

La carta de la señora Goudsmit seguía así:

> Mi marido se encontró con el señor Frank, un buen ami-
> go vuestro. Ha vuelto de Auschwitz, pero aún no sabe qué ha
> pasado con su mujer y sus hijas. Ambos estuvieron dándole
> vueltas y al final él escribió corriendo a tu tío a Inglaterra y a
> Suiza, pues lo conoce bien. No te preocupes, te prometo que
> tendrás quien te cuide. Ahora solo queda esperar, pero todo
> irá bien. Ni nosotros ni el señor Frank, que parece muy ama-
> ble y buena persona (mañana lo conoceré), vamos a dejarte en
> la estacada.

Esas palabras me conmovieron mucho. Y fue un alivio que
mencionara a su marido, Paul. Sabía que era judío, y al parecer
se había librado.

¡También tenía noticias de Gabi! ¡Habían ido a verla al
orfanato de Laren! No sé cómo, pero el señor Frank se enteró
de que estaba allí y se lo dijo. Mi corazón se llenó de alegría
cuando lo leí:

Está con los Birnbaum, que tienen una casita de campo en el orfanato. Qué gran reencuentro. Se acuerda de nosotros. Sigue igual de dulce y adorable, pero ahora es mucho más inteligente y sensata. Se la ve muy bien.

Y me puso al día sobre nuestro querido Sjors. Me dijo que era todo «un hombrecito», que fue con ellos a ver a Gabi y que estuvieron jugando como antaño. Los Goudsmit llevaron a Gabi sus peluches favoritos, incluido el osito marrón; los pusieron a buen recaudo cuando nos deportaron.

Leer cosas sobre nuestra vida anterior y nuestros queridos vecinos me infundía mucha alegría y me consolaba. Me sorprendí enjugándome las lágrimas mientras leía la carta. Me dijo que me centrara en recuperarme y me aseguró con mucho cariño que Gabi estaba en buenas manos. Sentí un alivio abrumador cuando supe que había visto a mi hermana en persona.

> Y, sobre todo, no te preocupes por nada, mi niña. Tú simplemente céntrate en ponerte buena y recuperar fuerzas. Déjate cuidar. Sé que todo irá bien. Gigilein está muy bien atendida. Los Birnbaum son muy buena gente y la cuidan, y nosotros también estamos ahí… Venga, querida Hanneli, a cuidarse. Te mando todo mi amor y besos de corazón.

Aún hoy me cuesta explicar la conexión y la sensación de calidez, amor y esperanza que me invadió al leer esas palabras después de estar dos años completamente aislada de la civilización.

Me recosté en la almohada e intenté visualizar el reencuentro de Gabi con su amigo Sjors, y a la señora Goudsmit colmándola de abrazos y besos. Luego saboreé con avidez la noticia del retorno del señor Frank. Leí la carta como veinte veces y les conté las buenas nuevas a Erica y a las enfermeras.

Uno o dos días después recibí una postal manuscrita cuyas señas correspondían a la oficina de Opekta, sita en un edificio con vistas a un canal que conocía muy bien. ¡Era del señor Frank! La envió el 13 de julio de 1945, el día que se encontró con el señor Goudsmit. Empezaba así: «Bienvenida a los Países Bajos».

> Llevo muchísimo tiempo preguntando por ti, pues ya te imaginarás que, dada la amistad que nos une, te tengo mucho cariño. Si necesitas algo, házmelo saber. Mañana voy a Laren a ver a Gabi; te informaré. He escrito dos veces a tu tío Hans. También le he pedido a un conocido que vaya a verte y me cuente cómo estás. Es una pena que hayan tenido que retenerte. *Beterschap* [esta expresión holandesa significa «Que te mejores»]: espero que te recuperes pronto. ¿Tienes noticias de Anne y Margot? ¿Qué te ha dicho Ilse Wagner?

Poco después me escribió de nuevo y me dijo que me visitaría en breve. Yo no sabía nada de Ilse, así que no entendí a qué se refería, pero también esperaba verla dentro de poco. Aunque seguía sin fuerzas y no podía dar volteretas, como hacía con Anne y Sanne, estaba tan contenta que las di mentalmente para celebrar esa noticia tan maravillosa.

Otto y Anne Frank (centro) junto con otros invitados a la boda
de Miep y Jan Gies, 16 de julio de 1941.
Fuente: Casa de Anne Frank, Ámsterdam.

Familias judías señaladas y obligadas a irse de Ámsterdam.
Fuente: Instituto NIOD de Estudios sobre la Guerra, el Holocausto y el Genocidio, Ámsterdam.

Judíos holandeses subiéndose a un tren rumbo a Auschwitz.
Fotografía de Rudolf Breslauer, *circa* 1942-1943.

Celebración de la Janucá en Westerbork, Países Bajos.
Fotografía de Rudolf Breslauer, *circa* 1942-1944.
Fuente: Instituto NIOD de Estudios sobre la Guerra, el Holocausto y el Genocidio, Ámsterdam.

Campo de tránsito de Westerbork, Países Bajos, *circa* 1940.

Fuente: Instituto NIOD de Estudios sobre la Guerra, el Holocausto y el Genocidio, Ámsterdam.

Día a día en Bergen-Belsen, Alemania.

Fuente: Museo Imperial de la Guerra, Londres.

Judíos de Bergen-Belsen justo después de ser liberados por tropas
estadounidenses en Farsleben (Alemania), el 13 de abril de 1945.
Iban en uno de los tres trenes que salieron de Bergen-Belsen rumbo
al campo de concentración de Theresienstadt hacia el final de la guerra.
Hannah y su hermana Gabi iban en otro, en «el tren perdido»,
que estuvo deambulando durante casi dos semanas antes de que lo
liberasen soldados del Ejército Rojo.

Hannah y Gabi con su tía Edith después de la guerra, *circa* 1947.

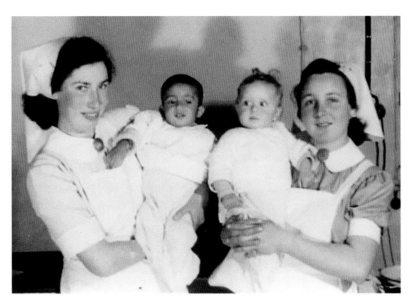

Hannah y una compañera enfermera en el hospital, con sendos bebés a su cuidado, Jerusalén, *circa* 1948.

Hannah con la actriz que interpretó a Anne Frank en la primera producción
en hebreo de la obra *El diario de Anne Frank*, 1957.

Hannah y su marido, el doctor Walter Pinchas, en Jerusalén después de la guerra.

Hannah con su marido y sus hijos, Yochi, Chagi y Ruthie, en Jerusalén.

Hannah en la Casa de Anne Frank, Ámsterdam,
señalándose en una foto, octubre de 2012.

Fuente: Marcel Antonisse / EPA / Shutterstock.

Hannah con una foto de Anne Frank, su amiga de la infancia, en 2022.

Fuente: Eric Sultan / The Lonka Project.

15

Beterschap

«Hanneli, tienes visita», me dijo una de mis enfermeras preferidas.

Yo estaba sentada en la cama de mi habitación, iluminada por la luz dorada de la tarde, y apareció un hombre alto y demacrado vestido de traje. Por un momento me sobresalté al ver esa cara familiar tan cambiada, pero reconocí enseguida sus ojos marrones de mirada amable.

—¡Señor Frank! —exclamé.

—¡Hanneli! —dijo él, corriendo hacia mí.

Me invadió una alegría abrumadora al verlo. El tiempo se detuvo un instante. Retrocedí a Merwedeplein. Estaba a salvo, bien atendida y me querían. Mientras lo miraba, sentí que ganaba fuerzas; lo tenía allí delante en carne y hueso. No era un recuerdo. En cuestión de segundos me sentí menos sola.

—Ha sido toda una experiencia venir hasta aquí para verte —me dijo—. ¡He pasado catorce horas en un camión!

Las carreteras de los Países Bajos, y del resto de Europa, estaban en unas condiciones lamentables tras la devastadora guerra, llenas de baches y agujeros por culpa de las bombas, y ciertos puentes clave habían desaparecido del mapa.

Cuando se acercó para abrazarme, me sentí algo cohibida por lo desnutrida que estaba, pero por suerte no me habían rapado tras la liberación, como le pasó a Gabi. Esperaba que me reconociera a pesar de llevar tres años inconcebibles sin vernos.

—¡Anne está viva! ¡La he visto! —le solté de sopetón.

Estaba convencida y tenía muchas ganas de contárselo.

Pero... fue desconcertante. La cara radiante con la que me había saludado dio paso a un rostro descompuesto y sombrío.

—Anne y Margot están muertas —me dijo bajito.

Estuvimos hablando largo y tendido. Me contó lo que había ocurrido con su voz pausada pero firme, y en cada palabra de su devastador relato percibí su entrega paternal. Él tenía muchas ilusiones puestas en reencontrarse con ellas. Pero el tiempo fue pasando y, mientras que otra gente volvía o llegaban noticias de su paradero, él seguía sin saber nada de sus niñas, así que el miedo se apoderó de él poco a poco. Si no sucumbió a las palizas y a las privaciones en Auschwitz fue porque la esperanza de encontrar a Anne y a Margot lo mantuvo con vida.

Más o menos un mes después de que el Ejército Rojo lo liberase en Auschwitz el 27 de enero, se enteró de que su mujer había muerto enferma y exhausta hacía un par de semanas. «Si hubiera aguantado un poco más, también la habrían liberado», dijo con la voz cada vez más apagada. La mujer que se lo contó fue compañera suya en Auschwitz y presenció el traslado de Anne y Margot a otro campo de concentración.

La familia al completo había llegado el 6 de septiembre de 1944 a Auschwitz, una prisión de sesenta y cinco kilómetros cuadrados al sur de Polonia donde asesinaban a la gente en masa. Iban en el último tren que salió de Westerbork rumbo al este, en el que trasladaron a mil once judíos en vagones de ganado sellados donde hacía un calor asfixiante. A esas alturas ya circulaban bastantes rumores como para saber que lo más probable era que muriesen en Auschwitz, pero el señor Frank, supongo que aún tan optimista como lo recordaba, se aferró a la esperanza de que las fuerzas aliadas en avance los rescataran a tiempo.

Allí los trenes casi siempre llegaban de noche; era una táctica más de los alemanes para confundir y atemorizar a su víctimas. Acto seguido separaban a hombres y mujeres. La última imagen que tenía de su mujer y sus hijas era la cara de horror de Margot. A la gente de cincuenta años en adelante normalmente iban a buscarla antes del amanecer para llevarla a las cámaras de gas. Sin embargo, el señor Frank, que por entonces tenía cincuenta y cinco, parecía sano y relativamente bien alimentado tras pasar más de dos años escondido, así que es posible que se salvara de ese destino gracias a eso y a su porte regio. No obstante, lo pusieron a trabajar, primero al aire libre cavando zanjas y luego en las cocinas pelando patatas, una labor que convertía automáticamente a los prisioneros en sospechosos de robo. El señor Frank fue objeto en repetidas ocasiones de palizas descomunales por parte de un kapo concreto. Pero usaba una estrategia para seguir vivo que compartió con sus camaradas, entre ellos sus compañeros de escondite: centrarse en la supervivencia mental evitando a aquellos que se pasaban horas y horas pensando y hablando de comida y, en vez de eso, mantenerse ellos mismos y su dignidad charlando de ópera, de Beethoven y Schubert, y de libros.

En noviembre de 1944, la resistencia del señor Frank se agotó y ya casi ni se sostenía en pie. Estaba desanimado, subsistía sin apenas comer y convivía con la diarrea. Un médico judío muy servicial lo mandó al barracón de enfermos, y eso le salvó la vida. El Ejército Rojo seguía avanzando y los nazis empezaron a planificar la evacuación de los prisioneros, así que rogó al que fue amigo de Anne, Peter van Pels, cuya familia también estuvo escondida en el ático esos años y que fue trasladado con él a Auschwitz, que se ocultara en el barracón de enfermos. El padre de Peter murió gaseado en octubre y el chi-

co pasó a ser como un hijo para el señor Frank; cuando estuvo
enfermo, le llevó comida a hurtadillas todas las noches. A medida que evacuaban el campo y el Ejército Rojo se aproxima-
ba, dieron la orden a todos los que aún podían andar de salir
en una marcha forzada, así que, una vez más, esconderse parecía la mejor opción. Pero Peter lo rechazó porque pensaba
que tenía más posibilidades de sobrevivir a la marcha; fue una
decisión fatídica. Aunque sí resistió, en Mauthausen lo obligaron a trabajar en la mina y se puso enfermo. Murió cinco
días después de que los soldados estadounidenses liberasen el
campo.

De las ocho personas que estuvieron escondidas en Ámsterdam, solo sobrevivió el señor Frank.

Me contó que el primer Shabat tras la liberación, estando
aún en Auschwitz, se juntó con otros hombres (que, como él,
seguían sumamente débiles) y los guio a través de la recitación
del Kidush, la oración para santificar y dar comienzo al Shabat.
Se sabía la letra y la melodía gracias a las numerosas cenas en mi
casa con mi familia.

Tardó mucho en llegar a Ámsterdam. El viaje de vuelta a
casa para los supervivientes de Auschwitz como el señor Frank,
que pesaba cincuenta y dos kilos cuando liberaron el campo a
finales de enero, comenzó en marzo en un tren rumbo a Ka-
towice, en Polonia. Finalmente llegó a Odesa, una ciudad portuaria ucraniana, y allí tuvo que esperar semanas hasta que le
dieron permiso para volver a Holanda. El país aún no estaba
liberado, ya que había ciertas partes de Europa occidental que
seguían en guerra. En los Países Bajos, los alemanes no se rindieron hasta el 5 de mayo de 1945, una semana después del
suicidio de Hitler. Habían pasado casi cinco años desde el día
de la invasión, cuando fui a esconderme a la cama de mis padres mientras sonaba de fondo el estruendo de los aviones de
combate. A las dos semanas de la liberación de Holanda, el se-

ñor Frank se subió a un barco neozelandés que iba a Marsella y luego a Ámsterdam.

Allí vivió en un limbo insoportable mientras rastreaba sin cesar los listados de los supervivientes y las víctimas que aparecían en los periódicos. Nunca dejó de preguntar en la Cruz Roja por la suerte que habían corrido sus hijas. Iba todos los días caminando como podía a la estación central de trenes y peinaba las listas de nombres y datos que colgaban allí. También pagó por anunciarse en la prensa local para ver si conseguía información sobre sus hijas. Llegó a pensar que a lo mejor estaban en un hospital recuperándose o en un campo de desplazados de algún lugar controlado por los soviéticos, en cuyo caso sería mucho más difícil enterarse de cualquier novedad. No era el único: judíos y no judíos de todas partes intentaban por todos los medios posibles averiguar qué había sido de sus seres queridos.

El 18 de julio, solo cinco días después de escribirme la primera postal, estaba revisando otra vez los listados de la Cruz Roja en la estación de tren cuando vio ambos nombres escritos a máquina: «Margot Betti Frank» y «Annelies Marie Frank». Al lado, una cruz, lo que indicaba que habían fallecido. Él se dispuso a averiguar quién había dado la información para verificarlo. Esto lo condujo hasta Lin Brilleslijper, una joven judía de Laren, la ciudad cercana a Ámsterdam donde estaban Gabi y el orfanato de los Birnbaum. Cuando se vieron, le contó que su hermana y ella conocieron a Margot y a Anne en Bergen-Belsen y que entablaron amistad. Lin escribió posteriormente en su biografía que parecían «dos pájaros congelados». Las dos parejas de hermanas vivían juntas en las tiendas donde vi a Anne aquel día de finales de febrero. Una tormenta las derribó y las realojaron en barracones separados. Cuando la nieve empezó a derretirse, Lin y su hermana volvieron a ver a las hermanas Frank, pero para entonces el tifus había arrasado con el campo y ambas estaban muy enfermas. Primero murió Margot, que se estampó contra el suelo al intentar levantarse de la litera, y Anne la siguió poco después, ya totalmente desesperada y delirante. Fue en marzo de 1945, así que no mucho después de que yo hablara con ella a ciegas a través de la valla rellena de paja. Lin y su hermana encontraron los cuerpos y los llevaron entre las dos a una fosa común para que los enterraran.

Me quedé de piedra. Ojalá hubiera podido hablar con ella. Decirle que aguantara. Que había esperanza. Que no estaba sola: su querido Pim (así llamaba a su maravilloso padre) seguía vivo y la esperaba.

«Solo la gente que ha vivido esto puede entender por lo que hemos pasado», dijo el señor Frank.

Allí sentada con él, en aquella habitación de hospital soleada, mientras intentaba asimilar que jamás volvería a ver a Anne y a Margot, no estaba segura de poder entender nada. Estaba conmocionada.

Entonces no lo sabía con certeza, pero creo que empecé a darme cuenta de que Anne y Margot no eran las únicas amigas que no iban a volver a casa.

El señor Frank me preguntó si había tenido noticias de Ilse Wagner, pero yo no sabía nada de ella desde que la deportaron en la primavera de 1943. Luego me enteré de que la mandaron a la cámara de gas del campo de exterminio de Sobibor con su madre y su abuela. Sanne y sus padres tampoco regresaron; los gasearon en Auschwitz. A mi novio Alfred Bloch, que me pidió que lo esperase, lo asesinaron allí. Cuando las autoridades tuvieron ocasión de calcular las cifras, estas escapaban al entendimiento. De los ciento veinte mil judíos que vivían en los Países Bajos antes de la guerra, solo cinco mil volvimos de los campos y la clandestinidad.

El señor Frank era uno de los poquísimos judíos mayores de cincuenta años que había sobrevivido al Holocausto.

Los médicos y las enfermeras de Maastricht nos atendían de maravilla. Yo pasaba el rato charlando con Erica y otros supervivientes de los campos, y escribiendo a mi tío Hans a Suiza y a mi tía Eugenie a Inglaterra. Al parecer, iba a ser complicado conseguir la documentación que necesitábamos Gabi y yo para ir a Suiza con mi tío debido a nuestra condición de apátridas, pero el señor Frank dijo que nos ayudaría. Yo agradecía el flujo constante de postales que me mandaban mis amigas de Ámsterdam, como Barbara Ledermann, que había sobrevivido gracias a su documentación falsa, Jacque van Maarsen e Ietje Swillens, una de mis amigas (y de Anne) no judías más íntimas de la escuela Montessori. Echaba mucho de menos Ámsterdam y les pedía que me enviaran postales de Merwedeplein e imágenes de nuestro barrio.

Esas cartas y postales eran un regalo. En agosto recibí la primera misiva de mi tía Eugenie desde Leeds. Se había enterado de que los rusos nos habían liberado a Gabi y a mí gracias a un listado de nombres que publicó el Gobierno holandés el 21 de junio en un periódico londinense. Al parecer había movido cielo y tierra para dar con nosotras.

«Llevo buscándoos por toda Holanda desde entonces. He hecho de todo para ponerme en contacto contigo», decía. Y me contó que había mandado telegramas al hospital donde pensaba que me habían llevado, que contactó con una enfermera judía de la que había oído hablar allí y que incluso le pidió a un soldado canadiense al que había conocido por casualidad en Leeds que nos buscara y nos diera chocolate.

La carta tenía fecha del 15 de agosto de 1945. Se refirió a ese día como «Día de la Victoria en Inglaterra». Continuaba así:

Todos estamos muy contentos de que por fin haya terminado la guerra; nos ha traído cosas horribles. Las calles están llenas de gente bailando y cantando; hay una banda de música y los críos sacan de todo para hacer fogatas por la noche. Para mí no es que sea un día feliz. Pienso mucho en Opa y Oma y en tus queridos padres... Me hace muy feliz que nos hayas escrito y saber tu paradero y el de Gigi, y lo que estáis haciendo... Ahora mismo, mi queridísima Hanneli, lo primero y más importante es que te recuperes del todo. Tengo muchas ganas de veros a ti y a mi adorable pequeña. Me han escrito muchas personas diciendo que es muy dulce y que era una alegría para todo el que la conoció en el campo. Pero lo que me han contado de ti, mi bondadosa Hanneli, me conmueve mucho y me mostró lo orgullosos que debemos estar de ti: cuidaste de tu querido padre y de Gigi en unas condiciones durísimas y les brindaste ayuda y consuelo; no se me va a olvidar jamás. Hanneli, eres bondadosa, considerada y sensata, y te adoro. Tengo muchísimas preguntas, pero no me atrevo a remover demasiado el pasado ni deseo que te pongas triste. Quiero que seas feliz y que mires al futuro; nosotros ayudaremos para que ese futuro sea bueno para Gigi y para ti. Ahora sois nuestras queridas hijas, y también del tío Hans y la tía Edith.

Mencionó también a otros parientes que habían preguntado por nosotras, desde primos emigrados a Cleveland, en Ohio, hasta otros familiares refugiados en Boston, Londres o Tel Aviv. Dejé la carta, inundada por la emoción. Hacía muchos años que no veía a mi tía Eugenie, pero ahí estaba, la hermana de mi madre, una voz lejana muy cariñosa, optimista y paciente.

El verano dio paso al otoño y yo aún seguía en el hospital. Por primera vez desde la liberación, ese año la llegada de los días sagrados judíos se adelantó y fue en septiembre. Algunos pacientes judíos le pedimos a uno de los médicos que no nos dieran de comer en Yom Kipur para guardar ayuno y él accedió. Pero cuando llegó ese día a él no le tocaba trabajar y la enfermera a cargo de nuestro pabellón se negó a cumplir nuestra petición, así que nos obligó a comer a pesar de las quejas. Yo sé que estaba velando por nuestra salud; su trabajo era procurar que nos recuperásemos y no me cabe duda de que el hospital de Maastricht no tenía nada que ver con el campo. Pero no pude evitar acordarme de la ducha forzada del último Yom Kipur. Después de todo lo que habíamos padecido, la negativa de la enfermera a respetar nuestra voluntad y nuestro deseo de guardar el día más sagrado del calendario judío me indignó y se me quedó grabada.

Sabía que el señor Frank estaba intentando que me transfiriesen a un hospital de Ámsterdam. El hombre pensaba que me sentaría bien estar cerca de Gabi, de él y de la señora Goudsmit y el resto de mis amistades. Me moría de ganas de volver a ver a mi hermana y ansiaba regresar a Ámsterdam.

A principios de otoño me cambiaron al Joodse Invalide, un hospital del centro de la ciudad fundado por judíos. Todavía estaba muy frágil y no podía salir del hospital y explorar por mi cuenta, así que saciaba mi curiosidad mirando por la ventana lo que pasaba fuera o gracias a las novedades que me traían las visitas, ya fueran amistades o el señor Frank, que a esas alturas ya me había dicho que lo llamara Oom Otto, «tío Otto».

Le estaba muy agradecida por ayudarme con la ingente cantidad de papeleo, que además se complicaba por ser Gabi y yo huérfanas judías apátridas. En esencia, el Gobierno holandés dejó el asunto en manos de organizaciones judías. Tanto mi tía Eugenie como mi tío Hans querían que viviéramos con ellos, en Leeds o en Suiza respectivamente, aunque en principio se optó por Suiza porque era mejor para nuestra salud, teniendo en cuenta que Leeds tenía un clima húmedo. Yo les dejé muy claro que mi plan era cumplir el sueño de mi padre: Gabi y yo íbamos a establecernos en Eretz Yisrael, la Tierra de Israel. Pero primero teníamos que conseguir el visado para el Mandato Británico de Palestina, cosa que seguía siendo harto difícil.

El 11 de noviembre de 1945, el señor Frank escribió a mi tío a Ginebra y a mi tía a Leeds para repasar la logística relativa a nuestra partida inminente a Suiza. Íbamos a hacer el viaje con mi buena amiga Erica Neuburger, que aún estaba en el hospital conmigo, y con su hermana Marion. Dos pares de hermanas que se habían quedado huérfanas por culpa de la guerra. El señor Frank estaba ansioso por ver a su madre y sus hermanos en Suiza y quería acompañarnos, pero como era apátrida no tenía documentos de viaje.

Su amigo Nathan Strauss, hijo del cofundador de los grandes almacenes Macy's y colaborador del presidente Roosevelt, que intentó en vano ayudar a los Frank a huir de los Países Bajos, le mandó quinientos dólares al terminar la guerra. Y él invirtió parte de esos fondos en la tarea de reubicarnos.

Muchos años después leí esa carta, que da una idea de mi estado de ánimo por aquel entonces: me costaba mucho hablar de mis padres y estaba muy apegada a la comunidad de supervivientes. Al parecer, el señor Frank dijo lo siguiente con respecto a una pregunta sobre la tumba de mi madre: «Le preguntaré con cautela por la tumba de Ruth. Todo lo relacionado con sus padres es un tema espinoso y le afecta mucho». Luego decía así:

Para ella es muy difícil irse de aquí; le tiene mucho apego al pasado y a la gente con la que estuvo durante esa época tan nefasta, porque se portaron muy bien con ella… Para mí es una alegría que vayan a tener un nuevo hogar donde criarse como personas independientes, sobre todo Gigi. A Hanneli le preocupa su futuro, también el hecho de que no tiene ni un céntimo y será una carga para su tío Hans. Le encantaría ser enfermera de pediatría.

Y además está su origen ortodoxo, algo que se toma muy en serio. Como está en un entorno donde la mayoría de la gente viene de un campo, sigue inmersa en ese mundo, pero ha llegado el momento de que vea otras cosas de la vida… Para mí, Hanneli es como una hija; veíamos a los Goslar todas las semanas en los buenos tiempos previos a la guerra y es un grato deber hacer todo lo que esté en mi mano por ambas.

Tres semanas después, el señor Frank hizo las gestiones pertinentes para llevarnos en coche a mí, a Gabi, a Erica y a Marion al aeropuerto de Schiphol, en Ámsterdam. No podía ir más allá. Yo estaba inquieta por muchas cosas, pero en ese momento en concreto lo que más me preocupaba era subirme a un avión, porque no había volado nunca. Nos dio a todas un colgante con una moneda holandesa que tenía inscrita en una cara la fecha de ese día: 5 de diciembre de 1945.

Nos miró a los ojos y dijo: «Esto es para que os acordéis siempre del día en que os embarcasteis en vuestra nueva vida».

16

Suiza

Gabi estaba sentada a mi lado en el avión y yo me aferraba a la mochila con fuerza, pues en su interior llevaba mi posesión más preciada: nuestro álbum de fotos de familia. La señora Goudsmit lo había guardado en su casa a buen recaudo durante todo ese tiempo. Era una recopilación de fotos de mis padres recién casados, mías con Gabi de bebé, y de viajes en familia a la playa. No me había entretenido mucho mirándolas porque era muy doloroso, pero estaba enormemente agradecida por tenerlo. Y yo había incluido una foto. Me la llevó Ietje Swillens al hospital de Ámsterdam. Era de cuando celebramos el décimo cumpleaños de Anne en Merwedeplein. Salimos todas formando una hilera: Anne, Sanne, Ietje, yo y más amigas. Nueve chiquillas con el vestido de algodón por la rodilla de las ocasiones especiales, zapatos de charol, el lazo o el pasador en el pelo y la sonrisa en la cara. Yo era la única que seguía viva de las cuatro niñas judías que salen en la foto; Anne, Sanne y Juultje Ketellapper estaban muertas. Me costaba muchísimo mirarla.

El señor Frank puso varios anuncios en el periódico de Ámsterdam para ayudarme a recuperar reliquias familiares y objetos de valor que nos guardaron algunos amigos no judíos, como los cubiertos de plata maciza con la «G» de Goslar grabada. Aún recuerdo que los cucharones para salsa y varios cuchillos de pescado no aparecieron. Todo lo demás lo tenía en la maleta. Mi tío Hans me había escrito diciendo que se había encontrado con un amigo al que le dejamos varias pertenencias. «¿Sabías que han vuelto las chicas?», le dijo, a lo que el otro repuso: «Qué alegría que hayan sobrevivido. Pero no puedo darles lo que me dejaron sus padres porque me lo robaron».

Los Finkel intentaron recuperar una menorá de plata grande que le dejaron en custodia a un pastor cristiano, pero cuando le pidieron que se la devolviera el hombre se negó: su familia le había cogido mucho apego y no querían desprenderse de ella. No obstante, sí recuperaron algo más preciado: a su hijo mayor, Jackie, aquel que no logró subirse al tren; había sobrevivido y al parecer ya se había reunido con su familia.

«Qué pocos entienden por lo que hemos pasado», me dije mientras reflexionaba sobre las palabras del señor Frank; solo quienes habíamos vivido ese abismo estábamos en disposición de empezar a comprender lo que habíamos padecido. Mientras el pequeño avión surcaba el cielo rumbo a Suiza, de nuevo intenté encontrarle sentido a lo que había visto, a la gente que había perdido.

Mis tíos nos recibieron en el aeropuerto de Zúrich. Mi tía Edith, a la que entonces solo conocía por carta, tenía cuarenta y tantos años, igual que mi tío Hans. Ella había conseguido huir de Checoslovaquia, pero su hermano y su hermana no tuvieron tanta suerte. Ambos acabaron en Auschwitz. Aunque sobrevivieron, el hermano, que sufrió tortura, seguía lidiando con su salud mental. Sé que cuando mi tío Hans nos vio no solo veía a sus sobrinas, sino también a sus padres ausentes, mi Oma y mi Opa, y a mi madre y a mi padre. Se había dejado la piel intentando sacarnos a todos y vi en sus ojos una mezcla de pesar por no haber podido llevarnos a Suiza antes de la deportación y de alivio por tenernos allí.

Tanto él como Edith nos colmaron de abrazos y besos.

Después de despedirnos de Erica y su hermana, que vivirían con su abuela en Zúrich, mis tíos nos dijeron que tenían un regalo para nosotras: íbamos a pasar nuestra primera noche en Suiza en un hotel de lujo, el Baur au Lac, con vistas al lago de Zúrich y a los Alpes nevados.

Al llegar al hotel subimos unos escalones hasta el vestíbulo, los pies se me hundían en la mullida alfombra blanca, y me quedé de piedra al ver tanto lujo. Me fijé en las enormes lámparas de araña que brillaban en los altos techos y escuché que estaban tocando una pieza clásica en un piano de cola. A mi madre le habría encantado.

«No va a ser así todas las noches», nos dijo mi tía Edith, mirándonos con sus ojos cálidos y risueños. Pero ese día, el primero, querían «mimarnos un poquito». Me contó que durante mucho tiempo había sido el lugar favorito de varios miembros de la realeza europea. Aunque ya tenía diecisiete años, sentí fugazmente la misma fascinación por la realeza británica y la holandesa que cuando Anne y yo éramos pequeñas.

Era un alivio estar con nuestros tíos en su hogar de Ginebra. Junto con el señor Frank, eran los adultos a los que nos anclábamos Gabi y yo, un puerto seguro donde descansar una temporada. Mi tío era amable y tenía sentido del humor. Parecía que lo abarcaba todo con sus ojos negros y saltones. Él y su mujer, dentista de profesión, trabajaban mucho. Mi tío no había conseguido el permiso para ejercer de abogado en Suiza, así que se dedicaba sobre todo a ayudar a refugiados, igual que mi padre. Cobraba poco y echaba muchas horas. El tiempo libre lo dedicaba a la causa sionista, como mi abuelo y mi padre. Era el vicepresidente de la Federación Sionista de Suiza.

Edith no dudó ni un segundo en tratarnos a Gabi y a mí
como si fuéramos de la familia y se convirtió en una figura
materna para mi hermana. Nos colmaba de afecto y cuidados.
Durante la cena, las dos resplandecíamos en la mesa, charlando de arte y música, disfrutando de estar juntos. En casa hablábamos casi en exclusiva de cultura y asuntos cotidianos. No
tengo recuerdo de que nos preguntaran por nuestra época en el
campo ni por los últimos días de mis abuelos y mi padre. Después de cenar, mis tíos fregaban los platos. Yo admiraba lo bien
que se entendían y su respeto mutuo.

Pero no íbamos a estar mucho tiempo con ellos. Decidieron mandarme a Le Rosaire para que me recuperase del todo;
era un sanatorio católico para niñas y mujeres a ciento veinte
kilómetros al norte. Estaba ansiosa por ponerme al día de todo
lo que me había perdido desde que dejé de estudiar a mitad de
octavo grado; hacía como tres años que no ponía un pie en un
aula. Había perdido mucho tiempo... Deseaba recuperarme
al cien por cien cuanto antes y «empezar» por fin mi vida y
reanudar los estudios.

Mis tíos se casaron más tarde de lo habitual para su época y
no tenían hijos. Ambos pasaban mucho tiempo fuera de casa
por su trabajo, así que no podían cuidar de Gabi, que ya contaba cinco años, ni llevarla a la escuela. Además, no comían
kosher, cosa que nosotras sí hacíamos cuando estábamos en
Ámsterdam, y para mí era muy importante, tanto por mis propias creencias como por honrar la memoria de mi padre. Así
que tomaron la decisión de meter a mi hermana en un orfanato judío cercano mientras yo me recuperaba en el sanatorio
del norte; allí estaría mejor atendida y Hans y Edith irían a visitarla con regularidad.

En ese momento lo consideraron la mejor opción. Pero
para Gabi, que parecía haber olvidado nuestro paso por Westerbork y Bergen-Belsen, aquel periodo en el orfanato acabó sien-

do la peor época de su vida. Siempre había tenido una relación complicada con la comida, incluso de bebé, y, aunque ella no se acordara conscientemente, el trauma del campo no facilitó las cosas. A veces devolvía la comida y las cuidadoras del orfanato la obligaban a tragarse el vómito. No me entra en la cabeza por qué le hacían eso a una cría. Lo único que se me ocurre es que fuera un intento, a todas luces desacertado, de enseñarle a no desperdiciar la comida. La chiquilla no se acordaba de sus padres y había pasado casi toda su corta vida en campos de concentración. Cuando pienso en ello, me doy cuenta de que las cuidadoras, y la sociedad de entonces en general, no tenían ni idea de lo que habíamos padecido ni de que los niños como Gabi necesitaban a toda costa una atención esmerada.

El sanatorio estaba en un valle verde esmeralda de los Alpes, rodeado de pueblos agrícolas. En cuanto lo vi, me quedé prendada de su impresionante belleza y del tintineo de los cencerros; los granjeros a veces llevaban a las vacas a pastar por los alrededores. Allí se respiraba tranquilidad y silencio. Pero al principio fue muy duro. Me sentía aislada, no conocía a nadie y me cohibía estar tan delgada, que se notara que había estado en un campo de concentración. De primeras no conocí a ninguna judía. Me pusieron en una habitación con una niña católica que era un poco mayor que yo. Ella quería ser monja, pero su enfermedad, no sé cuál era, echó por tierra sus planes. Nos hicimos íntimas y, mientras nos recuperábamos, charlábamos largo y tendido en la habitación o en los primorosos jardines cuando salíamos a pasear por los senderos los días de sol. Estábamos en la parte francófona de Suiza, así que me ayudó a practicar mi francés con paciencia. En Montreux, una ciudad cercana, había una comunidad judía y venían tutores que me instruían tanto en materias judías como laicas.

Pero seguía sintiéndome sola, así que me alegré muchísimo cuando recibí noticias del señor Frank, más o menos un mes después de llegar allí: por fin había conseguido los documentos para viajar e iba a reunirse en Basilea con su madre, sus hermanos y demás familiares, y además me dijo me haría una visita. El 16 de enero de 1946 me mandó este telegrama:

TE ESPERO MAÑANA A LAS ONCE
ESTACIÓN DE MONTREUX
TÍO OTTO

Fue una visita fugaz, pero me encantó. Me alegró que él mismo viera que estaba bastante recuperada; poco a poco iba ganando peso y fuerzas. Ansiaba mantener el vínculo con él y con cualquier persona de mi vida previa.

Y uno de esos vínculos surgió de la nada y me dejó atónita. Mientras yo vivía en Suiza, el señor Frank me contó que todo el tiempo que estuvieron escondidos Anne siguió escribiendo su diario (ese que tanta curiosidad nos generaba a todos y que Jacque y yo buscamos por su dormitorio cuando la familia desapareció de repente), y que lo había recuperado. Cuando la policía holandesa los descubrió viviendo en el ático secreto y los detuvo, Miep Gies, que había trabajado para el señor Frank y que los ayudó a esconderse, encontró el preciado diario. No lo leyó, pero compiló las hojas sueltas y las guardó bajo llave en un cajón de su escritorio. Se dijo que se lo devolvería a Anne cuando regresara. Una vez que el señor Frank le contó que Anne y Margot no iban a volver, abrió el cajón y le entregó el diario. Me dijo que estuvo un tiempo sin poder mirar esas páginas, que era muy doloroso. Cuando por fin se sentó y se dispuso a leerlas, el contenido lo dejó de piedra. Empezó a compartir fragmentos con algunos familiares y amigos, incluida yo.

Eran muy reveladores. Cuando me quedé sin Anne, mi mejor amiga, ella tenía trece años recién cumplidos y acababa de empezar a escribir su diario. Leer esas páginas fue como reencontrarme con ella. Me resultó muy raro asistir a su evolución y su maduración y a la vez asomarme a su vida interior y a sus vivencias en el escondite. La Anne que me encontré en aquellas circunstancias tan horrorosas en Bergen-Belsen estaba famélica y desesperada, nada que ver con la chica vivaracha que yo conocía. Esas páginas tan valiosas me dieron la oportunidad de saber lo que hizo en el lapso entre esos dos momentos. Su diario estaba escrito de una forma tan intensa y vívida que fue como si estuviera sentada a su lado. Me sentía entre eufórica y descorazonada.

Me puse triste cuando me di cuenta de que muchos de esos textos los escribió viviendo aún muy cerca de mí mientras yo pensaba que estaba a salvo a cientos de kilómetros. Me la imaginé intentando amortiguar la tos cuando estaba mala o sus pasos cuando caminaba de día, siempre con miedo a que los descubrieran. Me conmovió sobremanera no solo el talento que tenía para describir los acontecimientos y las rutinas de los ocho escondidos, sino también el mundo interior tan rico que albergaba: lo que pensaba y lo que sentía, sus observaciones sobre sus compañeros de escondite en el ático de Prinsengracht. A pesar de esa madurez, no dejaba de ser una adolescente a las puertas de la vida. Me sentí identificada con su anhelo de amor verdadero y comprensión, y también con esta frase: «… un ansia enorme de poder salir a divertirme como una loca y reírme hasta que me duela la tripa». Era muy animada y resuelta. Se me abrían las carnes leyéndola. Me costaba expresar con palabras lo mucho que echaba de menos a mi amiga.

Pensaba mucho en ella y en las demás, pero tenía muy presente mi prioridad: recuperar la salud. La nieve de las cumbres empezó a derretirse y el valle que veía a diario se llenó de flores silvestres. Un día fui a caminar por la orilla del río con otras pacientes de Le Rosaire y, en un momento dado, una chica me miró y dijo: «Te veo muy bien. Nadie se imaginaría que has estado en un campo».

Ese comentario era una prueba satisfactoria de mi recuperación, pero me dolió. ¿Se tornarían invisibles mis vivencias de la guerra, ahora que ya no se veían las marcas externas de mi paso por ese otro planeta llamado Bergen-Belsen al que sobreviví?

Mis planes de emigrar a Eretz Yisrael seguían siendo firmes, aunque sospecho que mis tíos aún tenían la esperanza de que me quedara en Suiza. Mi tío Hans, al igual que mi Opa y mi padre, había invertido mucho tiempo y energía en la causa de una patria judía y creía en ella a pies juntillas. Pero ya estaba mayor y tenía su hogar en Suiza, y puede que recelara de empezar de nuevo en un lugar totalmente diferente y donde se hablaba en hebreo; si bien lo entendía cuando leía los libros de rezos, ese idioma le era ajeno. Aun así dijo que confiaba en reunirse con Gabi y conmigo allí, pero le habían diagnosticado una enfermedad cardiaca y le daba miedo el calor extremo.

Hans y Edith pensaban que, después de todo lo que yo había sufrido, Suiza me resultaría atractivo, un sitio donde vivir en orden, en calma y, sobre todo, en paz. En las noticias decían que se habían empezado a librar batallas en las calles de Jaffa, Jerusalén y otros sitios, entre la creciente población judía y los combatientes árabes palestinos, por ver quién controlaría esa franjita de tierra cuando se fueran los británicos. Estos al menos habían declarado que apoyaban la idea de crear «un hogar nacional para el pueblo judío», pero su política era hacerlo sin vulnerar los derechos de los árabes que vivían en Palestina. A todo el mundo le parecía una situación incompatible.

A diferencia de mi tío Hans y de mi Opa, mi padre soñaba con mudarse allí. Me había contado cómo iba a ser y en mi mente visualizaba un lugar lleno de huertos de cítricos y un mar centelleante donde siempre hacía buen tiempo; en cuyas calles se hablaba hebreo, la lengua sagrada, de forma cotidiana, y donde los judíos nunca serían refugiados ni apátridas. Pensaba en Eretz Yisrael como una patria judía para los judíos, igual que Holanda era la patria del pueblo holandés y Suiza la nación de los suizos. Había heredado el sueño de mi padre de empezar una vida allí.

Pero primero quería obtener el título de secundaria. Emigraría cuando lo tuviera. Esperaba poder condensar los estudios y terminar en un año. Después ya podría empezar mi nueva vida.

Más o menos a los cinco meses de llegar a Le Rosaire, volví a Ginebra para pasar tiempo en familia con mi tío Hans, mi tía Edith y Gabi, a quienes había echado mucho de menos. Pero para mí era importante seguir la dieta *kosher*, así que mis tíos me buscaron una familia judía ortodoxa, los Sohlberg, y me fui a vivir con ellos. Tenían siete hijos y yo compartía habitación con una de las chicas. El problema era que vivían en Basilea. A mí se me hacía duro vivir tan lejos de Hans, Edith y Gabi, a unos trescientos kilómetros al norte, cerca de la frontera con Alemania. Pero procuré centrarme en mi planes. No veía el momento de volver a clase y ponerme al día de todos los conocimientos que me había perdido estando prisionera.

En noviembre de 1946 cumplí dieciocho años. Ya era adulta oficialmente. Me sentí desorientada. Por suerte había tenido una infancia entrañable, segura y muy alegre, por lo que, a pesar de que la guerra me había arrebatado muchas cosas, conservaba recuerdos felices de mis padres, de mis amigas de la escuela y del barrio. Aun así tenía la sensación de que me había perdido la adolescencia. Lo más cerca que estuve de «enamorarme por primera vez» fue con Alfred, pero fue una experiencia breve. A ambos nos superaba la timidez y luego él y otros tantos adolescentes desaparecieron una noche tras ser convocados para ir a los «campos de trabajo». El toque de queda y la prohibición de viajar en tranvía y de socializar con gente no judía acabó con cualquier intento de explorar más allá de nuestro barrio, Rivierenbuurt, justo cuando estábamos en edad de empezar a hacerlo. La última fiesta que recuerdo con chicas y chicos fue la celebración del decimotercer cumpleaños de Anne; luego fueron desapareciendo amistades y compañeros de clase y mi madre murió, así que me vi obligada a asumir el papel de «pequeña madre» de Gabi. Ahora ya era mayor de edad, pero no tenía ni padres ni dinero y dependía del respaldo de mi tío.

Me crie en una familia donde se valoraban la educación y la comprensión. Y con dieciocho años no tenía mentalidad de adolescente. Estaba resuelta a recuperar el tiempo perdido como buenamente pudiera y a mentalizarme de cara a mi nueva vida. En una comida de Shabat en casa de los Sohlberg conocí a un chico que se llamaba David. Nuestros padres habían sido amigos. Hubo cierto interés romántico, pero él tenía una novia que ya había emigrado a Eretz Yisrael y la cosa no llegó a nada. (Aunque la vida es un pañuelo, y décadas después nuestros caminos volvieron a cruzarse). En aquel momento yo estaba centrada en la escuela y poco más.

Estudiaba en Basilea, la ciudad donde vivía la abuela de Anne, Alice Stern. Cuando Gabi y yo llegamos a Ginebra, a casa de nuestros tíos, nos estaba esperando un paquete maravilloso de golosinas de su parte; como ella misma dijo, era para darnos la bienvenida a Suiza. La carta adjunta decía así:

Queridas niñas, espero que hayáis tenido un buen viaje y que ya estéis con vuestros queridos parientes; de ser así, me encantaría hablar contigo pronto, querida Hanneli, y decirte «Guten Tag». Han pasado muchos años desde la última vez que nos vimos, pero mi amor y mi devoción por vosotras siguen estando presentes. Habéis vivido cosas muy duras..., así que descansad mucho. Os mando unas chucherías para daros la bienvenida a Suiza.

En la firma, «Vuestra, Omi Frank», la abuela Frank.

A veces iba a visitarla a su elegante casa de Basilea. Era una mujer maravillosa, simpática y de una inteligencia extraordinaria, con el pelo blanco y ondulado, y me consideraba una más de la familia, y eso que de pequeña, en Ámsterdam, me intimidaba. Pero yo siempre sentía la presión de una pregunta tácita: «¿Por qué está Hanneli aquí, pero Anne y Margot no?».

Mi tío Hans me informó de que en diciembre el Congreso Sionista iba a reunirse en Basilea por primera vez desde el estallido de la guerra. Dicho congreso era la primera organización judía de tipo parlamentario de la historia moderna, y se creó en 1897 con el fin de sentar las bases de todo lo que hacía falta para fundar una patria judía.

En mi familia era muy importante. Mi abuelo empezó a asistir de joven y yo crecí escuchando cosas sobre esos encuentros históricos a los que tanto él como mi padre iban todos los años. (Aunque cuando era pequeña, para mí la mejor parte eran las barritas de chocolate suizo que me traía siempre mi padre, con su característico envoltorio rojo y dorado). Así que me emocioné mucho cuando mi tío me preguntó si quería ir. Me ayudó a conseguir un trabajo de voluntaria como acomodadora que implicaba llevar una banda dorada cruzada.

Me emocionaba que se hubiera retomado el congreso, pues no se celebraba desde 1939, pero en el fondo el panorama era serio, incluso sombrío. Faltaban la mayoría de los delegados europeos de antaño, incluidos mi Opa y mi padre, pues los nazis habían asesinado a muchísimos de ellos. El trauma de la guerra y el genocidio nazi (todavía no se usaba esa nueva/vieja palabra: «holocausto», eso vendría más tarde) añadía urgencia a su misión, pero también un peso enorme.

Aparte de la magnitud de esa pérdida que la sala entera intentaba asimilar, había un asunto sobre la mesa que influía de forma directa en mi futuro: cómo establecer un Estado judío. Me quedé fascinada escuchando el debate de los delegados sobre cómo resolver de la mejor manera posible los problemas más apremiantes, entre otros el modo de abordar la política radical de los británicos en lo relativo a la inmigración judía. Si las puertas estaban lejos de abrirse para los supervivientes de la guerra, yo incluida, ¿cómo íbamos a seguir adelante?

Sin embargo, al año siguiente, en 1947, cuando yo estaba terminando la secundaria, autorizaron la entrada a algunos refugiados judíos de Europa. No sé cómo, pero tuve la gran suerte de que los británicos me concedieran el visado en mayo de ese año. Estaba tan empeñada en irme que hasta consideré la opción de entrar en el Mandato de forma ilegal con ayuda de un operativo clandestino dirigido por activistas sionistas. No obstante, mi tío, el eterno abogado puntilloso, no me dejó. Pero ahora ni siquiera tenía que plantearme usar tales medios. Uno de esos escasos visados era para mí.

Y para nadie más. Solo me lo dieron a mí. Aunque la idea me acongojaba, era consciente de que debía separarme de Gabi. Aún no tenía ni siete años y no podría cuidarla mientras me establecía allí. Mi idea era estudiar enfermería, conseguir trabajo y luego llevármela conmigo.

Pero antes de emprender el camino hacia mi nuevo futuro en Eretz Yisrael tenía una cosa pendiente: despedirme de Ámsterdam.

17

Espectros

Volví a Ámsterdam a principios de mayo de 1947; no había conocido otro hogar y adoraba con toda mi alma esa ciudad. Habían pasado casi dos años desde que la gente se echó a la calle a celebrar el final de la guerra subiéndose a tanques y jeeps y ofreciendo tulipanes a los soldados canadienses artífices de la liberación. Yo devoré con ansia todas las noticias e imágenes que vi de esos días felices y lamenté no poder estar allí para verlo en persona.

Pero cuando me bajé del tren, con cara de sueño tras casi un día de viaje a través de Francia, Bélgica y Holanda, no quedaba ni rastro del ambiente festivo. Me percaté enseguida de que la ciudad a la que yo había vuelto (ahorré para ese viaje hasta el último céntimo de la paga que me daba mi tío) se había transformado en un sitio sombrío. Dos años más tarde del alto el fuego y de que se pusiera fin a la maquinaria de matar nazi, Ámsterdam aún estaba reponiéndose de las secuelas de la guerra.

Durante los últimos meses de ocupación, en lo más crudo de uno de los inviernos más gélidos de la historia de Europa, Holanda se sumió en la hambruna. Los alemanes cortaron las líneas de abastecimiento como represalia contra los trabajadores ferroviarios holandeses, que intentaron impedir la entrada de las tropas alemanas con la esperanza de ayudar así a los aliados. La gente subsistía a base de bulbos de tulipán y remolacha de azúcar. Incluso comían perros y gatos. Alrededor de veinte mil personas murieron de hambre. Las casas estaban heladas y se prendía de todo para entrar en calor, desde muebles hasta traviesas de madera robadas de las líneas del tranvía, y se desmontaban escaleras de madera en las casas vacías del barrio judío cuyos residentes fueron deportados. Hacía tal frío que los críos gritaban de dolor por las congelaciones que sufrían.

Una vez expulsados los nazis, los pocos judíos que sobrevivieron empezaron a regresar. Los primeros fueron los que estaban escondidos. Casi nadie sabía qué había sido de sus seres queridos deportados. Algunos niños pequeños que habían estado escondidos pisaron la calle por primera vez tras la liberación. Luego volvieron los judíos que, al igual que yo, habían sobrevivido a los campos de concentración y exterminio. Pero los holandeses estaban tan sumidos en su propio sufrimiento y su trauma que apenas tenían paciencia ni interés en escuchar los horrores que habíamos padecido.

Al principio, el aroma familiar de la Ámsterdam primaveral me tocó la fibra: hojas nuevas y frescas, sol, ese ligero olor a moho que desprendían los canales y ese tufillo dulce a… ¿flores?, ¿gofres? La primavera siempre había sido mi estación del año favorita. La esperanza inundaba la ciudad tras un invierno largo, gélido y lluvioso. Pero me di cuenta enseguida de que el regreso a casa iba a ser amargo. Parecía que la ciudad estaba habitada por espectros. Antes tenía parientes, un amplio círculo de amistades de la escuela y de la familia, vecinos y maestros que me conocían y se preocupaban por mí, pero ahora solo me quedaban un puñado de amigos. Paseé por puentes y calles rememorando el pasado, empapándome de los canales bañados por el sol y de las flores de los maceteros de madera mientras buscaba un atisbo de familiaridad entre la multitud de caras. Pero todas me eran ajenas. «¿Cómo es posible que haya pasado esto?», me repetía en silencio. Es la misma pregunta que no he dejado de hacerme desde entonces.

Ya cerca de mi antiguo edificio, el número 16 de Zuider Amstellaan, me emocioné, pero también me noté muy cansada. Estaba en casa pero no estaba en casa. Me fijé en que la calle ahora se llamaba Rooseveltlaan, en honor al que fue presidente de Estados Unidos, Franklin D. Roosevelt. También le habían cambiado el nombre a otra calle en honor a Churchill. Pero la hilera de álamos añosos seguía en la mediana que había en mitad de la calle empedrada; los edificios marrón claro tenían el mismo aspecto pulcro y uniforme. «Todo parece tan engañosamente inalterado», pensé.

Llamé al timbre de los Goudsmit, que vivían en el bajo. «¡Hanneli! ¡Bienvenida, bienvenida!», exclamó la pareja. Me sentí bien cuando me invitaron a entrar en su casa y se me pasó enseguida esa sensación de ser una extraña. Sonreí a la señora Goudsmit cuando me agarró las mejillas a modo de saludo. ¡El pequeño estaba altísimo! Sjors tenía seis años, igual que Gabi. Pero aún conservaba los rizos rubios.

No me atreví a subir al piso de mi familia. Ahora vivía otra gente allí. Entonces me acordé de nuestras pertenencias, que ya eran cosa del pasado. El sofá de terciopelo azul, la mesa y las sillas de mimbre del comedor, los platos de porcelana y la máquina de escribir de mi madre. Todo metido en un camión de la empresa alemana que saqueaba las propiedades judías tras las deportaciones. Me pregunté quién estaría sentado en nuestro sofá ahora en Alemania.

Luego hice una parada en la sinagoga, en el número 63 de Lekstraat. Había un servicio vespertino en curso, pero no reconocí ninguna cara. Casi me eché a llorar cuando vi aquel grupo de hombres tan reducido, lo justo para un *minyan*, es decir, diez varones, el mínimo requerido por la ley judía para rezar en grupo. «Qué de asientos vacíos», pensé, sintiendo añoranza de mi padre y mi Opa.

Fuera seguía la misma rama baja colgando de un árbol imponente. Me acordaba de todos los rincones, de todas las puertas tras las que otrora vivieron amistades y vecinos. Volví a Merwedeplein, no lejos de allí, al pavimento donde Anne y yo jugábamos a la rayuela y al escondite con las amigas. Había niños corriendo entre risas, apurando el tiempo antes de que sus madres los llamaran para que fueran a casa a cenar. Estaba casi igual que en mis recuerdos. Pero ya no era una niña y mucha gente conocida y querida había muerto. Todavía desconocía la palabra «trauma», pero creo que es la que más se aproxima a lo que experimenté deambulando por el barrio.

Luego estuve con mis amigas de la escuela, Jacque incluida. Vi a Barbara Ledermann y la noté desconsolada. Echaba muchísimo de menos a su hermana y a sus padres. En una carta que le mandó al señor Frank por entonces, le contó lo siguiente: «Después de dos años bregando, he conseguido aceptar la vida igual que hace la gente con la religión: sin entenderla. Nos pasa por encima, nos lleva un poco más allá y luego nos tumba otra vez. No me preocupa especialmente lo que ocurre alrededor o lo que me pasa a mí..., casi nada tiene sentido».

Al menos saqué una cosa positiva, o no tan agridulce, de mi estancia en Ámsterdam. El diario de Anne se iba a publicar en los Países Bajos el 25 de junio, en unas seis semanas, justo después del que habría sido su decimoctavo cumpleaños. El señor Frank creía de todo corazón que los escritos de Anne se merecían una audiencia más amplia, no solo su mermado grupo de amistades y familiares. Quería que su historia fuera de dominio público, que su espíritu siguiera vivo sobre el papel. Pero al principio le costó dar con un editor. Lo rechazaron varios, y algunos amigos del señor Frank dudaban que tuviera hueco en el mercado. No había mucho interés en leer el relato de las vivencias de una adolescente judía clandestina; en general, en nada que tuviera que ver con la persecución de los judíos durante la guerra. Sin embargo, el señor Frank era obstinado y se mantuvo en sus trece, y al final encontró un editor holandés que aceptó. Mi maravillosa amiga iba a publicar un libro, justo lo que ella quería.

De hecho, me enteré de que, en marzo de 1944, Anne escuchó un llamamiento en Radio Orange, la emisora del Gobierno holandés en el exilio, en el que Gerrit Bolkestein, el antiguo ministro de Educación, rogaba a los ciudadanos holandeses que conservaran documentos cotidianos para que, una vez finalizada la guerra, la gente pudiera entender lo que había supuesto la ocupación alemana. Mencionó en concreto los diarios, lo cual atrajo la atención de Anne. Acto seguido se puso a revisar el suyo con vistas a su publicación después de la guerra; con ojos de escritora, corrigió cosas y añadió otras para dotarlo de drama y contexto. Eso me dejó más impresionada todavía. A mi parecer, Anne se convirtió en escritora mientras estuvo escondida, hasta tal punto que creyó que sus pensamientos y sus observaciones podrían ser importantes en el futuro.

Pero en lo que respecta al ámbito personal, me conmovió saber que pensaba en mí, igual que yo me acordaba de ella a veces en Westerbork y Bergen-Belsen. Hablaba de una forma muy madura y perspicaz de nuestra vida justo antes de esconderse. Yo me disgusté por haber tenido aquel desencuentro por unos celos de nada los días previos a su desaparición. Me dio pena que pasara eso, pero me alegró saber que a ella también le importaba nuestra amistad. El señor Frank me preguntó si me parecía bien que incluyera en el diario impreso los fragmentos donde su hija hablaba sobre mí y yo le pedí por favor que no quitara nada.

En la entrada del 27 de noviembre de 1943, Anne escribió

sobre nuestra relación tras soñar despierta conmigo; aunque
ella no lo sabía, yo por entonces estaba en Westerbork viviendo mi primer invierno como prisionera. En el sueño yo salía
«vestida con harapos», con «el rostro demacrado», rogándole
que me ayudara a salir de ese «infierno». Ya no se refería a mí
con el seudónimo Lies, diminutivo de Hanneli, como también
me llamaban varias amigas de la escuela. Decía así:

> Y solo puedo pedirle a Dios que nos la devuelva. Es nada
> menos que a Hanneli a quien vi, nadie sino Hanneli… y com-
> prendí. La juzgué mal, era yo demasiado niña para compren-
> der sus problemas. Ella estaba muy encariñada con su amiga y
> era como si yo quisiera quitársela. ¡Cómo se habrá sentido la
> pobre! Lo sé, yo también conozco muy bien ese sentimien-
> to. A veces, como un relámpago, veía cosas de su vida, para
> luego, de manera muy egoísta, volver a dedicarme a mis pro-
> pios placeres y problemas.
>
> No hice muy bien en tratarla así, y ahora me miraba con
> su cara pálida y su mirada suplicante, tan desamparada…
> ¡Ojalá pudiera ayudarla! ¡Dios mío, cómo es posible que yo
> tenga aquí todo lo que se me antoja, y que el cruel destino a
> ella la trate tan mal! […].
>
> Ay, Hanneli, espero que, si llegas a ver el final de la guerra
> y a reunirte con nosotros, pueda acogerte para compensarte
> en parte el mal que te he hecho.
>
> Pero, cuando vuelva a estar en condiciones de ayudarla,
> no precisará mi ayuda tanto como ahora. ¿Pensará alguna vez
> en mí? ¿Qué sentirá?

Se me empañaron los ojos al leer ese fragmento y veía las
líneas borrosas. Quería atravesar las páginas y consolarla, darle
las gracias. «Tus plegarias fueron escuchadas. ¡Me salvé, Anne!
Gracias, gracias. Siempre te llevaré en el corazón», pensé, con
la esperanza de que, no sé cómo, le llegaran mis palabras.

Más o menos un mes después, el 29 de diciembre de 1943, seguía preocupada por mi destino: «¿Y Hanneli? ¿Vivirá aún? ¿Qué estará haciendo? ¡Dios querido, protégela y haz que vuelva a estar con nosotros!». Proseguía así:

> Hanneli, en ti veo siempre cómo podría haber sido mi suerte, siempre me veo a mí misma en tu lugar. ¿Por qué entonces estoy tan triste a menudo por lo que pasa aquí? ¿No debería estar siempre alegre, feliz y contenta, salvo cuando pienso en ella y en los que han corrido su misma suerte? […].
>
> Cuando uno se pone a pensar en sus semejantes, podría echarse a llorar; en realidad podría pasarse el día llorando. Solo le queda a uno rezar para que Dios quiera que ocurra un milagro y salve a algunos de ellos. ¡Espero estar rezando lo suficiente!

Cuando leí estos y otros fragmentos del diario, me quedé sin palabras. A esa edad, la mayoría de la gente no tiene la capacidad ni la perspicacia para escribir así. También me resultó atroz; las palabras de Anne me hicieron sentir la soga que los oprimía a ella y a los demás escondidos, sobre todo en pasajes como este, del 8 de noviembre de 1943:

> Nos veo a los ocho y a la Casa de atrás, como si fuéramos un trozo de cielo azul, rodeado de nubes de lluvia negras. La isla redonda en la que nos encontramos aún es segura, pero las nubes se van acercando, y el anillo que nos separa del peligro inminente se cierra cada vez más. Ya estamos tan rodeados de peligros y de oscuridad, que la desesperación por buscar una escapatoria nos hace tropezar unos con otros. Miramos todos hacia abajo, donde la gente está peleándose entre sí, miramos todos hacia arriba, donde todo está en calma y es hermoso, y entretanto estamos aislados por esa masa oscura, que nos impide ir hacia abajo o hacia arriba, pero que se halla fren-

te a nosotros como un muro infranqueable, que quiere aplastarnos, pero que aún no lo logra. No puedo hacer otra cosa que gritar e implorar: «¡Oh, anillo, anillo, ensánchate y ábrete, para que podamos pasar!».

Gracias al diario me di cuenta de lo especial y singular que era. Una Anne más profunda y polifacética que me resultaba familiar y a la vez, en cierto modo, totalmente distinta. Estaba leyendo a su yo estancado en el tiempo, con trece, catorce y quince años. Yo sabía que, a medida que fuera haciéndome mayor, sería inevitable dejar atrás a esa chica cuya sombra titilante aún vislumbraba por el rabillo del ojo. Pero en apenas unas semanas, cualquier persona de Holanda podría adquirir su libro y leer todo esto. Se me hacía raro.

Durante mi estancia en Ámsterdam visité a la señora Kuperus, nuestra querida directora de la escuela Montessori, que además fue nuestra maestra en sexto grado. El señor Frank también le había enseñado el diario antes de encontrar un editor. Me gustó hablar del tema con ella e intercambiar impresiones sobre Anne, y rememoramos el último día de clase de los estudiantes judíos, en junio de 1941. No era la única alumna suya asesinada por los nazis durante la guerra, así que fue un reencuentro muy emotivo para ambas.

La señora Kuperus, que no solo conoció a Anne en persona sino también como educadora, me dijo que se había sentido cautivada leyendo esos pensamientos y sentimientos tan profundos. Le pregunté cómo era posible que Anne escribiera con tanta madurez y sensibilidad siendo tan joven. Me dijo que ella tenía una teoría: al estar en un contexto tan extremo y con tantísima presión, podía ser que su desarrollo emocional e intelectual se hubiese acelerado.

Mi estancia en Ámsterdam estaba llegando a su fin. Me sentí aliviada por lo que me aguardaba tras aquel viaje por el pasado. Regresé a Suiza; tenía que terminar de hacer unas gestiones de cara a mi inmigración a Eretz Yisrael.

El 20 de mayo recibí el esperado «Visado para Palestina... de ida», remitido por el consulado británico de Ginebra. Era un papel de color crema con un sello estampado y venía con mi documento de viaje, el «Certificat d'Identité», ya que aún era apátrida y no podía hacerme el pasaporte. Todavía lo conservo. En la foto vuelvo a tener mejillas y la piel clara. Salgo con mi mata de pelo moreno y ondulado justo por encima de los hombros; no he vuelto a tenerlo así de largo. Se me ve sana y resuelta.

El viaje a Ámsterdam fue un recordatorio de una lección espantosa que aprendí demasiado pronto: en la vida, nada es para siempre. Las fuerzas del odio son poderosas y pueden arrebatarte tu existencia tranquila, llena de amor y comodidades. Aunque hubiera sido doloroso, la visita había puesto de relieve mis dos yoes: la Hanneli de preguerra y la Hanneli de posguerra. Pero, al mismo tiempo, creo que al fin reconocí que yo era quien era gracias al amor y a los valores que me habían inculcado mis padres. No me verían crecer, pero me habían brindado herramientas y una brújula moral con las que salir adelante. Estaba siguiendo la hoja de ruta de mi padre: ir a Eretz Yisrael, en vez de quedarme en Suiza, volver a Ámsterdam o intentar emigrar a Estados Unidos. Elegí el camino más difícil, eso seguro, pero estaba convencida de que era el que más me convenía.

18

La tierra prometida

Cuando el barco zarpó de Marsella, una ciudad portuaria de Francia, no me lo creía. Sentí que por fin estaba donde me correspondía.

La travesía hacia Oriente Próximo a bordo del Providence, desde las costas europeas hasta las africanas, duró cinco días. Me pasé las horas con los ojos fijos en el horizonte; cada milla recorrida me alejaba de mi vida anterior en favor de la nueva. Me sentía nerviosa y emocionada. Pero, ante todo, estaba lista para bajarme de ese barco, más aún después de las marejadas. Así que cuando alguien gritó que ya se veía Haifa, corrí hasta cubierta para verlo con mis propios ojos. Y ahí estaba, mi primer atisbo de Eretz Yisrael, un borrón amarillo. Me apoyé en la barandilla y me quedé mirando la ciudad mientras se iba dibujando. Vislumbré las laderas verdes del monte Carmelo y, más abajo, al lado del puerto, varios edificios de piedra cuadrados. La gente silbaba y vitoreaba y unos jóvenes se pusieron a cantar en hebreo.

Nada más atracar, al descender del barco, varias personas se arrodillaron y besaron el suelo.

Un funcionario británico me firmó los documentos de viaje y estampó un sello rectangular morado que decía: «Departamento de Migraciones del Gobierno de Palestina: Permiso para residir de forma permanente como inmigrante en

Palestina», con fecha del viernes 30 de mayo de 1947. Estaba sola en la fila, pero llevaba a mi padre en el corazón, ambos unidos en el espacio-tiempo por su anhelo de estar allí y mi llegada real. Inspiré hondo; olía a pino y a salitre de mar. Sonreí.

La muchedumbre me sacó de aquel momento agridulce. La gente se puso a empujar para llegar al muelle y reunirse con sus seres queridos o recoger el equipaje.

«¡El equipaje!», me dije sobresaltada. Fui corriendo a buscar mis maletas, pero solo encontré una de las dos que llevaba. Faltaba la que me había hecho mi tía Edith con tanto esmero, que incluía un precioso juego de sábanas y toallas de algodón sin estrenar. Las sábanas y las mantas me las habían mandado unos amigos de la familia adinerados, originarios de Berlín que habían emigrado a Suecia. Era su generoso regalo de despedida. Pero esa maleta y la ropa de cama habían desaparecido. Estuve a punto de echarme a llorar.

Sabía que me faltaría valor para contárselo a mis tíos cuando les escribiera para decirles que ya había llegado. Era culpa mía. Lo único que iba a conseguir era preocuparlos por haber perdido unos artículos esenciales de cara a mi nueva vida, y además no quería que se sintieran obligados a reponerlos. Sabía que no andaban sobrados de dinero. Ya me estaban pasando una modesta mensualidad y me daba vergüenza pedir más. Tenía claro que no quería ser una carga para ellos ni para nadie. Pero durante los primeros meses en Israel, conseguir esa anhelada independencia económica fue una lucha constante, hasta el punto de que a veces el dinero escaseaba más de lo previsto.

Salvo por el disgusto de la maleta perdida, no me cabe duda de que mi viaje fue mejor que el de muchos otros. En julio de 1947, tres meses después de mi llegada, partió de Marsella un buque sin autorización con cuatro mil quinientos supervivientes a bordo; hacía la misma ruta que hice yo. Se hacía llamar «Exodus 1947». Los británicos lo interceptaron y dispararon con armas de fuego y morteros; mataron a dos pasajeros y a un miembro de la tripulación. A los demás los enviaron a campos de desplazados alemanes, donde seguían viviendo cientos de miles de supervivientes del Holocausto que no tenían dónde ir. La noticia de esta odisea dio la vuelta al mundo y puso de manifiesto el drama que estaban viviendo esos refugiados.

Justo antes de mi llegada, el periódico del movimiento sionista que mi padre ayudó a dirigir anunció: «La hija de Hans Goslar, Hannah Goslar, emigra a la Tierra de Israel». Me di cuenta de que el nombre de mi padre y sus buenas obras perduraban en la memoria de la gente. «Anda, ¿tú eres la hija de Hans Goslar?», me decían cuando me conocían.

Mi primera parada en la tierra prometida fue el kibutz Yavne, donde a mi padre le habría gustado establecerse. Estaba en una llanura cerca del mar y lo fundó, seis años antes de que yo llegara, un grupo de judíos alemanes jóvenes e idealistas a los que conocían tanto mi padre como mi abuelo. Me gustó nada más verlo. Era básico, pero la gente tenía personalidad y aguante y me sentí inspirada cuando los vi tan motivados por su misión de fundar un kibutz religioso.

Pasé los primeros días explorando bajo el sol los huertos de cítricos y los campos. Allí me trataron bien y me acogieron como a una más. Me contaron que mi padre les sirvió de inspiración. Aun con todo, no tardé en darme cuenta de que aquel sitio no era para mí. Yo tenía dieciocho años, así que ya era adulta. Y en los kibutz los adultos trabajan de sol a sol y todo el mundo aporta su granito de arena al experimento de vivir de forma colectiva en una comuna. Pero yo aún ni siquiera hablaba hebreo. Y quería tener una profesión: estaba resuelta a ser enfermera pediátrica.

Los miembros del kibutz me ayudaron a buscar una aldea juvenil y así fue como llegué a Kfar Hasidim, en el norte, cerca de Haifa, en la falda del monte Carmelo, y allí aprendí hebreo. Había varias aldeas juveniles repartidas por todo el país encargadas de atender a la avalancha de jóvenes judíos que estaban solos.

La jornada era muy larga. Empezaba en la cocina antes de que saliera el sol cortando verdura para un regimiento, destinada a la comida del mediodía. Le caí en gracia a la cocinera y a veces cuidaba de sus hijos; era la única forma que tenía de conseguir dinero y daba gracias por ello. En la aldea había muchos adolescentes y niños recién llegados de Europa; algunos eran huérfanos de guerra y otros simplemente habían ido solos, sin sus padres. Entre las clases intensivas diarias y las ganas que tenía de comunicarme, aprendí hebreo bastante rápido. Es un idioma gutural y a mis compañeros les costaba, pero a mí no tanto porque el holandés también es gutural.

A veces hacía un calor achicharrante y la temperatura alcanzaba los treinta y cinco grados centígrados. Muchos se quejaban, pero yo no; había pasado tantísimo frío en Bergen-Belsen que el calor apenas me molestaba.

Cerca de la aldea había una tiendecita donde vendían helado (que, cómo no, me recordaba a mi hogar), y también pan de pita con falafel. Cuando lo probé, no se parecía a nada de lo que comía en Europa, pero le cogí el gusto enseguida. Conocí a un señor fascinante que venía desde una aldea drusa cercana a vender verduras. Yo sabía que había árabes en el país, claro, pero desconocía qué eran los drusos; son seguidores de una rama secreta del islam y hablan árabe. Me llamaba la atención su aspecto: los hombres tenían bigote y vestían pantalón bombacho y un tocado cilíndrico blanco muy peculiar; y las mujeres llevaban un velo blanco transparente y una túnica larga.

La aldea era un buen punto de partida, pero mi intención era marcharme después de las festividades judías de Rosh Hashaná y Yom Kipur. Me habían aceptado en un programa de formación en enfermería en Jerusalén. Así que me despedí de la cocinera y de sus hijos, de mi profesora de hebreo y de mis nuevas amistades, cogí mi única maleta y me dirigí al sur.

Tardé varias horas en recorrer los ciento sesenta kilómetros que me separaban de Jerusalén y tuve que cambiar de autobús más de una vez; pasé por campos abiertos, asentamientos agrícolas judíos (unos más nuevos que otros) y por un valle salpicado de aldeas árabes. Y por fin enfilamos la empinada carretera hacia Jerusalén. Me habían dado las señas de una residencia para chicas adolescentes; estaba en la calle Rashi, cerca del centro. El director conocía a mi padre y, a pesar de tener dieciocho años y ser mayor para vivir allí, hizo la vista gorda y dejó que me quedara mientras estudiaba enfermería.

Lo primero que me llamó la atención de Jerusalén fue que todos los edificios tenían un revestimiento de piedra caliza de color lechoso; me pareció que le daba a la ciudad un carácter inconfundible e intemporal. De hecho, esa piedra se usaba desde hacía siglos y las construcciones habían sobrevivido a incendios, guerras y varios conquistadores. Luego los británicos ordenaron usar la llamada «piedra de Jerusalén» en todos los edificios. Cuando pregunté por qué, me dijeron que para que al atardecer la ciudad entera pareciera de oro. Cuando lo vi por primera vez, convine en que era una ley muy acertada.

Yo era la única estudiante de enfermería en la Beit Tzeriot Mizrahi (Casa Mizrají para Mujeres Jóvenes); mis compañeras de habitación se estaban formando todas para ser maestras. Tenía por delante un año y medio de estudio y prácticas en el

Bikur Cholim, un hospital cercano. Al otro lado de sus arcos
de medio punto, estuve trabajando con bebés y niños pequeños de toda la ciudad. Vi enseguida y con mis propios ojos la
miseria que asolaba Jerusalén. Recuerdo perfectamente un día,
al poco de llegar allí, que me topé con un grupo de chiquillos
desaliñados vagando solos por las inmediaciones de la ciudad
vieja. Desconozco si eran árabes o judíos, pues aún tenía que
aprender a discernir «quién era quién», cosa que los lugareños
sabían por instinto. Pero parecían muy necesitados y se me
partió el corazón.

Echaba muchísimo de menos a Gabi, e intentaba no pensar en la carita que tenía en Bergen-Belsen cuando me cruzaba con los niños pobres de la ciudad. Mandaba a mi hermana
cartas y postales sin cesar y le recordaba que en breve nos veríamos otra vez.

Era consciente de que muchos supervivientes de la guerra
no tenían esa suerte y no sabían dónde estaban sus seres queridos. Aparte de los anuncios en prensa, me llamó la atención que
hubiera un programa de radio, *Who Recognises? Who Knows?*
(*¿Lo reconoce? ¿Sabe quién es?*), donde la gente describía a familiares y amigos que seguían desaparecidos. A veces contaban
anécdotas insólitas sobre algún reencuentro, como una superviviente polaca que vio a un soldado caminando por una calle
de Haifa y se dio cuenta de que era su hijo, cuya muerte había
llorado pensando que lo habían asesinado. No lo veía desde
hacía ocho años, cuando él tenía catorce.

A las semanas de llegar a Jerusalén, cuando paseaba con una
amiga, escuché unos cantos que provenían del patio de la sede
del cuasi-Gobierno de lo que entonces se conocía como *yishuv*,
la comunidad judía en la Palestina del Mandato. Era 29 de
noviembre de 1947. Nos dio por acercarnos y vimos a gente

bailando, celebrando algo. Naciones Unidas acababa de votar a favor del Plan de Partición, por el cual el país se dividía en dos Estados: uno árabe y el otro judío.

«El Estado judío va a ser una realidad», pensamos. Mi amiga me llevó hacia los corros de baile y estuvimos dando vueltas para festejarlo. La gente se echó a las calles entre silbidos y vítores. Unos cuantos se encaramaron a un coche de policía blindado que iba recorriendo la ciudad y gritaban de alegría.

Los líderes judíos aceptaron la partición. Los árabes palestinos, atónitos ante la idea de tener que compartir una tierra que consideraban suya y en la que eran mayoría, la rechazaron. La celebración apenas duró unas horas. A la mañana siguiente hubo enfrentamientos entre la milicia árabe palestina y la judía, que fueron intensificándose durante las semanas posteriores.

Al poco, el ruido de artillería ya era incesante y yo estaba siempre en tensión. ¿Era seguro recorrer ese día la calle tranquila y soleada por la que iba al trabajo o habría un francotirador acechando en una azotea? ¿Iba directa al peligro o me alejaba de él? Si me detenía a mirar el escaparate de una librería, ¿corría el riesgo de que se hiciera añicos si de repente explotaba una bomba cerca? Pero, en cierto modo, el hecho de estar yo sola atenuaba el miedo y la angustia, porque si pasaba algo me pasaría solo a mí. Antes estaba todo el rato preocupada por Gabi. Y en el futuro tendría mi propia familia y me preocuparía por ella. Pero en ese momento estaba yo sola. La única seguridad por la que debía velar era la mía. Sin embargo, sabía que mis tíos iban a inquietarse cuando se enteraran, tan lejos como estaban, así que procuraba tranquilizarlos en las cartas que mandaba a Suiza, pero entonces suspendieron el servicio postal y telegráfico.

Hacia febrero de 1948, Jerusalén estaba sitiada por grupos de milicianos árabes. Bloquearon la ruta de Tel Aviv y cada vez era más complicado conseguir suministros básicos, es decir, comida, agua y combustible. Estuvimos meses en estado de guerra. Los convoyes de suministros fueron objeto de fuego intenso y hubo una barbaridad de bajas.

Las milicias judías estaban reclutando a gente de mi edad, pero yo estaba exenta porque era estudiante de enfermería. Empezamos a tratar a soldados heridos, no solo a niños. La mayoría de los combatientes judíos eran de allí, aunque los supervivientes refugiados que llegaban de los campos de desplazados en Europa, a veces a través de misiones clandestinas, se alistaban en el servicio militar nada más arribar. Me sentía orgullosa de ellos, pero también asustada, consciente en parte de lo que habían padecido. Supongo que muchos preferían morir combatiendo como héroes para instaurar nuestro nuevo país que morir siendo víctimas y refugiados de por vida.

Tenía diecinueve años recién cumplidos y estaba viviendo otra guerra. Después de tanto bregar para recuperar mi vida, era desconcertante ver de nuevo lo poco que valía esta. Mis nuevos conocidos estaban perdiendo amistades y hermanos en la batalla. Recuerdo que fui con toda mi clase al funeral del hermano de una compañera de enfermería.

Muchos médicos y el personal del hospital donde trabajaba eran alemanes. Tenían miedo y se notaba; yo también. Recuerdo una doctora que había estado en un campo de concentración a la que los enfrentamientos le afectaron especialmente. «Está pasando otra vez», dijo. Los ánimos estaban por los suelos y la gente tenía hambre y había desnutrición, también entre los niños que tratábamos.

Estaba trabajando en Shabat, un día en el que el riesgo de violencia se consideraba muy alto. Nos planteamos trasladar a los niños a una planta más protegida y justo en ese momento escuchamos cerca una ráfaga de proyectiles. Yo estaba dándole de comer a una bebé y la protegí con mi propio cuerpo.

Noté las esquirlas de cristal en la espalda, pero por suerte ambas salimos ilesas.

El 13 de abril de 1948, las fuerzas árabes tendieron una emboscada a un gran convoy que transportaba a médicos, enfermeras, pacientes y otra gente, así como material médico, cuyo destino era el hospital Hadassah, en el este de Jerusalén; murieron setenta y nueve personas. Ese mismo día, más tarde, apareció en mi hospital un conocido holandés de Ámsterdam. Su hija iba en el convoy y la estaba buscando; pensaba que a lo mejor la habían llevado allí para tratarla. No la encontró; su llanto desconsolado resonaba por los pasillos. Ese sonido se me quedó grabado.

El 14 de mayo, mientras las tropas británicas se retiraban, oímos en la radio que David Ben-Gurion había declarado la independencia en Tel Aviv. Tuvieron que decírmelo dos veces. ¡Menuda sorpresa! Era la primera vez en dos mil años que se declaraba un Estado judío. «Ahora seremos dueños de nuestro propio destino como soñaron mi padre y mi abuelo», dije para mis adentros.

Aun así, en Jerusalén cortaban la electricidad varias horas al día, el fuego de artillería no cesaba y los convoyes armados que intentaban romper el asedio para entregarnos suministros estaban en el punto de mira. Al día siguiente de que se leyera la declaración de independencia ante una multitud enfervorecida y fuese firmada por algunas personas que mi padre consideraba amigos, los ejércitos de Egipto, Irak, Jordania, Líbano y Siria nos invadieron, lo cual desencadenó una guerra a gran escala que acabó en marzo de 1949 con unas cifras de muertos espeluznantes en ambos bandos; la ciudad de Jerusalén quedó dividida y unos setecientos mil árabes palestinos pasaron a ser refugiados.

Antes de que acabara la guerra, finalicé mis estudios y empecé
a trabajar de enfermera en una maternidad, pero mi tío Hans,
como era de prever, no quería ni oír hablar de que Gabi se viniera conmigo hasta que no cesaran los enfrentamientos. Y cumplió su palabra cuando terminó la guerra: la dejó marcharse al
recién creado Estado de Israel. Éramos ciudadanas israelíes y
jamás volveríamos a ser refugiadas apátridas. Por entonces se
hacía llamar Rahli, diminutivo de Rachel, su primer nombre
de pila.

Llegó a principios de junio de 1949. La vi bajar las escaleras del avión proveniente de Ginebra con su maletita roja y
una muñeca a cuestas. Después de dos años separadas, allí estaba, una niña de nueve años radiante y preciosa con su melena
de color castaño claro cortada a lo paje, igual que yo a su edad.
Yo me sentía pletórica. No podía dejar de mirarla; me quedé
maravillada al ver lo animada y sana que estaba. Hablaba por
los codos, ya fuera en francés o en alemán. Seguía siendo igual
de despierta y no paraba de preguntarme cosas; como ya me
imaginaba, me suplicó que la dejara vivir conmigo. Yo también
quería, pero lo cierto era que vivía en un estudio y trabajaba
muchas horas. Ganaba lo justo para pagar el alquiler. Aún no
podía respaldarla en todo lo que ella necesitaba.

Habíamos convenido que se apuntaría a Youth Aliyah, un
programa especial para niños y jóvenes que llegaban a Israel
sin padres. Allí viviría en un entorno comunitario, aprendería
hebreo e iría a la escuela. Al poco la adoptó una pareja muy
cariñosa de origen checo y alemán; tenían dos hijos mayores y
vivían en una zona residencial de Tel Aviv.

Yo sabía que era lo más conveniente para Rahli, pero aun
así me sentía muy culpable. Y ese sentimiento lo agravaba el
hecho de que a mi tía Edith le había dolido mucho separarse
de Rahli, y viceversa. Era como una madre para mi hermana
y se tenían un gran apego. Pero mi padre siempre quiso que

ambas fuéramos a Israel y yo pensaba que su futuro estaba allí, no en Europa. Mis tíos también se habían planteado emigrar y llegué a pensar que se vendrían con nosotras.

Mi hermana era parte de una oleada masiva de inmigrantes que llegaron no solo de campos de desplazados de Europa, sino también del norte de África y de países de Oriente Próximo donde habitaban judíos desde hacía siglos. El enfoque nacional estaba en el proyecto colectivo de crear el Estado en sí, no tanto en dónde se asentaría la población en ese país nuevo. El sueño sionista era idealista, si no utópico, centrado en la justicia y la paz. La cruda realidad era que los recién llegados normalmente se quedaban desconcertados porque tenían que pasar los primeros meses en campamentos atestados mientras esperaban una vivienda que aún se estaba construyendo.

Al poco de llegar Rahli, conocí a un agente de la inteligencia del ejército israelí. Se llamaba Pinchas Walter Pick. Llevaba unas gafas negras de montura redonda, era moreno y tenía los labios carnosos y una sonrisa que se me contagiaba nada más verlo. Estuvo de servicio en Irak y en Egipto con el ejército británico durante la Segunda Guerra Mundial. Era de Berlín, igual que yo, y su padre, especialista en lenguas semíticas antiguas, había sido director de la Biblioteca Nacional. Cuando Hitler llegó al poder, lo despidieron y se mudaron a Jerusalén tras un periodo en el que vivieron a caballo entre ambas ciudades. Pinchas me sacaba once años y tenía una mente voraz. Sabía una barbaridad de geografía, arqueología, historia, música y política, y me quedé prendada de él enseguida por su forma de pensar, su bondad y su sentido del humor.

Me di cuenta de que era muy sensible con la gente, sobre todo con los necesitados y con quienes pasaban apuros, y eso me conmovió muchísimo. Era un conversador magnífico y yo, más tímida, me quedaba anonadada con su habilidad para dialogar. Poco después descubrimos que nuestros padres se conocieron en Berlín; se movían por los mismos círculos intelectuales y sociales del sionismo religioso. Mi padre volvía a hacer acto de presencia en mi nueva vida.

No teníamos dinero. Pinchas destinaba casi todo su exiguo sueldo a mantener a sus padres, que ya estaban mayores (los nazis le habían revocado la pensión a su padre). Yo estaba terminando enfermería y a duras penas llegaba a fin de mes, y eso que hacía de niñera para los médicos y mi tío me seguía mandando la mensualidad. Pero decidimos casarnos igualmente.

Como no podía contarles a mis padres la buena nueva, me di el gusto de comunicárselo al señor Frank. Él me mandó una carta por mi vigésimo cumpleaños donde me daba la enhorabuena por el compromiso. Fue muy importante para mí.

> No hace falta que te diga lo contento que estoy por ti. Sabes que te tengo cariño y que me interesa oír de tu vida y tus novedades. Me alegro mucho de que hayas encontrado a alguien con quien compartir la vida, alguien que ve en ti a su otra mitad. Espero que encontréis la dicha que buscáis y que, Dios mediante, fundéis juntos un hogar donde no falte salud.

Luego habló de Pinchas:

> Qué amargura pasar siete años en el servicio militar, por muy interesante que sea el trabajo; espero que en breve disfrute de una vida más tranquila y recogida y termine sus estudios. Qué bonito que vuestros padres se conocieran y que sigas en ese círculo que tanto te toca la fibra.

También me contó las novedades sobre el diario de Anne. Iban a publicarlo en francés dentro de poco. Seguía buscando editor en Estados Unidos y esperaba dar con alguno. Me parecía fascinante que hubiera gente desconocida leyendo lo que Anne escribió mientras se ocultaba de los nazis. Que yo recuerde, a mí nadie me preguntaba por mis vivencias de la guerra. La gente recién llegada seguía buscando a familiares desaparecidos, pero lo cierto es que los campos de concentración ni se mentaban.

Aunque estaba emocionada porque en breve iba a casarme con Pinchas, me daba pena que todas las personas que pensaba que estarían presentes ese día hubieran muerto o vivieran muy lejos. Me sentía muy agradecida por la pequeña comunidad de la que formaba parte; éramos casi todos del círculo religioso alemán de Jerusalén.

Una de mis mejores amigas era Tova Cohen. Su madre era una bendición del cielo. Yo apenas había tenido oportunidad de aprender a cocinar y mi madre ya no estaba para instruirme. Así que la señora Cohen, que cocinaba de maravilla, tuvo la paciencia de enseñarme a hacer de todo, desde huevos duros hasta sopa de pollo, rosbif y lo que más le gustaba a Pinchas: mousse de chocolate. Cuando pasaba el Shabat con ellos, me volvía a casa con un cargamento de sándwiches, según ella para que almorzara en mis largas jornadas de formación y trabajo en el hospital.

Otro pilar en mi vida era la casa de Shulamit y Mordechai Levanon, los tíos de Pinchas. Eran como unos padres para mí. En Shabat cenábamos con frecuencia en su casa de piedra; vivían en una calle recóndita de Rehavia, un barrio histórico del oeste de Jerusalén con muchos árboles y parques. Era muy popular entre los judíos alemanes y cuando ibas por la calle lo normal era oír hebreo con acento alemán.

Al caer la tarde del 17 de abril de 1950, con veintiún años, respiré hondo mientras bajaba las escaleras que daban al patio trasero de la casa de piedra de los Levanon y me casé con Pinchas en su jardín lleno de buganvillas. Llevaba un ramo de lirios, un vestido de novia de organza de manga larga y un velo que me dejó una prima. Él iba con su uniforme militar. Cubrimos los gastos de la boda con el poco dinero que teníamos y algo que pedimos prestado.

Invitamos a los padres de Pinchas; a mi tía Edith, que vino desde Ginebra (mi tío Hans estaba de viaje de negocios en Australia); a Rahli, por descontado, y a Lotte Aronheim, una de las primas predilectas de mi abuelo. Pinchas era comandante en el nuevo ejército israelí, así que también vino su jefe, Chaim Herzog, que además era el director de la inteligencia militar. Era de Irlanda y durante la Segunda Guerra Mundial fue oficial del ejército británico en la compañía que liberó Bergen-Belsen. Allí en el campo se subió a una caja de madera y, ante cientos de prisioneros esqueléticos y lánguidos, gritó en yidis: «*Yidden! Yidden! Es leben noch Yidden!*». Es decir: «¡Judíos! ¡Hay judíos vivos!». (Más tarde fue el sexto presidente de Israel).

Al año de casarnos llegó nuestro primer hijo, Yochanan. Elegimos ese nombre en honor a mi padre, que se llamaba Hans. Era un niño listo que retenía cualquier dato que le daban, igual que su padre, y acumulaba conceptos como si fuera una ardillita almacenando nueces en los carrillos. Dejé de trabajar para criarlo y al poco vinieron sus hermanos. Chagi (diminutivo de Chaim Gidon, en honor a mi suegro, Chaim, y a un primo más joven, Gidon, que fue piloto de la fuerza aérea israelí y murió en un accidente estando de servicio) era el hermano pequeño, travieso y bondadoso. Un año después llegó una niña con el pelo dorado a la que le pusimos el nombre de mi madre, Ruth, aunque la llamábamos Ruthie. Estaba contentísima de tener una hija. Estuve en casa con ellos hasta que la pequeña empezó el primer grado. Me encantaba verlos crecer y progresar, escuchar sus anécdotas y observar la interacción entre hermanos de edad similar. Siempre había anhelado vivir esa experiencia.

Residíamos en Jerusalén, a las afueras del barrio de Rehavia, en un pequeño pero soleado apartamento de una habitación con jardín, donde vivieron Pinchas y sus padres. Nos lo dejaron a nosotros cuando murieron. Estaba en un bloque de pisos de cuatro plantas que junto a otros rodeaban una zona verde comunitaria. Disfrutaba muchísimo observando a los críos del barrio que se juntaban para jugar al fútbol o al escondite. Me recordaba a mi infancia en Merwedeplein. Al igual que allí, los niños se conocían y vivían en su propio mundo, en una especie de burbuja gruesa y protegida.

El señor Frank me escribía con regularidad unas cartas muy cordiales, seguía firmando «tío Otto», y siempre me preguntaba cosas. Le encantaban los niños y estaba deseando conocer a mis hijos. Postergaba continuamente el viaje a Israel que llevaba tiempo queriendo hacer, en parte porque estaba muy ocupado con las cuestiones relativas al sorprendente éxito mundial que había tenido el diario de Anne. Había pasado de vérselas y deseárselas para encontrar un editor a presenciar el encumbramiento del libro de su hija.

La mayoría del público estadounidense supo de su existencia gracias a una magnífica reseña del escritor Meyer Levin, publicada en la primera página del *New York Times Review of Books* en junio de 1952. En ella contaba a los lectores lo angustioso que fue para Anne ver su vida truncada por el genocidio nazi; estoy segura de que su apasionado comentario contribuyó a que se convirtiera en un superventas. Decía así:

Pero Anne sigue viva gracias a su diario. Desde Holanda hasta Francia, pasando por Italia y España. También se ha publicado en Alemania. Y llega ahora a América. Seguro que se ganará el corazón de la gente, porque esta chica tan sabia y maravillosa recupera para nosotros un deleite conmovedor en el inconmensurable espíritu del ser humano.

Tres años después, el 5 de octubre de 1955, estrenaron en Broadway una adaptación del libro. El señor Frank le dio el visto bueno al guion, pero no vio la representación. Supongo que era demasiado duro para él. La obra encumbró más si cabe el diario de Anne y al poco ya estaban representándola en todo el mundo.

En 1957, Pinchas leyó en el periódico que iban a estrenarla en el Habima, el teatro nacional de Israel. Llamó a la redacción y le contó a un editor que Anne y yo fuimos buenas amigas de pequeñas.

A la mañana siguiente vino un mensajero del Habima con dos entradas vip para la función de esa noche. Entré al teatro entusiasmada, pero también me puse nostálgica. Me acordé de cuando Anne decía que quería ser famosa. Se me hacía muy raro no poder hablar con ella de todo aquello. Me preguntaba qué iba a pasar cuando viera en escena a la actriz que interpretaba a mi mejor amiga de la infancia. Era surrealista.

Pinchas y yo estábamos sentamos al lado del presidente Itzjak Ben-Zvi y su mujer, Rachel. De buenas a primeras me vi rodeada de fotógrafos y locutores de radio que me hacían fotos y me ponían el micrófono en la cara. La gente se me echaba encima para ver quién era esa tal amiga de Anne Frank. Fue muy perturbador.

Cuando atenuaron las luces, me puse nerviosa y le cogí la mano a Pinchas. Fue una actuación conmovedora, pero, por doloroso que fuera, sabía muy bien que los actores no eran ni los Frank ni los Van Pel auténticos. Luego conocí al elenco, incluida la actriz que interpretó a Anne, y me hicieron un recorrido por el escenario. En los días sucesivos empezaron a personarse en la puerta de mi casa periodistas de todo el mundo que querían entrevistarme.

Unas semanas después de ese primer bombardeo mediático, el señor Frank me preguntó si quería hacer una gira de conferencias por Estados Unidos para hablar de mi amistad con Anne y mis vivencias de la guerra. Pero por entonces yo era madre de tres niños, todos por debajo de los cuatro años. También invitó a Pinchas, pero no teníamos padres que se ocuparan de los pequeños durante una ausencia de varias semanas. ¿Cómo íbamos a hacerlo? Por aquellos años volar al extranjero no era tan cotidiano como ahora y el recorrido era exigente: dieciocho ciudades.

Me quedé de piedra, casi espantada. Pero cuanto más pensaba en ello, más claro tenía que aquella misión podía ser trascendental. A pesar de las complicaciones que entrañaba, dije que sí.

En 1957, muy pocos supervivientes hablaban en público de su historia. Y muchos ni siquiera lo hacían con amigos o familiares. O al menos eso veía yo en Israel. Allí, durante esos años, la postura latente estaba viciada del vergonzoso sentimiento de que los judíos se habían dejado llevar como «ovejas al matadero». Aún no sabíamos muy bien qué era un trauma ni cómo abordar cosas tan dolorosas. Los ánimos se centraban en seguir adelante y crear un Estado donde empezar de cero. Los supervivientes no se planteaban que fuera importante hablar de lo que nos había pasado, yo incluida.

Al poco entendí que para esos reporteros que me acribillaban a preguntas yo era una especie de representante de Anne. Ella había cautivado a muchísima gente con su forma de escribir y su personalidad y querían saber más. Pero también me preguntaban sobre mí y mi experiencia. Era una oportunidad para informar a la gente de lo que en Israel empezábamos a llamar la «Shoá», un término bíblico que significa «catástrofe». Aún quedaban unos años para que se diera a conocer la palabra «holocausto».

En septiembre, poco antes de irnos a Estados Unidos, recibí una carta oficial de Rachel Yanait Ben-Zvi, la primera dama de Israel:

> Amiga, estás llevando a cabo una labor esencial. Nadie mejor que tú para honrar la memoria sagrada de Anne Frank; la de tu amiga y la de tantos jóvenes queridos a los que no pudimos salvar. Eres una de las pocas personas que lograron llegar a las costas de nuestra patria.
>
> Estoy convencida de [que es importante] abordar el tema de las víctimas de la Shoá nazi en profundidad y lo saco a colación siempre que puedo. Pero yo, a diferencia de ti, no lo viví en persona. Me consterna que ya nos estemos olvidando de nuestra tragedia. Aun así, esta herida no sanará nunca: nos han dejado sin un tercio de nuestra gente, los hemos perdido. Y ahora que tenemos una patria, su ausencia se nota más todavía.

Ya nos estábamos «olvidando de nuestra tragedia», allí en Israel, la nueva nación creada por judíos. Solo habían pasado doce años desde el final de la guerra. Me dolió leer aquello.

Dos semanas después estaba en un salón de baile de Nueva York lleno de estadounidenses de punta en blanco, casi todos mayores que yo. Las mujeres con guantes blancos, sombreros elegantes y perlas. Y los hombres con trajes confeccionados a medida. En Israel no estaba acostumbrada a tanta formalidad.

Me acerqué al enorme micrófono plateado con el discurso mecanografiado en la mano. Miré a Pinchas y él me tranquilizó guiñándome un ojo y sonriendo. Me había ayudado a ensayar. Dijimos entre bromas que tenía que canalizar la valentía de Anne y las famosas dotes oratorias de mi padre y mi Opa.

«Me hace muy feliz estar aquí esta noche», dije recorriendo la sala con la mirada.

Cogí aire y empecé a contar mi historia. Nuestra historia.

Epílogo

Dina Kraft

Hannah siguió contando esa historia hasta el final.

A pesar de los momentos difíciles, de la falta de energía según se hacía mayor y de las ganas de cambiar de tema («¿Otra vez la Shoá?», me decía a veces, suspirando), nunca dejó de contarla.

Aquella primera gira por Estados Unidos en 1957 desembocó en una segunda y en un flujo constante de periodistas delante de la puerta de su casa. Daba charlas sin descanso. Visitaba escuelas israelíes y hablaba ante la gente que acudía a Yad Vashem, un monumento conmemorativo del Holocausto que hay en Israel. Cuando dejó de ejercer como enfermera visitadora, empezó a viajar al extranjero, en ocasiones hasta cuatro veces al año, y a recorrer el mundo: Sudáfrica, Alemania, Estados Unidos, Japón... Hannah llegó a dar hasta cuatro charlas al día, ya fuera a escolares o delante de tres mil personas en un recinto deportivo. Estuvo en la abadía de Westminster de Londres con la reina Isabel II y se reunió con líderes políticos sudafricanos otrora revolucionarios, legisladores alemanes, la reina Beatriz de Holanda y Barbra Streisand. Entre charla y charla ofrecía entrevistas en radio, televisión y prensa.

Hannah tenía noventa y un años cuando llegó la pandemia de covid, pero siguió dando conferencias a través de Zoom. Un grupo de colegiales de un municipio de los Pirineos franceses había leído la versión infantil de su biografía y ella respondió a sus preguntas pacientemente. (Tanto ellos como su profesora se sintieron tan inspirados que recaudaron dinero para viajar a los Países Bajos y seguir los pasos de Hannah). Mientras pudo y en la medida de lo posible, siempre respondía las cartas que le mandaban niños de todas partes. Incluso cuando ya estaba en las últimas, seguía recibiendo a diario correos electrónicos de documentalistas, periodistas, jóvenes alemanes que trabajaban como guías turísticos en Bergen-Belsen..., todos deseando contactar con ella para saber más de su pasado.

Hannah tenía muy presente que era de los pocos testigos oculares del genocidio nazi de judíos europeos que quedaban vivos. Se prestaba a responder preguntas y a contar sus vivencias una y otra vez porque tenía un cometido: concienciar a la gente del horror que vivió con el fin de que no volviera a pasar «nunca más». Para ella el Holocausto era la advertencia más tajante sobre lo lejos que puede llegar el odio cuando la gente buena se queda callada; por eso, le partía el corazón que a los supervivientes, en especial al principio de la posguerra, no se les alentara a hablar, incluso que se les evitara.

Hannah sabía que su voz tenía cierta influencia por su estrecha amistad con Anne Frank. Anne se ha convertido en la víctima más famosa del Holocausto y representa a los seis millones de adultos y niños judíos que murieron asesinados. Pero en los relatos de Hannah, más que un símbolo o una santa, Anne vuelve a ser una niña normal y corriente, una niña con mucha energía que luego se transforma en una chica vivaz en plena adolescencia. Estaba muy presente en el hogar de Hannah en Jerusalén, tanto que para sus tres hijos era otra más de la familia; Pinchas incluso decía medio en broma que Anne Frank era su «segunda mujer».

Hannah tenía la esperanza de que su testimonio ayudara a

la gente a entender mejor la parte de la historia que su amiga no llegó a contar, ya que cuando los descubrieron escondidos en el ático de Ámsterdam, los detuvieron y los mandaron a Auschwitz y luego a Bergen-Belsen. Esa fue la suerte que corrieron Anne, Margot y otros tantos niños en manos de los nazis «solo por ser judíos», como recalcaba siempre Hannah. La siguiente frase es una de las más citadas del diario de Anne Frank: «Es un milagro que todavía no haya renunciado a todas mis esperanzas, porque parecen absurdas e irrealizables. Sin embargo, sigo aferrándome a ellas, pese a todo, porque sigo creyendo en la bondad interna de los hombres».

Hannah me dijo una vez: «Dudo que pensara lo mismo después de lo que presenció en Auschwitz».

Cuando empecé a ayudar a Hannah a escribir su biografía en la primavera de 2022, sabía que disponíamos de poco tiempo. A sus noventa y tres años aún tenía mucha agilidad mental, pero estaba cada vez más delicada y no aguantaba más de dos horas hablando. Yo le decía que no se preocupara, que podíamos dejarlo por ese día. Pero entonces se acordaba de otra cosa, de otra historia, y yo volvía a sentarme y seguía grabando. Me confesó que a veces tenía que echarse un ratito después de hablar conmigo; revivir su adolescencia truncada con tanto detalle la agotaba emocionalmente. Yo también necesitaba retirarme a descansar después de las entrevistas, a veces solo para llorar a gusto.

A principios del otoño de 2022, ya era evidente que el final de Hannah se acercaba. Esas semanas fueron como vivir en dos mundos paralelos: mientras ella empezaba a desvanecerse, rodeada de sus queridos hijos y nietos, que no le soltaban la mano, yo escribía sobre su vida. Murió el 28 de octubre, dos semanas antes de su noventa y cuatro cumpleaños.

La primera vez que leí el diario de Anne Frank yo tenía trece años. Cuando llegué al final y me enteré de la muerte tan trágica que tuvo, me puse a llorar. Fue como si hubiera perdido a una amiga. Sin embargo, mientras me familiarizaba con Hannah para escribir este libro, sentí que había ganado otra. Ayudarla a contar su historia una última vez ha sido una labor preciosa que me ha cambiado la vida; su muerte ha sido un golpe terrible. El entierro fue alrededor de medianoche en el monte de los Olivos, que domina la ciudad vieja de Jerusalén. Estando en el cementerio, miré al suelo en busca de una piedra para ponerla en su tumba. Al final cogí tres: una de mi parte, otra de sus padres y la tercera de Anne y demás amigos.

Fue muy duro retomar la biografía para concluir el trabajo, pero me sentí alentada por las historias y la determinación de Hannah. Aparte de las entrevistas, también tenía los numerosos testimonios que había contado a lo largo de los años. Había transcurrido mucho tiempo y le costaba recordar ciertos detalles. «Si llego a saber que iban a hacerme tantas preguntas habría tomado apuntes», me decía en broma. Así que recurrimos a testimonios en primera persona, diarios, cartas, biografías de coetáneos suyos (yo conocía a algunos) y relatos históricos para enriquecer los detalles y los aspectos relacionados con el día a día de Hannah durante su estancia en Westerbork y en Bergen-Belsen. Sabía muchísimo sobre el Holocausto. Tenía una estantería en su soleada salita de Jerusalén con un montón de libros sobre el tema. Me explicó que ella solo conocía su experiencia y que siempre había querido indagar acerca de cómo se vivió la guerra en el resto de Europa. Como es natural, también recurrí una vez más al diario de Anne Frank para orientarme y profundizar, y además consulté los cuentos y los ensayos que escribió, donde habla de la época escolar de ambas. Ruthie, la hija de Hannah, se sabía la historia de su madre casi tan bien como ella y, aparte de participar en las entrevistas, fue una fuente muy valiosa a la hora de verificar hechos y obtener más información.

No cabe ninguna duda de que esta es la historia de una niña a la que le arrebataron su familia y su adolescencia de forma muy violenta. Pero hay más. También habla de la vida que se forjó posteriormente en Israel, sobre todo centrada en su familia, a la que adoraba. Me han contado cantidad de anécdotas maravillosas de escapadas de uno o varios días por todo el país cuando los niños eran pequeños, ya fuera para visitar a familiares y amistades o para rastrear conjuntos históricos y arqueológicos con Pinchas, guía turístico, investigador y educador por excelencia. Los sábados por la tarde, después de la sinagoga, los niños recorrían Jerusalén de la mano de su padre, un apasionado de la historia de la ciudad. Y Otto Frank siempre estuvo presente en su vida. Fue una figura paterna para Hannah y un abuelo para sus hijos. La primera vez que viajó a Israel, insistió en quedarse en casa de ellos en vez de en su hotel. «A los niños hay que conocerlos en su propio entorno», le dijo a Hannah. Estuvieron carteándose hasta poco antes de la muerte de Otto, en 1980.

Hannah retomó su profesión en la década de 1950, una vez que sus hijos empezaron la escuela, y el Ministerio de Sanidad la nombró enfermera visitadora de varios pueblos de las faldas de Jerusalén donde se asentaban los inmigrantes que llegaban del norte de África y Oriente Próximo. La mayoría no estaban familiarizados con comodidades modernas como el horno eléctrico o la lavadora, así que, además de vacunar a los niños y realizar chequeos, parte de su labor consistía en enseñar a los padres cómo funcionaban esos aparatos y cómo adaptarse a su nuevo entorno en general.

Hannah, inmigrante y antigua refugiada, disfrutaba de su

trabajo y forjaba vínculos muy fuertes con las familias. En Jerusalén promovía colectas de ropa y de juguetes que luego repartía ella misma, muchas veces con sus hijos a cuestas. Nunca dejó de ser la cuidadora apacible y sanadora que fue para Gabi; es indiscutible que el libro de Florence Nightingale que leyó hasta la saciedad le dejó un legado que pervivió a través de su labor en esos pueblos.

En 1985, estando Pinchas hospitalizado por un cáncer terminal, una inmigrante de Yemen con muchos hijos, a la que Hannah había ayudado, la buscó por todos los hospitales para ofrecerle su apoyo al igual que había hecho ella. Hannah regresó a esos pueblos con su familia con motivo de su noventa cumpleaños y la gente la reconoció y corrió a saludarla; los mayores rememoraron sus distintas contribuciones a la vida de todos.

La captura de Adolf Eichmann en 1961 por parte de Israel resultó crucial para que el mundo entero entendiera lo que los nazis les habían hecho a los judíos; fue entonces cuando el Holocausto irrumpió en el panorama internacional. Este oficial nazi de alto rango tuvo un papel determinante a la hora de llevar a cabo la «solución final»: exterminar a los judíos de Europa. Él fue quien organizó la deportación de aproximadamente un millón y medio de judíos a guetos y campos de exterminio.

Estaba escondido en Argentina. Hannah se enteró años después de que su primo por parte de padre, Zvi Aharoni (el hijo de Lotte Aharonheim, que estuvo en su boda y que fue una figura familiar y hospitalaria para ella cuando llegó a Jerusalén), que por entonces era el encargado de los interrogatorios del Mosad, la agencia de espionaje israelí, formó parte del operativo que lo secuestró. Fue quien lo identificó y lo interrogó cuando lo capturaron.

El juicio de Adolf Eichmann (por quince cargos, entre ellos crímenes contra el pueblo judío y crímenes de lesa humanidad) fue un momento clave, ya que dejó al descubierto la horripilante maquinaria del Holocausto. Los vehementes testimonios de las atrocidades que experimentaron los supervivientes fueron cruciales. Por fin su voz cobraba protagonismo, confirmando así que su papel era importante para entender la historia del Holocausto. Hasta la fecha, nunca se habían reunido tantos medios internacionales en un mismo sitio.

El juicio (que se llevó a cabo bajo estrictas medidas de seguridad, con policías armados custodiando al acusado y rodeado de vallas altas por miedo a que algún superviviente del Holocausto se tomara la justicia por su mano) se celebró a pocas manzanas de la casa de Hannah en Jerusalén y ella estuvo presente en una de las sesiones. Había un monasterio de piedra cerca donde todos aquellos que querían ver el juicio, pero que no conseguían entrar en el tribunal, se juntaban a diario para seguir la sesión en una pantalla gigante a través de un circuito cerrado de televisión: el no va más de la tecnología para la época. Un día había tantísima gente que echaron abajo una valla y decenas de curiosos irrumpieron en el jardín de Hannah.

Ella siempre vivió en Jerusalén, donde crio a sus hijos y luego ayudó a su hija Ruthie con los suyos; esta se quedó viuda de forma repentina y pasó a ser madre soltera de ocho hijos que iban desde los quince años hasta los dos de las gemelas. Ruthie vivía a cinco minutos andando de Hannah y los críos comían allí al salir de clase, donde su abuela les enseñaba inglés y los colmaba de amor y chocolate suizo. Sus nietos le atribuyen el mérito de brindarles cierta sensación de serenidad y organización tras el trágico fallecimiento de su padre, y eso que la propia Hannah se había quedado viuda por segunda vez hacía poco. Después de que Pinchas muriese, estuvo casada un

tiempo con David Cohen, el joven que conoció con dieciocho años en Basilea, en una comida de Shabat en casa de los
Sohlberg.

Gracias a Hannah, la familia estaba muy unida. Los sábados
se reunían en su casa al final de la tarde, donde ella organizaba
la *seudá shlishit,* la tercera comida tradicional del Shabat, que
por lo general consta de ensaladas y platos ligeros. Durante el
proceso de escritura de este libro conocí a sus hijos y sus nietos y comprobé de primera mano que ella era la matriarca, una
figura central muy venerada. Me conmovía ver la devoción
que le tenía su familia. Todos los días recibía un flujo constante de visitas, de todas las generaciones. A veces se pasaban por
allí a llevarle galletas caseras, la comida o dibujos, para deleite
de Hannah, cuyos ojos chispeaban y sonreían, sobre todo si
quien la visitaba era un bisnieto.

Cuando sus nietos ya fueron adolescentes, les dio la oportunidad de ir con ella al extranjero. Hannah se llevaba a uno
en cada viaje y el nieto en cuestión hacía las veces de acompa-
ñante y, como ella decía de broma, de *schlepper* de maletas, es
decir, de porteador. Su nieta Michal fue con ella en varias ocasiones, por ejemplo a Ámsterdam, donde quedaron con Miep
Gies, que tuvo un papel crucial encubriendo a la familia Frank
y compañía y que puso a buen recaudo el diario de Anne. En
otro viaje fueron a Theresienstadt, un campo de concentración
además de un gueto cerca de Cracovia, y el supuesto destino
final del tren perdido. Se quedaron en una casa de huéspedes
con vistas a los vestigios del campo, una elección cuando menos extraña para alojar a una superviviente del Holocausto.
Michal me contó que una vez vio a su abuela mirando el campo
entre sollozos. Fue una de las pocas veces que la vio sucumbir
y echarse a llorar. Y tiene ese recuerdo grabado en la memoria. En la familia la llamaban, entre otras cosas, «la caja sorpresa», porque en los momentos de crisis parecía tener un resorte

que la hacía recuperarse y tomar el control de la situación, fuera la que fuese. Sin embargo, aquella ocasión fue de las pocas en las que el trauma de Hannah se dejó ver.

Me percaté de que parecía que el frío al que estuvo expuesta en aquel campo del norte de Alemania seguía con ella, como si se le hubiera quedado impregnado en la piel. Cuando trabajábamos juntas aquel verano, llevaba rebeca incluso los días más calurosos. Me dijo que había regalado un edredón a todos sus bisnietos para que no pasaran frío nunca. Y le encantó que su hermana le regalara una camita de muñecas, con manta y todo, en recuerdo de la cama limpia y suave que tanto anhelaba Hannah durante su estancia en Westerbork y en Bergen-Belsen, y que por fin compartieron tras la liberación.

En 2020, durante la pandemia, perdió agilidad y pasó a depender de la silla de ruedas y el andador. Ruthie se mudó con ella. No obstante, después del confinamiento aún le quedaban fuerzas para salir de casa a celebrar en familia el Séder de Pésaj y otras ocasiones importantes para ella. A sus nietos nunca dejó de sorprenderles su alegría de vivir, sus múltiples formas de celebrar los placeres cotidianos.

Hannah tenía la habilidad de conjugar el pasado y el presente de su familia a través de las anécdotas que contaba y de sus obsequios. Por ejemplo, le daba preferencia al chocolate Frigor, el que su padre le traía de Suiza; a sus nietos les regaló el *majzor* (un libro de oraciones de festividades judías) por su *bar/bat mitzvá*, igual que su abuelo a ella; y a todos sus bisnietos los obsequiaba con lápices de colores de la marca suiza Caran d'Ache, los mismos que ella y Anne guardaban como oro en paño de pequeñas.

En total tenía once nietos. Unas semanas antes de morir conoció a su trigésimo primer bisnieto, hijo de su nieta Tali. Ha nacido uno más desde entonces. Su hermana Gabi (ahora Rahli) también tiene una familia numerosa que no para de crecer y

ya es bisabuela. Hannah a veces se refería a sus respectivas pro-
les como su «venganza» contra Hitler.

Para mí es un honor haber plasmado el testimonio de Hannah
y aportar mi granito de arena para difundir su historia y que
llegue a más público. A través de su pasado y el de Anne he
descubierto a Sanne Ledermann y a sus padres, a Ilse Wagner y
a Alfred Bloch. He sentido que llegaba a conocerlos y eso a su
vez me ha llevado a lamentar que los privaran de la vida siendo
tan jóvenes y de forma tan abrupta.

Hannah siempre decía en sus charlas que era Anne la que
quería ser famosa, viajar y ver mundo. Así que lo hacía por ella
y por su amistad.

Siempre llevó en el corazón a sus padres, a sus abuelos, a
Anne, a Sanne y a todos sus amigos. Y nunca dejó de hacerse
la misma pregunta: ¿por qué, cómo pasó? Creo que en cierto
modo seguía siendo aquella adolescente que se preguntaba por
qué le habían arrebatado su vida de antes de la guerra y a sus seres más queridos.

Tres semanas antes de morir estaba en la cama con los ojos
cerrados y dijo con claridad: «Hoy es el cumpleaños de Sanne».
Y estaba en lo cierto: era el 7 de octubre.

El relato de Hannah verá la luz el día que Anne cumpliría
noventa y cuatro años. Que su memoria sea una bendición.

Agradecimientos

Como es natural, en primer y último lugar, gracias a Hannah. Se mostró paciente ante mis preguntas a pesar de que algunas requerían que buscara en los recovecos más profundos de su corazón y su memoria, una tarea nada fácil tengas la edad que tengas. Gracias también a Ruthie Meir, su hija y su mano derecha, por contarme todo lo que sabía del pasado de su madre, que no es poco. Su devoción por Hannah, y ahora por su legado, no tiene parangón.

Y gracias a sus hijos varones y sus respectivas mujeres: a Yochi y Esther Pick por compartir conmigo detalles de su familia, y a Chagi Pick y Daniella Oren-Pick por abrirme las puertas de su casa y de sus recuerdos, y también, junto con Ruthie, por leer el manuscrito y ayudarme a garantizar su fidelidad.

Siempre estaré muy agradecida a sus queridos nietos por contarme anécdotas de ella: a Tali y Michal, y a Yael, Avi, Orit, Rafi, Beni, Tamar, Harel, Yuval y Chen.

Gracias a Rachel Goslar Moses, la hermana de Hannah (Gabi en el libro), por hablarme de sus recuerdos de la posguerra.

A Ronald Leopold, Gertjan Broek, Teresien DaSilva y Menno Metselaar, de la Casa de Anne Frank, gracias por su amable colaboración cuando estuve en Ámsterdam investigando. Y a Rian Verhoeven, Janny Van der Mollen e Inge Schwaab.

A Yves Kugelmann, del Anne Frank Fonds, gracias por su cooperación, y a Sarah Funke Butler y Michael di Ruggiero por su amable ayuda con el archivo de Hannah.

Le estoy especialmente agradecida al profesor Ben Ravid, primo de Hannah, cuya investigación sobre la vida de la familia Klee durante la guerra me fue de mucha ayuda, y a su mujer, Jane, por enseñarme fotos y cartas familiares. Gracias a George Goudsmit por hablarme de su madre, la valiente Maya Goudsmit.

Mi más sincero agradecimiento al equipo de Ebury, de Penguin Random House, por su entrega en este libro. Una mención especial a Andrew Goodfellow, editor de Ebury, por concebir la idea de esta biografía y por su mano amable y firme. Me faltan palabras para agradecerle a Liz Marvin, mi editora, lo mucho que valoro su paciencia, su perspicacia y que me guiara con tanta positividad. Muchas gracias también a Jessica Anderson, Evangeline Stanford y Liz Connor.

Estoy en deuda con Joelle Young, la traductora de la correspondencia en alemán de Hannah, por su entusiasmo y su dedicación. Gracias también a Annamika Singh por traducir las cartas que estaban en holandés.

Me considero muy afortunada por tener los amigos que tengo, que me daban ánimos y eran comprensivos conmigo cuando me escondía en la cueva para ponerme con el libro. Gracias en especial a Dani Haas por dejar que me colara en la magnífica y soleada planta de arriba de su casa, donde pasé varias semanas escribiendo sin parar, y por su inestimable compañía.

Tengo la suerte de contar con una familia alentadora, incluida mi prima Gianna (Hannah) Levinson, que nació un año antes que Hannah. Gracias infinitas a mis padres, Mike y Lisa

Kraft, por inculcarme el amor por la historia y por su apoyo incondicional.

Les debo muchísimo a mis hijos, Mia y Lev, por ser tan pacientes y comprensivos conmigo mientras trabajaba en el libro y por su curiosidad en ese sentido. Gracias por todo a Gilad, mi marido y mi estrella polar.

Elegía por los compañeros
de clase de Hannah y Anne

El domingo 14 de junio de 1942, Anne Frank celebró su decimotercer cumpleaños en su casa, en el 37 de Merwedeplein, con sus compañeros de clase del Liceo Judío. Bebieron limonada, comieron una tarta que hizo la madre de Anne y disfrutaron de lo lindo viendo una película de Rin Tin Tin proyectada en la pared.

Es posible que fuera la última fiesta de la clase. Dos semanas después, Anne y su familia tuvieron que esconderse. No fueron los únicos, ya que en septiembre de ese año empezaron a deportar a mucha gente a los campos de concentración.

Cuando acabó la guerra, más de la mitad de la clase había muerto a manos de los nazis.

Betty Bloemendal. Tenía el pelo castaño claro, largo y ondulado, y Anne decía en su diario que era buena en la escuela y «bastante tranquila». La deportaron en septiembre de 1942 y un mes más tarde la asesinaron en Auschwitz, con trece años, junto con su madre y su hermano. Su padre murió dos años después.

Jopie (Joseph) De Beer. En palabras de Anne, «un donjuán y un mujeriego». Lo asesinaron en Auschwitz en noviembre de 1943, con catorce años. Su madre, su padre y su hermano corrieron la misma suerte.

HANNAH PICK-GOSLAR

Emiel Bonewit. Estaba colado por una compañera de clase. Lo deportaron a Sobibor y lo asesinaron en abril de 1943.

Zunia Erlichman. Huyó a los Países Bajos desde Ucrania durante la guerra. Tenía dieciséis años cuando la mataron en Auschwitz junto con su madre. Su padre y dos hermanos varones menores sobrevivieron.

Eva (Eefje) de Jong. Era hija única y Anne decía que era «muy maja» y «toda una damisela». Al igual que sus padres, murió asesinada en Sobibor, con trece años.

Werner Joseph. Anne describía a este polaco que recaló en Ámsterdam como «callado», algo que según ella se debía a que se había mudado mucho. Lo asesinaron con quince años; sus dos hermanos mayores también murieron.

Jacques Kokernoot. Un niño gracioso que se sentaba detrás de Anne. Lo asesinaron en Auschwitz en septiembre de 1943, al igual que a sus padres y su hermana.

Henriette (Henny) Metz. Según Anne, era «una chica alegre y divertida». Con trece años, la asesinaron en Sobibor; también mataron a su hermano y a su madre.

Abraham (Appie) Reens. Era «bastante ortodoxo». Tenía quince años cuando lo asesinaron en Sobibor en junio de 1943; sus padres también murieron.

Samuel Salomon. En palabras de Anne, «¡otro admirador!», «uno de esos pillos arrabaleros, un granuja». En sus *Cuentos* también se lee: «¿Sabes una cosa? Que Sam Solomon siempre me seguía en bicicleta y quería cogerme del brazo». Él y sus padres murieron asesinados en Auschwitz en septiembre de 1942: él tenía trece años.

Harry Max Schaap. «El chico más decente de la clase». Lo asesinaron en noviembre de 1942 en Auschwitz a la edad de trece años; su hermana, sus padres y su abuela corrieron la misma suerte.

Ilse Wagner. Amiga íntima de Hannah y Anne; esta la describía como «una niña alegre y divertida» y «muy guapa, pero holgazana». Tenía catorce años cuando la mataron en Sobibor, junto con su madre y su abuela, en noviembre de 1943.

Leo Slager. Iba a la escuela Montessori con Hannah y Anne. Lo mataron con catorce años en Sobibor, en julio de 1942, y también a su padre. Su madre sucumbió a la presión de la persecución nazi y se había suicidado un año antes en Ámsterdam.

Salomon (Sallie) Springer. A Anne le parecía muy divertido. Lo deportaron y lo mataron con catorce años, en junio de 1944. También asesinaron a sus dos hermanas, a su hermano y a sus padres.

Nanny van Praag Spiger. Una niña «sensible e inteligente». La mataron con trece años en Auschwitz, en noviembre de 1942, al igual que a sus padres y a su hermano pequeño.

Ru Stoppelman. «Un chico bajito y gracioso». Llegó al Liceo Judío a mitad de curso y lo mataron en Auschwitz con trece años, en octubre de 1942; también a su hermana mayor y a su madre. Su padre murió allí más tarde.

Bibliografía seleccionada

Me he servido de muchos libros y fuentes para escribir esta obra. Aquí cito solo algunos:

Para empaparme del día a día de los judíos en Alemania y retratar a la familia de Hannah y compañía fue de gran ayuda *The Pity of It All: A Portrait of the German-Jewish Epoch, 1743-1933*, de Amos Elon.

El libro en holandés *Anne Frank was niet alleen: The Merwedeplein, 1933-1945* (Anne Frank no estaba sola: Merwedeplein, 1933-1945), de Rian Verhoeven, me ayudó a recrear la vida en el barrio de Hannah y Anne Frank. Otra fuente de confianza para documentarme sobre el Ámsterdam de los años previos a la guerra es *Anne Frank: The Biography* [hay trad. cast.: *Ana Frank: la biografía*], de Melissa Müller. *The Hidden Life of Otto Frank*, de Carol Ann Lee, ofrece una visión detallada y muy documentada de la familia Frank.

El libro de Alison Leslie, *Hannah Goslar Remembers: A Childhood Friend of Anne Frank*, basado en unas entrevistas que la autora le hizo a Hannah hace más de veinticinco años, me ha sido especialmente útil.

The Diary Keepers: Ordinary People, Extraordinary Times — World War II in the Netherlands, as Written by the People Who Lived Through It, de Nina Siegal, me ayudó a entender la inmediatez de todo lo que vieron y experimentaron los holandeses durante la guerra.

The Netherlands and Nazi Germany, de Louis De Jong, y *Victims and Survivors: The Nazi Persecution of the Jews in the Netherlands 1940-1945*, de Bob Moore, me brindaron datos e información sobre cómo operaba el régimen nazi en la sociedad holandesa.

El propio *Diario* de Anne Frank fue una fuente relevante, sobre todo las primeras entradas, antes de que ella y su familia se escondieran, y también las partes donde reflexiona sobre su amistad con Hannah y cuando asume su destino. *Tales from the Secret Annex* [hay trad. cast.: *Cuentos*] también me ha sido muy útil, en concreto cuando habla de la época de ambas en el Liceo Judío.

Dos amigas comunes también escribieron sobre sus vivencias en tiempos de guerra: *My Name is Anne, She Said, Anne Frank*, de Jacqueline van Maarsen [hay trad. cast.: *Me llamo Ana, dijo, Ana Frank*], y *Holocaust Memoirs of a Bergen-Belsen Survivor*, de Nanette Blitz Konig.

La compilación de cartas *Letters from the Ledermanns* me brindó la perspectiva de la familia Ledermann, tanto de la inminente deportación como del interior de Westerbork. La entrevista de la USC Shoah Foundation a Barbara Ledermann también me resultó muy útil.

El artículo de Ben Ravid (primo de Hannah), «Alfred Klee y Hans Goslar: From Amsterdam to Westerbork to Bergen-Belsen», en *The Dutch Intersection: The Jews and the Netherlands in Modern History*, editado por Yosef Kaplan, habla del intento desesperado de la familia de Hannah por emigrar.

The Footsteps of Anne Frank, de Ernst Schnabel, y *The Last Seven Months of Anne Frank*, de Willy Lindwer, son buenas fuentes de entrevistas previas con Hannah.

Night of the Girondists [hay trad. cast.: *La noche de los girondi-*

nos], de Jacob Presser, que fue profesor en la escuela de Hannah, es una novela ambientada en Westerbork y recoge datos interesantes sobre la vida en dicho campo de deportación. El libro en hebreo *Eitz Chaim Hee* (El árbol de la vida), de los hermanos Birnbaum, me sirvió para conocer la vida de la familia Birnbaum, sobre todo durante la época de Westerbork.

Para hablar de Bergen-Belsen recurrí a dos fuentes: *Dagboek uit Bergen-Belsen* (Diario de Bergen-Belsen), de Renata Laqueur, que escribió cuando tenía veinticuatro años durante su estancia en la misma sección del campo que Hannah, y *That's How It Was*, el testimonio de Erich Marx sobre su día a día en dicho lugar.

Hay cantidad de biografías y testimonios excelentes de supervivientes holandeses que estuvieron en Bergen-Belsen y conocían a Hannah, por ejemplo: *Their Image Will be Forever before My Eyes*, de Jehudith Ilan-Onderovaizer; *Once the Acacias Bloomed: Memories of a Childhood Lost,* de Fred Spiegel; *To My Dear Children*, de Max Finkel, y *We Knew Not Joseph*, de Robert Bar-Chaim.

Para el capítulo «El tren perdido» leí una transcripción de una entrevista muy extensa que el investigador israelí Shoshi Ben-Hamo le hizo a Hannah en 2022 para el proyecto «Whoever Saves a Life, Stories of Children from "The Lost Train"».

Para el último capítulo, «La tierra prometida», me fue muy útil *1949 the First Israelis*, de Tom Segev.